江戸幕府直轄軍団の形成

小池　進著

吉川弘文館

目次

第三部　家光政権の展開……二五五

表目次

序章

一　問題の所在

本書の検討課題は、大別して以下の三つである。

第一は、江戸幕府の幕藩制国家支配を軍事的に支えた幕府直轄軍団、すなわち大番・書院番・小姓組番・小十人組など、いわゆる幕府番方の形成・展開過程やその構造、あるいはそこに編成された旗本集団の構造ないし人的特質を、単なる年代記・制度史的な叙述に終わらせることなく、徳川家康から家光にいたる各政権の権力構造や政治方針、さらには当該期の主従関係の特質(1)をも視野に入れながら、より具体的・実態的に解明することである。江戸幕府の国家支配を支えた諸要素としては、たとえば広大な直轄領の存在とその年貢収入、主要都市や金銀山の直轄、貿易および海外情報の独占、主に外様大名を対象とした戦略的なその配置などの諸点が考えられるが、江戸幕府が本質的に武家政権であったことからすれば、幕府直轄軍団の存在が(2)、じつは江戸幕府の国家支配におけるもっとも大きな要素であり、幕藩制国家の特質解明のうえでも、きわめて重要な研究課題であると言うことができるし、かつ後述するように、幕藩制国家史研究のなかでも、もっとも研究蓄積の薄い分野なのである。

第二には、そうした幕府直轄軍団や旗本集団を直接的に統括した支配機構（若年寄）形成の在り方を、段階的かつ動態的に明らかにすることである。ここで「段階的」というのは、一般に大名支配や旗本支配といった幕府統治機構は、寛永九年以後の家光政権段階において一挙に形成・整備されたと理解されている。しかし、大名や旗本が、その身分的な編成の問題はあるとしても、また国家統治上の諸機能やその担当役職の未分化という状況があったとしても、彼らは突然降ってわいたわけではなく、江戸幕府が事実上の統一政権だった以上、当然のこととして家光政権以前にも、幕府内部においてそうした役割を担った個人なり集団なりが存在していたと考えられるからである。そうした前提に立ったうえで、幕府直轄軍団を構成した個々の軍隊や、そこに編成されたいわゆる旗本集団を、とくに秀忠政権からその大御所期、家光政権段階において、如何なる特質を持った個人または機構が、如何なる論理のもとにそれらを支配し、かつ役職として定置されていったのかを解明してみたい。

第三は、右に述べた幕府統治機構形成前後における政治過程ないし政治構造を再検討することである。「再検討」というのは、この時期すなわち家光政権期の政治史については、二の「研究史の概観」のところで述べるように、戦前戦後を通じてそれなりに研究蓄積のある分野であり、かつ優れた論点を提示しているものもある。しかし多くは、政権の基本方針などは明示されているものの、個々の政策の結果から遡及してその政策意図を論理化しようとする嫌いが強く、その時々の政治局面をどこまで実態的に捉えているかといった点で、なお問題を残しているように思われるからであり、かつ史料的にもいま一つ良質の史料が使いきれていないという弱点が存在するからである。そうした状況に鑑み、本書では、できるだけ同時代の史料を使用することで、家光政権による一門大名（徳川忠長）の改易の内実や、いわゆる江戸幕府「大老」職成立の具体像、家光政権晩年の政治構造の特質といった諸問題を、より実態に即して解明していきたい。

二 研究史の概観

右のように問題を設定をしたうえで、当該テーマに関する研究史を概略的に整理してみたい（個別的な研究については各論の「はじめに」に譲る）。

まず、戦前の到達点としては、松平太郎『江戸時代制度の研究』上（武家制度研究会、一九一九年）、三上参次『江戸時代史』（冨山房、一九四三・四四年、最初の成稿は一九〇三年、一九七七年に講談社学術文庫から再刊）、栗田元次『江戸時代』上（内外書籍、一九二七年）などが挙げられよう。松平氏の書は、幕府の沿革から幕府の諸役職・諸制度を概括的に叙述したものであり、いまだに幕府諸制度の体系的な研究としてその光彩を失ってはいないが、たとえば幕府の沿革にしても『徳川実紀』の踏襲といった感が強く、かつ諸制度についても江戸時代全期間を一括して捉えているため、出来上がったものについての考察が中心であり、各政権の権力段階の特質が反映されないなど、きわめて静態的な叙述に終始している。三上・栗田両氏の研究は、幕府政治史の叙述としては戦前の最高水準を示すものと評価できよう。とくに両氏とも『大日本史料』の編纂に従事していたという事情もあってか、それまでの『徳川実紀』中心の政治史研究を克服し、幕府の諸記録や大名文書等を駆使しており、それまでの実証水準を大幅に引き上げた点が特筆される。しかし、幕府の軍事システムの叙述としては、たとえば栗田氏の書に「書院番と小姓番とは両番と謂ひ、若年寄支配で、書院番が駿府在番を兼ねる外、平戦とも将軍の親衛である。書院番は慶長十年四組を置き、後十組になり、小姓番は初花畠番といひ、慶長十一年六組を置いたが、後八組とし、小姓番と改めた」とあるように、その沿革・職掌を概略的に述べているに過ぎない。

戦後になると、近世史研究は民主化の波にともなう封建遺制の克服といった問題意識から、農村構造分析が主要な研究対象となり、その成果は地主制論・幕藩体制論・幕藩制構造論として理論的・実証的に大きな進展を遂げた。(3) しかしその反動とでも言うべきか、幕府政治史・制度史の研究は、あたかも「蚊帳の外」といった感を呈し、まったく立ち後れた研究状況となっていたのである。この点を藤野保氏は「寛永期の幕府政治に関する考察」（北島正元編『幕藩制国家成立過程の研究』吉川弘文館、一九七八年）のなかで、つぎのように語っている。

戦後の「権力構造論」は、「幕藩制構造論」にせよ、藩政（制）史研究ないし幕政史研究にせよ、政治史を基礎・流通過程と有機的・統一的に考察し、社会全体の構造的な把握を目指しているため、幕藩体制に関する理論的把握や総合的理解において、著しい進展をみるに至った。しかし、私の改易・転封を中心とする大名統制についての実証的・体系的研究のほかは、逆に江戸幕府の政治組織の研究や幕府権力の制度史的考察はあまり進展をみていないのである。

こうしたなか、それでもいくつか優れた論稿は見られた。たとえば、北島正元『江戸幕府の権力構造』（岩波書店、一九六四年）と、右の「私の（中略）体系的研究」に当たる藤野保『幕藩体制史の研究』（吉川弘文館、一九六三年、七五年に新訂版）などの大著である。北島氏の書は、徳川氏の五カ国領有時代から元禄・享保期までを対象として、その政治過程のみならず、基礎構造や流通過程の分析成果をも取り入れて、幕藩体制の総合的把握を目指したものであり、本論の課題にそくせば、第一部第一章第五節「職制と軍事組織」においては大番の成立を、また第二部第三章第三節「政治組織の確立」では慶長〜寛永期の幕府政治の展開と政治機構の確立を論じている。いっぽう藤野氏の書で特筆すべきは、徳川氏一門や譜代大名の創出の実態と幕府の改易・転封策とを、幕府政治史の動向と有機的に関連させることで、総合的かつ実証的に明らかにした点である。これらは戦前の政治史をより多方面からのアプローチによって、より精緻・体系的に把握した点で評価でき、幕府政治史・制度史研究は、戦前を「三上・栗田段階」とすれば、言わば「北島・藤野段階」の様相を呈するようになった。ただし、幕府機構の整備過程については役方の番方からの分離・優位化といった説明であり、幕府政治の展開についても、単なる門閥譜代と新参譜代との色分けや、政権担当者の人的変遷に終始するなど、新境地を開拓するまでには至っていない。また番方の整備過程については、北島氏が大番の成立に言及したほかは、戦前の水準を超えるものではなかった。いっぽう、美和信夫『江戸幕府職制の基礎的研究』（広池学園出版部、一九九一年）は、江戸幕府の大老・老中・若年寄などの上級役職について、その就任者の確定や各役職の在り方を、主に数量分析の手法を用いて検討したものである。老中就任者などの基礎的データを豊富に提供してくれており、きわめて貴重な仕事ではある。しかし、たとえば老中就任者の確定において、諸辞典類の老中就任表を立論の根拠にするなど方法的にも問題があるし、かつ各政権の政治構造の特質が反映されないなど、きわめて静態的な分析にとどまっている。

むしろ、家光政権論における単独論稿のなかに、注目すべき研究が見られた。すなわち北原章男「家光政権の確立をめぐって」（『歴史地理』九一巻二・三号、一九六五・六六年）、辻達也「寛永期の幕府政治に関する若干の考察」（『横浜市大論叢』二四巻人文系列三号、一九七三年、同氏『江戸幕府政治史研究』続群書類従完成会、一九九六年に収録）などである。前者は、家光政権を家光の独裁政権と捉え、家光権力の確立を老中と家光側近（近習出頭人）、あるいは側近と側近との勢力バランスのうえに求めたものであり、後者は、家光政権を「閣老専制」政権と把握して、側近の歴史的評価をめぐって北原論文を批判したものである。これらは家光政権論において、側近の論理を導入したものとして戦前の「三上・栗田段階」を理論的側面で大きく前進させるものであった。

ただし、右の諸研究にはつぎに述べるような問題点も存在していた。それは一つには政治史・制度史分析おいて、戦後の出版事情の進展という状況とも相俟ってか、その史料的根拠が主に『徳川実紀』を中心とした、近世中期以後の編纂になる刊行史料に拠っている点であり、いま一つは、分析・考察の範囲がおよそ幕府内部に限定されていたという点である。そして、こうした問題点に一定の方向性を与えたのが、高木昭作「幕藩政治史序説」(『歴史評論』二五三号、一九七一年)と、一九七〇年代の幕藩制国家論隆盛のなかで発表された朝尾直弘「将軍政治の権力構造」(岩波講座『日本歴史』近世2、岩波書店、一九七五年)である。とくに前者の問題点については、朝尾氏がつぎのように端的に指摘している。

幕藩体制成立期のとくに政治・制度に関する研究は、ほとんどのばあい『徳川実紀』以下の二次史料によっているのであるが、これらは後世の編纂物であり、多くは江戸時代中期以降の幕藩体制を基準に史料解釈を行っている。とくに、私の見るところ、寛永期と寛文期以降との間の区別が十分にできていない欠陥が共通してあり、これが研究上の混乱を生む一因になっていると思われる。

すなわち朝尾氏の指摘にも見られるように、とくに『徳川実紀』では近世初〜前期の用語が後期の認識によって言い換えられたものが多く[4]、同時代の実態が必ずしも正確に反映されていないという弱点を持っていたのである。本書でも、もっとも留意したのがこの点である。もちろん、とくに第一の検討課題においては、史料的な制約という点は否めないのであるが、可能なかぎり同時代の史料の分析から立論することを心がけた。

いっぽう高木昭作氏は、元和年間における土佐藩の藩政改革の分析において、「山内家文書」など藩側に残された史料を多く活用することで、幕府政治方針浸透のメカニズムを実証的に明らかにされた。つまり、従来、幕府側の史料を中心に叙述された幕府政治史や幕府機構研究の在り方に、幕藩関係論という視点を導入することで新たな地平を切り開いたのである。本書の、とくに第二・三部において留意したのは、幕府統治機構形成過程の具体像を見るうえで、こうした近世初期ないし前期における幕藩関係の在り方のなかから、それらを動態的に考察するということである。

こうした分析視角・方法論の提示によって、とくに史料面において幕府内外の記録類や老中奉書、大名家その他に残る書状・諸記録類などを全面的に活用しながら的確な論証を踏まえ、幕藩政治史研究は一九八〇年代後半以後大きく前進することとなる。

その先鞭をつけたのが、藤井譲治「秀忠大御所時代の『上意』と年寄制」（『日本政治社会史研究』下、塙書房、一九八五年）である。藤井氏は年寄衆連署奉書の博捜・分析から当該期の年寄制の在り方や特質を明瞭にし、かつ幕府と土佐藩・洲本藩など幕藩間の交渉から幕府の意志・政策の決定過程をクリアに描いて見せた。藤井氏の論稿は、翌年から発表された「江戸幕府老中制の形成」（『人文学報』五九・六一・六三号、一九八六〜八八年）とを合わせ、『江戸幕府老中制形成過程の研究』（校倉書房、一九九〇年）として結実している。同書は、「戦争や抗争に勝利して権力を掌握した一つの政治権力が、みずからの権力を再生産するために、どのようなシステムを作りあげ、またそのシステムがどのような政治過程を経て作りあげられていくのか」という問題意識のもと、膨大な一次史料の蒐集と分析によって、江戸幕府老中制の形成過程を、それまでの年寄衆が保持した膨大な権限を家光が削減していくというシェーマで、きわめて緻密・実証的に跡付けたのである。(5)

また、山本博文「幕藩制初期の政治機構について」（『日本歴史』四七四号、一九八七年）は、やはり近世前期における幕藩関係の在り方のなかから、家光政権の政治機構の特質を、藤井氏とは逆に幕政の諸権限を奉行集団に集中したものと捉え、かつ上級旗本の行動論理を導入することで、家光期の老中制に対して、家光専制権力を支える取次の合議機関との評価を与えている。山本氏の研究は「幕藩権力と東アジア」（『歴史学研究』五八七号、一九八八年）などとともに、『寛永時代』(吉川弘文館、一九八九年)、『幕藩制の成立と近世の国制』(校倉書房、一九九〇年)として発表され、十六〜十七世紀の東アジア世界の動向が、家光政権の政治方針や政治機構の形成に与えた規定性を考察するなど、スケールの大きな論点を提示しているのである。

このように、一九八〇年代後半から九〇年にかけて相次いで出された論著により、とくに家光政権期の政治史は理論と実証の両面において、これまでの研究水準をはるかに凌駕したと言うことができるのである。ところが、こうした政治史や政治機構研究の進展とは裏腹に、本書の第一の検討課題に挙げた、幕府の軍事システムに関する研究は、いくつかの個別論稿はあるものの、ほとんど顧みられることなく現在に至っているのが現状である。

なお最後に、近世大名家の成員個々人が藩の意志決定権を分有するという「持分」論を提唱し、また関ケ原の戦いへの東軍諸大名の関わり方や、江戸幕府初期の大名改易の実態の詳細な検討から、将軍・大名権力の専制的側面に一定の見直しを迫り、かつ近世武家社会における武士の自律性を強調しているのが、笠谷和比古『近世武家社会の政治構造』(吉川弘文館、一九九三年)である。また、近世国家論において「備」の軍隊たる近世的軍団編成の内部構造の分析から、近世社会に存在した諸身分をそうした軍団に動員することで、近世国家が存立していたという、いわゆる「兵営国家論」という枠組みを設定しているのが、高木昭作『日本近世国家史の研究』(岩波書店、一九九〇年)である。高木氏の研究は近世軍制論に身分論・役論を導入しながら、日本近世国家の特質を論じたきわめて大きな議論である。加えてもっとも最近の業績として、軍制と家をキーワードに近世武士や武家奉公人の在り方を実態的に追求したものに、根岸茂夫『近世武家社会の形成と構造』(吉川弘文館、二〇〇〇年)がある。(6) これらは近世武家社会史研究において、それまであまり問題とされてこなかった「軍制」論を取り入れた研究として、大いに注目しておきたい。

三　各論の位置付け

以下、各論の位置付けを記し、本書を理解するうえでの一助になればと思う。

第一部　江戸幕府直轄軍団の形成と展開

問題の所在に挙げた第一の検討課題について考察を加えたのが第一部である。

第一章では、江戸幕府直轄軍団の中核に存在した大番・書院番・小姓組番形成の様相について考察した。こうした個別軍隊の成立については、通説はあるものの、それは一次史料によって定立されたものではなく、かつ史料的な限界は如何ともしがたいのであるが、私なりの見解を示しておいた。とくに大番については検討材料が少なく、成立のひとつの画期を家康の関東入国としたこと、家康の駿府引退と伏見在番の開始によって家康の親衛隊から、幕府直轄城守衛部隊としての江戸幕府大番本来の在り方へと変容したこと、などの論点を提示するに止まった。ただし、家康関東入国後の大番頭、組数の変遷については、ある程度の見通しが付けられたものと考える。書院番・小姓組番については、これまた決定的な史料はなく、状況証拠の積み上げに終始した感は否めないが、とくに成立当初書院番・小姓組番といった区別はなく、元和八年の江戸城本丸の完成を機に、それまでの徳川秀忠の親衛隊（「書院番」）から、分離して成立したのが小姓組番だったという点を提起しておきたい。

第二章は、秀忠大御所期における大番・書院番・小姓組番それぞれの構造と、そこに編成された家臣団の人的特質を考察したものである。幕府家臣団の存在形態については、近世中期以後についての分析はあるもの(7)の、前期についてはほとんど皆無と言ってよく、幸い「東武実録」にこの時期の番方の家臣団全体が網羅されていることで可能となった。とくに各番の領知高の差異や番士の出自を明らかにし、その数量的な分析によって、前章で主張した書院番と小姓組番形成の時期的な差という論点が補強できたものと考えられる。また家光の本丸と秀忠の西丸に別々に親衛隊が編成されていたことは、これまでの研究上の盲点であったとともに、当時の主従関係における特質の反映としても注目されるべき点である。

第三章では、まず将軍「代替り」における、政権の不安定な状況を確認した。そのうえで、家光がそうした状況を如何なる論理のもとでどのように克服していったのかを、幕府直轄軍団の再編過程といった側面から考察した。家光の焦眉の課題としては、それまでの本丸と西丸とに二元的に存在していた軍隊を、自身の直轄軍団として増強しながら、かつ一元的に掌握することにあったが、主に小姓組番を分析することで、そこには譜代尊重といった論理や、当時の主従関係の規定性といった側面のあったことを提示した。また軍事力の強化については、寛永の総加増前後の小姓組番の比較から、数字のうえでも証明できたものと考える。

第四章は、これまで三章にわたって検討してきたことを踏まえて、幕府家臣団すなわち旗本集団の身分的な編成や、極限にまで制約されたとされる彼らの自律的側面を、組編成の面から捉えなおすことで、彼らの集団としての自律性あるいは主体性について考察したものである。とくに旗本における身分的編成の問題は、大名身分編成論と表裏一体の関係として捉えられてきたため、旗本（集団）の側からの検討はほとんどなされてこなかった問題である。結論的には通説の再確認的なものに終わった感もあるが、今後の議論の叩き台となることを願っている。

本編は第二の検討課題について考察したものである。

将軍の側近には、父から付属された付家老とも言うべき者、様々な能力によって取り立てられた者、そして自身に幼少から近侍しともに成長した者などが考えられる。もちろん将軍にとっては、その能力もさることながら幼少からともに成長した側近が気心も知れており、彼らを政権の中枢に置いたほうが、自己の意志を貫徹させやすかったに違いない。第一章は、将軍秀忠がそうした側近（近習出頭人）に、如何なる役割を負わせ、どのように自己の政権の中枢に定置していったのかを検証したものである。これまでその存在は知られていたものの、まったく検討されることのなかった「江戸老中」を中心に、彼らの秀忠政権への登場からその職掌、そして秀忠が彼らを奉書加判の地位（年寄）に上昇させるまでの諸契機を、大名文書を主な素材にして検討を加えた。後者については、ある程度実態的に描くことに成功したと自負しているが、職掌（主に旗本支配）については主として役職からの説明に比重が移り、いまーつ説得的ではないかもしれない。今後より良質の史料を発掘し、かつ実態にそくして検討していく必要があろう。

第二章は、元和から寛永前半期における江戸幕府年寄制の特質について検討したものである。大名支配や旗本支配といった側面において、研究史的には、この時期は依然として出頭人体制であり、いまだ組織化はなされていないというのが通説であるが、ここでは、元和期の年寄衆連署状の蒐集と分析によって、一定の職掌をもち、ある程度の合議によって幕府政治を運営した特定の政治集団（「年寄」衆）の存在を明らかにした。寛永前半の二元政治下においては、本丸・西丸それぞれに年寄衆が存在したが、そうした在り方のなかで、元和期の「年寄」制が、幕府意志を伝達する奉書に加判する年寄衆によって継承・維持されていたこと、また小姓組番頭や書院番頭を兼任した年寄も存在し、彼らには幕政運営というよりも、むしろ旗本支配に主要な機能があったこと、そして寛永前半にこうした機能分化があったことが、寛永十年以後の幕府政治機構の急速な整備を可能にしていたこと、などの論点を提示した。

第三章は、江戸幕府若年寄の起源とされる六人衆について考察したものである。本章のもととなる論文「若年寄の成立をめぐって」を発表した当時(一九八六年)、六人衆に比重をおいた研究は、北原章男「家光政権の確立をめぐって」、辻達也「寛永期の幕府政治に関する若干の考察」、藤野保「寛永期の幕府政治に関する考察」(いずれも前出)があるのみで、前述したように二次史料中心という方法的な弱点が存在していたのである。そこでより良質の史料を使用することで、この時期の幕府政治構造の特質のなかから、六人衆の再評価を試みたのである。その結果、六人衆が家光独裁政権の確立のために、年寄衆に対置してその権限を牽制したものという論点は導かれず、かつ寛永十二年十一月以後の六人衆に、旗本支配としての役割を見出すことができ、その時点を契機として若年寄職は成立したとの結論を得た。その後、当該期の政治過程をやはり同時代の史料から、きわめて緻密に分析した藤井譲治氏の「江戸幕府老中制の形成」が出され、拙稿での誤謬の指摘や論点の痛烈な批判を頂戴した。今回、本書の第二部第三章として収録するにあたっては、書き改めた部分もかなり存在するが、なるべく原論文の論旨を活かすため、そうした批判や新たに提示された論点は、注の形で補った。

付論は、「江戸幕府日記」や江戸幕府の種々の法度に見られる、「御用」と「訴訟」という用語について考察したものので、なかでも「江戸幕府日記」寛永十二年十一月二十一日の条にある、諸旗本への「御用」「訴訟」の取り扱いをめぐる記事の理解に関する、藤井譲治氏との論争のなかから生まれたものである。とくに「御用」については、将軍の命令の他に、その命令を遂行し報告することも「御用」の範疇であるとの見解を提示した。その後、藤井譲治氏によって筆者の見解に対する反批判論文である「江戸幕府前期の『御用』について」(『史林』八一巻三号、一九九八年)において、実証の甘さを指摘された。いま、藤井氏に対する反論の明確な材料を持ち合わせていない。したがって本書収録に当たっては躊躇した部分もあるが、しかし「訴訟」理解の確定と、研究史的な意味合いは残されていると考え、付論としてあえて収録することとした。したがって、校正ミスなどによる基本的な間違いを直した以外、ほぼ原論文発表当時のままである。

第三部　家光政権の展開

第三部は本書のタイトルとはやや距離をおいているが、問題の所在の第三の検討課題を考察したものである。

第一章は、徳川秀忠の三男徳川忠長の改易問題を中心に検討したものである。これまで幕藩政治史のなかでは、政治的な解釈のみが過大に評価され、家光が政敵忠長を抹殺するという「御代始めの御法度」論としての見方が支配的であったが、「代替り」における家光政権の不安定性の核心に存在したのが徳川忠長だったとすれば、彼の動向と家光の対応は検討されなければならない課題である。主に「細川家史料」を読み込むことで、その内実にいくらかでも迫り得たものと思われる。ただ家光が忠長を自害に追い込む直前まで、その更生に期待していたという結論は、危険分子としての忠長の存在を考慮すれば、一見矛盾したものではあるが、それは政治主体としての将軍家光の立場からのみの見方にすぎない。

第二・三章は、家光政権確立後の政治過程や政策決定の在り方を追究したものである。第二章では、寛永十五年十一月の幕府機構改革により、これまで「大老」に棚上げされたと評価されてきた、酒井忠勝の幕府政治における役割を再検討したものであり、主に江戸城内での諸大名や旗本等に対する幕府意志の通達（「申渡し」）と、老中奉書への加判の状況から検討を加えた。その結果、酒井忠勝は、寛永十六年以後も幕政上の重要事項には関与しており、大老棚上げというこれまでの通説を覆すことに成功したものと思う。

第三章は、そうした酒井忠勝の家光政権における役割と家光政権後期の政治構造の特質とを、大坂城代阿部正次の死去にともなう後任城代の決定にいたる過程から、幕府と畿内譜代大名（永井直清）との交渉を素材にして検討したものである。とくに、酒井忠勝はこの時期の家光政権において、老中とは別の立場で家光の命令伝達を行なっており、かつ政策協議の場にも深く関与していたことが判明し、第二章の結論を補強することとなった。主に使用した史料は高槻藩「永井家文書」であるが、最近この史料を克明に読み込み、家光政権における「御内証」のルートの存在を実証した、高木昭作『江戸幕府の制度と伝達文書』（角川書店、一九九九年）がある。そこでは家光の側近中根正盛の特殊な機能に焦点が当てられているが、このルートと酒井忠勝との関係をどう理解するかについては、今後の課題とせざるを得ない。

最後に、本書のもととなった既発表論文を発表順に挙げ、本書の構成との関係を示しておく。本書収録に当たっては、重複部分はできるだけ削除するよう試みたが、それでも論旨の展開上避けられなかった部分もある。また各章とも新たに史料や論点を加えるなど、大幅に加筆・修正を加えており、かつ各節の配列を再構成するなど、ほとんど原型をとどめていないものもある。したがって、全体としては書き下ろしに近い形となった。なお、第一部第一章第一節と同第二章第一節は、左の第⑪論文でやや触れてはいるものの、今回新たに書き下ろしたものである。また、引用した史料の傍点、カッコ、箇条書きのうえの条数を示す○数字などは、すべて筆者によるものであることを断っておきたい。

①若年寄の成立をめぐって（『東洋大学文学部紀要』三九集史学科篇一一、一九八六年）［第二部第三章］
②若年寄制の成立過程（『東洋大学大学院紀要』二二集、一九八六年）［第二部第二章］
③近世初期の将軍近習について（『日本歴史』四七〇号、一九八七年）［第二部第一章］

④成立期江戸幕府「大老」に関する若干の考察(『東洋大学文学部紀要』四一集史学科篇一三、一九八八年)[第三部第二章]
⑤家光政権後期の政治構造(『白山史学』二四号、一九八八年)[第三部第三章]
⑥将軍「代替」における江戸幕府軍隊の再編について(『東洋大学大学院紀要』二五集、一九八九年)[第一部第三章第二節]
⑦近世前期の史料用語に関する一考察(『白山史学』二九号、一九九三年)[第二部付論]
⑧大名改易政策の一断面(田中健夫編『前近代の日本と東アジア』吉川弘文館、一九九五年)[第三部第一章]
⑨幕府直轄軍団の形成(『新しい近世史』第1巻、新人物往来社、一九九六年)[第一部第一章第二節・第三節、同第二章第二節、同第三章第二節]
⑩将軍「代替り」の危機と幕府直轄軍団(『江戸の危機管理』新人物往来社、一九九七年)[第一部第三章第一節]
⑪旗本「編成」の特質と変容(『歴史学研究』七一六号、一九九八年)[第一部第四章]

注

(1) 戦国末から近世初期における主従関係としては、譜代家老型、家人型、出頭人型、好き寄り型などの諸類型がある。これら個々のタイプを捨象するつもりはないが、いずれにしても主君と家臣との人格的結合によって成立した属人的な関係が支配的だったものと考えられる。
(2) 江戸幕府の総体的な軍事力という観点からすれば、当然、譜代大名を視野に入れないわけにはいかないし、この点を捨象するつもりは全くない。ただ彼らの軍隊は、将軍の直接かつ日常的統治という意味では相対的に独立しており、本書では当面考察の対象からは除外した。

（3） 古島敏雄編『日本地主制史研究』（岩波書店、一九五八年）。安良城盛昭『幕藩体制社会の成立と構造』（御茶の水書房、一九五九年）。佐々木潤之介『幕藩権力の基礎構造』（御茶の水書房、一九六四年）ほか。

（4） 小宮木代良「幕府記録と政治史像」（『新しい近世史』1、新人物往来社、一九九六年）その他が、『徳川実紀』の主要な典拠でもある右筆所日記などの書誌学的考察を精力的に行なっている。

（5） 藤井譲治氏は「幕藩官僚制論」（『講座日本歴史』近世1、東京大学出版会、一九八五年）で、幕藩統治機構を幕藩官僚制と捉え、それまでの研究史を①制度的分析、②享保改革の研究、③近代官僚制形成の前提などに整理し、とくに①の問題点を「いかなる政治あるいは権力構造の下で官職が生みだされ、位置づけられたかを問う視角を欠いており、権力の具体的姿や機構・組織の機能を動態的に捉えることができなくなっている」と指摘されている。

（6） 根岸氏の著作に対する私見については、同書「書評」（『歴史学研究』七四七号、二〇〇一年）を参照されたい。

（7） 鈴木寿『近世知行制の研究』（日本学術振興会、一九七一年）など。

第一部　江戸幕府直轄軍団の形成と展開

第一章　江戸幕府直轄軍団の形成

はじめに

江戸幕府の直轄軍団には、大番・書院番・小姓組番・新番・小十人組などの番頭に統率されるいわゆる「五番方」、徒組や百人組などの歩卒部隊、先手鉄炮組・先手弓組・槍組といった特定の武器を携行して物頭に指揮される特科部隊とがあった。

こうした幕府軍隊については、幕末期の軍制改革を除けば、これまで江戸幕府の成立や将軍権力確立過程のなかで叙述されることはあっても、それらは番や組の設置年代やその後の変遷、完成した段階での定型的な規模や人員の配置・職務内容などを概説的に論じるか、または、とくに家光政権論において、政権担当者が小姓組番頭などの親衛隊長を歴任してきたという事実を指摘するのみで、それが持つ歴史的な意味や軍団自体、またはその支配の具体的在り方などが考察されることはなかった(1)。また、個別部隊について見ても、大番、書院番、小姓組番、新番、徒組などの研究はあるものの(2)、なお十分に蓄積されていると言うことはできない。

しかも、こうした研究の多くは、『古事類苑』官位部三に収載された「吏徴」「職掌録」などの諸史料や、『寛政重修諸家譜』『柳営補任』『徳川実紀』などに拠っているのである。これらは、およそ享保期以後の編纂史料であり、『徳川実紀』の中心的な典拠でもある「江戸幕府日記」[3]成立（寛永八・一六三一年）以後は、ある程度の信憑性を持つものの、それ以前の記述は諸書によってまちまちであり、同時代の実態がいまひとつ照射されていないという弱点を持っている。[4]

とは言うものの、たとえば、ひとつの部隊の形成やその隊長への就任を見ても、江戸幕府が軍隊としてのシステムをその本質としているかぎり、本来、同時代の文書や記録には残りにくいという特徴を持っていることも否めない。こうした事情が、幕府直轄軍団の研究を遅らせている理由でもある。しかし、近年藤井譲治氏も「大番・書院番・小姓組番は、その成立事情を異にするが、その成立や変遷については通説があるもののなお明確でない点が多く、今後その成立年代や番数についても明らかにしなければならない」[5]と述べられるように、また幕府直轄軍団の存在が、他を圧倒する強大な軍事力という意味において、幕藩制国家における江戸幕府の国家支配を支える重要な要素であったとすれば、その全体像の解明は当然なされるべき課題と考えられるのである。

本章では、とくに形成論の立場を重視して、幕府直轄軍団の中核に位置した番方のなかでも、大番・書院番・小姓組番を中心にしてその形成の具体的様相を、右の諸史料に拠るのは否めないとしても、できるだけ良質の史料をも使用しながら解明してみたい。

第一節　江戸幕府大番の形成と展開

1　大番の形成と在番

戦国末から近世における大名の軍団編成は、「備」を基本単位として構成されていた。「備」とは一個の独立した戦闘集団であり、主君や大身の家老を指揮官として、前方から鉄炮隊、弓隊、鑓隊などの特定の武器を携行した足軽部隊、番組編成をとり主君または家老を護衛する騎馬の一団である親衛隊、ついでその後方に番や組に編成されない寄合部隊、そして最後尾に輸送部隊たる小荷駄隊があった。家老の備は、主君の旗本備を中心として前備、脇備、後備(殿)などと称して各所に配置されていた(6)。転じて江戸幕府大番の本質を探れば(7)、おそらくは徳川家康の旗本備にあって、主君家康の身辺を護衛した親衛隊にあったものと考えられる(8)。

しかし、大番の成立年代は、確実な史料がない現状では不明というほかない。永禄六年(一五六三)説、天正十五年(一五八七)説、天正十八年説など諸説あるが(9)、とくに煎本増夫氏は、徳川氏の三河統一から五カ国領有という領国拡大過程において、在地小領主層や武田・今川などの旧臣を譜代有力武将の「同心」として付属させ、同時に家康自身の直臣団にも編成したが、当初彼らは家康と譜代武将とのあいだで流動的な存在であり、天正十五年(一五八七)頃、すなわち家康の駿府移城を機に、家臣団の配置が固定化しかつ組織化され、駿府常駐の常備軍たる大番が成立したとされる(10)。

煎本氏の所論は「組織化」の実証という面で問題はあるものの、理論的にはきわめて説得的である。しかし常備軍という意味では、やはり天正十八年の家康の関東入国が大きな画期ではないだろうか。すなわち、これによって江戸城の修築が開始されるとともに、後北条・武田などの遺臣で関東にある旧領をそのまま安堵された家臣は別としても、多くの家臣団は旧領から切り離され、とくに大番に編成された家臣団は、江戸から一〇〜二〇里以内のいわゆる一夜泊りの距離に知行地と、江戸城の西北近郊に屋敷地とを与えられたとされている。(11)これによって兵農分離が決定的となり彼らの在地性も払拭され、「大番」という名称は別としても、まさに江戸に常駐する常備軍が形成されたからである。そして、家康もこれら家臣団の統制を、もっとも信頼のおける一門や血縁のある有力家臣に任せたのであろう。事実、次項で明らかにするように、最初の大番頭の多くは松平康安らいわゆる十八松平の系譜を持つ者や、水野重央ら家康の外戚に当たる家筋の者が任命されているのである。こうして彼ら番頭の掌握下に、おそらく当初存在したであろう六組が、交替で江戸城の警備と家康の江戸と伏見・大坂の往復などに供奉し、これが鎌倉御家人の京都大番役などに擬せられて、「大番」の名称も付与されたのであろう。(12)

ところで、大番の職務は大坂城や二条城などの在番、江戸城の警備、江戸市中の巡回などであるが、「明良帯録」の大番頭の項に「京大坂在番を主役とす」(13)とあるように、近世後期においても在番が大番の主要職務として認識されている。以下、この在番について少しく検討してみたい。

大番組の在番には、伏見在番、大坂在番、二条在番、駿府在番などがあった。まず伏見在番は、慶長十二年（一六〇七）の家康の駿府引退にともなって、空き城となった伏見城の守衛のために、渡辺茂組と水野忠胤組の二組が在番したのが初めてである。開始当初は大番二組が二年交代で勤めたが、元和三年（一六一七）からは一年交代となり、翌元和四年まで続いた。大坂在番は元和五年の大坂の幕府直轄化によって、これまで伏見城代だった内藤信正が大坂城代に転じ、その軍事力を支えるものとして、大番松平康安組とこの年新設された松平勝政組の二組が、在番に当たったのが最初である。その後、一年交代で二組ずつが在番し、大坂城本丸と二の丸南面の警備に当たっていた。

二条在番は、「御当家紀年録」寛永二年四月是月の条に「始洛陽二条城以大番頭二組騎各五十、毎歳交替、限一ケ年、勤番之先是渡辺山城守(茂)為番頭、以大番三十騎勤之、今年山城守被許之帰江戸、」とあるように[14]、寛永二年以来二条城代を勤めていた渡辺茂が、その職を赦免されたのを期に開始されている。実際、任命は「江戸幕府日記」寛永十二年五月二十三日の条に「保科弾正（正貞）・安部摂津守（信盛）、御帷子御給御道服黄金五枚拝領、是為二条為（ママ）御番替被遣ヨリテ也[15]」と五月二十三日のことであり、大番頭の保科正貞組と安部信盛組が在番を命じられ、以後、毎年二組ずつが一年交替で勤番した。

最後に駿府在番は、元和五年にそれまで駿府城主だった徳川頼宣の紀伊和歌山への転封により、同年十月から渡辺茂がほぼ定番の形で寛永元年まで在番し、この間、元和七年に大番頭の松平重忠が駿府城代となり[16]、翌八年からは松平康安組が在番に加わり、翌年康安が死去すると嫡子の松平正朝が替わって在番した。ついで寛永元年、徳川忠長が駿府に入封すると、松平正朝組はそのまま忠長の家臣団に編入された。これにより駿府在番は一時中断したが、寛永九年十月に徳川忠長が改易されると、「江戸幕府日記」寛永九年十月二十九日の条に「松平豊前守（勝政）、駿河為在番被遣之付而、御前江被召出、御服四羽織一被下之、同組頭四人呉服銀子等被下之、組中者於御白書院御目見、銀五枚宛被下之」とあるように、松平勝政組が駿府在番を命じられて同十一年十月まで在番した。ところが、このとき勝政組の番士四二名が家光への直訴により改易となり[17]、かわって高木正成が大番頭となって在番し、以後毎年一組が一年交替で勤めたのである。ただし寛永十六年以後は「江戸幕府日記」同年一月二十日の条に「駿府御番大御番衆御赦免、依之御書院御番衆当卯年より毎年十月替々ニ相越、可致勤番之旨伊豆（松平信綱）・豊後（阿部忠秋）・対馬（阿部重次）伝　仰之旨云々」とあるように、書院番一組がこの年十月から一年交替で在番することとなった。こうして大番組の在番は大坂城と二条城に限定され、後掲の表2に見えるように、ほぼ二年から三年に一度の在番体制が確立しているのである。

つぎに、在番中の番士の勤番状況を伏見在番を例に見てみよう。在番は将軍の膝下から離れた城郭の守衛が任務であったから、開始当初から厳格な勤務を要求されている。

【史料1】[18]

伏見城在番法度条々

①一喧嘩口論堅停止之上、於違背之輩者、不論理非双方可為成敗、或親類或ハ依知音之好於令荷担者、其咎可重於本人、厳密可申付事、

②一自然雖有如何様之儀、不可出城中事、

③一在番中万一於有用所罷出者、番頭両人ニ相尋可任其意、番頭有用所付而者、組頭中ニ相尋可罷出事、

右条々堅可申付之、若令用捨濫之儀於有之者、両人番頭可為曲事者也、

慶長十四年七月十七日　御黒印

【史料2】[19]

条々

①一伏見御城中御番衆之外、人付合被申間敷事、

②一御番所ニ武具並得道具置可被申事、

③一御在番中於上方一円人ヲ抱被申間敷事、

付、城中諸商人出入無之様可被申付事、

④一在番中日帳を厳密ニ可被付置事、

⑤一自然振舞等之儀、一汁二菜、酒二通たるへき事、

⑥一銭湯江被入候儀、上下共ニ可為停止事、
⑦一火の用心堅く可被申付候事、
右之趣聊以而不可油断儀肝要ニ候、以上、
慶長十四七月十七日

青山図書（成重）
安藤対馬（重信）
土井大炊（利勝）
酒井雅楽（忠世）

松平丹後守（重忠）殿
山口但馬守（重政）殿

【史料3】[20]

条々

①一御本丸表之御門、山口但馬守手前之者、御番頭衆より人を相添御番可被仕事、
②一御本丸より西之丸へ出候口之御門、但馬守手前之者御番可被申付事、
③一裏之御門者、松平丹後守手前之者、御番頭衆より人を相添可被申付事、
④一御番之儀者表裏を被相究候間、五十人之内たとひ煩人有之共、二十五人之者御門矢倉ニ相詰候様可被仕事、付、
昼之番替之儀者二替可為事、
⑤一表之御番衆より二人宛、裏御番衆より二人宛、中ニ而出合候様ニ不寝之番を可被仕事、
⑥一御番頭衆者、御番所ニ定番ニ可被寝事、

⑦一小笠原左衛門佐（信之）・稲垣平右衛門（長茂）在番之跡を者、松平丹後守可為御番、酒井作右衛門（重勝）者
最前より如被仕来之可被致事、
⑧一岡部内膳（長盛）番所ハ土岐山城守（定義）可被仕事、
⑨一太鼓坊主番致候所、並定番なと置候処悪敷候者、表御門番衆可為越度事、
右条々、堅可被存此旨候、以上、
慶長十四七月十七日

青　図書
安　対馬
土　大炊
酒　雅楽

松平丹後守殿
山口但馬守殿

近世における大名や幕府軍隊の出動は、将軍の黒印状のあることが絶対的な要件であったが、【史料1】がその黒印状である。このとき将軍秀忠が在番の大番士に要求したものは、①番士同士による喧嘩口論の禁止、②不測の事態の際、城外に出ることの禁止、③万一外出の際には番頭・組頭の許可を得るべきことなどである。これらの眼目は、やはり①条目にある喧嘩口論の禁止であろう。こうした条文は、江戸城勤番の旗本を対象とした法度や、戦陣での軍法にも頻繁に見出すことができるが、とくに将軍の膝下を離れた在番衆の混乱は、臨戦的緊張を必要とする在番には、もっとも憂慮される事態だった。ゆえにまず一条目において、その徹底を命じていたのであろう。

しかし、より細かな規定は年寄クラスの連署によって制定されている。【史料2】は、通常黒印状とセットになっ

て発布される老中下知状である。すなわち、①城中における同僚以外との交際の禁止、②番所での武器の配備、③在番中上方で武家奉公人を抱えることとの禁止、④在番中の記録の徹底、⑤饗応の規定、⑥銭湯での入浴の禁止、⑦火の用心の徹底などで、とくに①②③条において、豊臣氏の存在による臨戦態勢下における番衆管理の徹底した状況を窺うことができよう。【史料3】は日付、差出し、宛所とも【史料2】とまったく同じである。この下知状は【史料1】や【史料2】が、ある程度定式化されたものであったのに対して、その時々の状況に応じて出されたものと考えられ、大番頭の松平重忠組[21]と山口重政組の在番に当たっての、より具体的かつ詳細な人員配備の状況などを知ることができる。すなわち、①本丸表門については山口重政組の番士が警備し、重政付属の与力・同心がその加勢に当たること、②本丸から西丸への門の警備は、やはり重政組の番士が担当すること、③裏門の警備については松平重忠組の番士が担当し、これまた重忠付属の与力・同心が加勢すること、④組衆五〇人のうち病気等で欠員が生じても、常に半数の二五人は門や櫓に詰めるべきこと、⑤表裏両門の中間で常に二人が出会うように巡回すること、⑥番頭衆は番所に常時詰めること、また⑦慶長十二年から十四年まで在番していた小笠原信之・稲垣長茂[22]のあとは松平重忠が担当し、伏見城の天守を守衛していた酒井重勝[23]は従来どおりとすること、⑧岡部長盛の番所は新たに土岐定義[24]が担当すること、などである。これらのなか、大番組の制度という意味でとくに注目すべきは、④条目にある「五十人」の文言である。これによって、この当時すでに一組五〇名という番士の定型の存在が確認できるのである。

以上、こうした将軍の黒印状や年寄衆の在番下知状が、在番が交替される度に発行され、とくに徳川氏との血縁を持たない番頭は、これらを後盾として、戦国的余風を色濃く残す番衆を統制・掌握していたのである。同時に、慶長年間における大番衆の交替は、在番制度のみならず大番組自体の組織をも確定し、本来、家康の親衛隊として成立した部隊に、新たな、そして明確な機能や性格を付与する契機となっていたのではないだろうか。

2 大番頭・組数の変遷

それでは、成立後の大番組はどのように展開していくのだろうか。通説では大番は天正十八年には六組、慶長十二年に九組、元和二年に一〇組、寛永九年に一二組となって固定したとされている。[25] ここでは一二組に固定するまでの組数の変遷を番頭への就任者とともに、なるべく良質な史料を基軸に確定することで、今後の幕府軍制研究の叩き台を提出してみたい。

いまわれわれが、江戸幕府初期の大番頭や大番衆の全貌を確実に把握できるのは、寛永九年（一六三二）二月の大御所秀忠死去直後の実態である。「東武実録」によれば、その寛永九年二月二十六日の条の後に「公（秀忠）薨御ニ依テ、将軍家、次ニ御家門ノ面々列侯以下、幕下諸士遠国ノ役人等ニ至マテ、御遺物ヲ賜ル」[26]とあり、秀忠の死去に際して家光以下家門、諸大名・旗本、縁故の女性などに秀忠の遺品や遺金銀が分配されている。大番衆への記載はつぎの如くである。

　　大御番一番　　　植村出羽守（家政）組
小判金六十両　　五百石　小川左太郎（安吉）
同　　六十両　　五百石　小長谷四郎右衛門（時元）
　（中略）
　人数四十六人
　　小判金合二千二百九十両
以下二番・安部信盛組、三番・小笠原忠知組、四番・堀利重組、五番・植村泰勝組、六番・松平勝政組、七番・松

平勝隆組、八番・松平真次組、九番・皆川隆庸組、十番・水野元綱組、十一番・保科正貞組の順に、各組に編成された番士の拝領金、領知高、姓名、合計人数、拝領金の総計が組ごとに記されている。このように、寛永九年初頭の段階での大番組は確実に一一組が存在するのである。そして、つぎの史料によって元和九年（一六二三）時点での組数が明らかとなる。

一、大御所様ゟ　将軍様へ、なけ頭巾、えんがうの墨跡、金五十万枚、五畿内不残、関東ニ而弐百万石、金山銀山不残、大番衆十与被成御譲候、御祝儀ニ何も使者可下之由申来候、（後略）

この史料[27]は、元和九年十月十六日付で豊前小倉藩主細川忠利が、父忠興の家臣魚住伝左衛門尉に宛てた披露状の一節である。同年七月、徳川秀忠は将軍職を嗣子家光に譲っていたが、この史料によれば家光の将軍襲職に際して秀忠は、なけ頭巾、円悟克勤の墨跡、黄金五〇万枚、畿内の全蔵入地と関東の蔵入地のうち二〇〇万石、すべての金銀山、そして「大番衆十与」を生前贈与とも言うべく譲り渡していたのである。きわめて興味深い史料であるが、いま注目すべきは「大番衆十与」の文言である。「与」の文字は近世では「与（組）頭」など「組」と同義で使用されることが多い。とすれば、明らかに元和九年の段階で、一〇組の大番組が存在したことになる。もちろん、これ以上の組数の存在も想定されるが、大番はこの史料にもあるように、この時期の書院番や小姓組番とは異なり、本来新将軍に譲渡される性格の軍隊であるから（後述）、すべてが家光に譲られたと見たほうが妥当であろう。とすれば、元和九年から寛永九年のあいだに一組増設されたことになるが、それは後述するとして、つぎに確実に大番頭の姓名が判明するのが左の史料[28]である。長い史料であるが、当時の大番衆の江戸城勤番の状況をも示しているので、労を厭わずに全文を挙げてみよう。

覚

一今度御黒印之表、御法度少も無油断相守可被申事、肝要ニ御座候事、
一御番之時、何方へも見廻・振舞ニ御越有間敷候、同、人をもよひ被申ましき事、
一御番之事、相手替ニ急度二替可被成事、
一御座敷うけ取渡しの時、そんし申所候者、渡し番衆より書付ニ判をさせ、請取渡可被成事、同、ふくろへやへ用所なくして御入有間敷事、
一御横目衆御改之時、面々ひさを立、行儀能可有御入候、並組頭衆番替ニ被成二人宛、御番帳をくり、勤煩人前方ニ内穿鑿被成、御横目衆へ可被伝事、
一国持衆・御年寄衆・御出頭衆中御通之時、ひさを立、行儀よく可有御座候事、
一煩衆之事、御番前ニせいもん状を取、番頭方へ一組きりニ状御あけ可被成候事、
一御法度之通万油断儀ニ見へ申人候ハヽ、前方に我等共ニ可被仰候、御番はつし可申候、其段能々御心得可被成事、
一定煩衆之事、晦日きりに、せいもん状を御取りあけ可被成候、但御煩候共、江戸中ニ罷有不被申候者、御番はつし可申事、
一御門矢倉へ床番ニ計御越可有之候、昼者一切出入停止之事、
一御宮へ御社参之時、御供無用之由ニ候間、其御心得可被成事、
一西之丸御番、三組宛にて可被成候、但、二替之かへし、

已上、

元和八年十一月十七日　　牧野内匠頭（信成）判

植村主膳正（泰勝）判
高木主水佐（正次）判
松平出雲守（勝隆）判
松平壱岐守（正朝）判
松平内膳正（重則）判
松平豊前守（勝政）判

この「覚」に署名している牧野信成・植村泰勝・高木正次・松平勝隆・松平正朝・松平重則・松平勝政の七名は、たとえば『寛永諸家系図伝』牧野信成の項に「元和元年の春、仰によりて井伊掃部頭直孝にかハりて大御番の頭となりて、伏見の御番を勤む」(29)とあるなど、全員が『寛永諸家系図伝』『寛政重修諸家譜』に大番頭就任の記述を確認することができる。よってこの「覚」が、大番頭の連署によって発布されていたことは疑い得ない。じつは、この「覚」が出される二日前の十一月十五日に、秀忠は加々爪忠澄ほか五名の幕府目付に宛てて、江戸城勤番の番士に対する勤務と罰則を規定した、全一三カ条にわたる「定」(30)（黒印状）を発布しており、「覚」の一条目にある「御黒印之表」とはこの「定」を指している。そして、同じく元和八年五月に江戸城本丸の改築工事が開始され、それにともない秀忠は同月十九日に西丸に居を移し、十一月十日に工事が完成すると、同日、やはり秀忠は西丸から本丸に移っていたという事実がある。つまりこの「覚」は江戸城本丸殿閣の完成により、将軍秀忠が江戸城勤番の番士への勤務と罰則の規定を設け、目付にその監察の徹底を命じたのを受けて松平勝政ら七名の大番頭が、自己の支配する大番衆の勤務を督励・再確認する意味で番衆の「覚」として制定したのである。したがって、元和八年十一月の時点では、少なくとも大番七組とその番頭の存在が確認できるのである。

表1　大番頭の就任期間

大番頭	就任期間 a	就任期間 b	退任理由	出典a	出典b
松平重勝	永禄 7—慶長 17	永禄 7—慶長 17	松平忠輝付属	①—143	①—192
水野重央	天正 4—慶長 13	天正 16—慶長 13	徳川頼宣付属	⑤— 61	⑥— 91
水野義忠	天正 18—慶長 7	天正 18—慶長 7	死去	⑤— 61	⑥— 87
松平康安	天正 18—元和 9	天正 18—元和 9	死去	①—116	①—142
菅沼定吉		文禄 元—慶長 11	死去	③— 20	⑤—290
水野分長	慶長 4—元和 6	慶長 4—元和 6	徳川頼房付属	⑤— 59	⑥— 85
渡辺　茂		慶長 10—	＊二条城代	⑭— 31	⑧—121
山口重政	慶長 11—	慶長 11—(慶長 18)	勘気	⑭—255	⑱—188
高木正次	慶長 12—元和 9	慶長 12—元和 9	大坂定番	③—141	⑤—384
水野忠胤		—慶長 14	死罪	⑤— 74	⑥— 43
阿部正次	慶長 16—	慶長 16—(元和 2)	奏者番	⑫—235	⑩—346
土岐定義	慶長 17—元和 5	慶長 17—元和 5	死去	③— 68	⑤—221
松平重忠		慶長 17—(元和 7)	駿府城代	①—143	①—193
井伊直孝	慶長 18—	慶長 15—元和 元	彦根城主	⑦—241	⑫—292
松平勝隆	慶長 18—寛永 12	慶長 18—寛永 12	寺社奉行	①—147	①—199
牧野信成	元和 元—寛永 3	元和 元—寛永 3	留守居	⑤—161	⑥—283
阿部忠吉	元和 2—寛永 元	元和 3—寛永 元	死去	⑫—237	⑩—361
植村泰勝	元和 5—寛永 11	元和 5—寛永 11	死去	③— 94	⑤—181
松平勝政	(元和 5)—寛永 11	元和 5—寛永 12	死去	①—207	①—285
本多紀貞		元和 6—元和 9	死去	⑧—261	⑪—281
松平重則	元和 7—寛永 7	元和 7—寛永 7	留守居	①—144	①—199
松平正朝	元和 8—寛永 2	元和 8—寛永 2	徳川忠長付属	①—124	①—144
安部信盛	元和 9—	元和 9—万治 3	辞	⑤—119	⑥—189
植村家政		寛永 2—寛永 17	高取城主	③— 92	⑤—174
水野元綱	寛永 3—	寛永 3—正保 2	赦免	⑤— 60	⑥— 86
小笠原忠知		寛永 3—寛永 9	杵築城主	④—189	③—404
松平真次		寛永 4—寛永 20	辞	①—156	①— 76
堀　利重	寛永3後—(寛永12)	寛永 5—(寛永 12)	寺社奉行	⑨—104	⑫—357
保科正貞	寛永 7—	寛永 7—万治 3	辞	③—222	④—355
皆川隆庸		寛永 8—正保 2	死去	⑧—104	⑭— 84
松平忠実		寛永 9—承応 元	死去	①—128	①—147
内藤信広	寛永 9—	寛永 9—慶安 元	越度	⑧— 64	⑬—205
高木正成	寛永 11—寛永 12	寛永 11—寛永 12	死去	③—143	⑤—385
松平忠晴	寛永 12	寛永 12　寛永 19	赦免	①—181	①— 49
大久保幸信	寛永 13—	寛永 12—寛永 19	死去	⑨— 34	⑪—396
大久保教隆	寛永 13—	寛永 12—寛永 20	死去	⑨— 33	⑪—392
北条氏重		寛永 12—寛永 17	赦免	⑥— 70	⑧—308

注　a の出典は，『寛永諸家系図伝』，b は『寛政重修諸家譜』．①—124 は巻—頁，＊は「御当家紀年録」による．

これ以外に、当時の一次史料から大番頭や組数を網羅的に把握できる史料は管見ではない。しかし、個別的にではあるが、確実な大番頭を見出すことはできる。それは、前項で見た伏見城在番下知状である。その宛所は、慶長十二年が水野市正忠胤・渡辺山城守茂、十四年が松平丹後守重忠・山口但馬守重政、十八年が井伊掃部助直孝・渡辺山城守茂である(31)。これによって慶長年間における五名の大番頭が確定できた。

表1は、史料価値という意味ではやや落ちるが、『寛永諸家系図伝』や『寛政重修諸家譜』によって判明する、寛永十二年以前の大番頭とその就任期間・退任理由を表したものである。これら大番頭の誰が誰の組を継承していったのかを、その組数の変遷とともに整合的に理解することはきわめて困難な課題であるが、右の検討で明らかとなった番頭や寛永九年時点の一一組、元和九年の一〇組などの組数と表1の各番頭の就・退任年とを横軸とし、「諸役人系図」(32)にある繋がりを縦軸として、番頭や組数の変遷を試論的に提示してみたい。なお、「諸役人系図」記載の一例を左に挙げておく。

大御番頭　五番

一説松平大隅守重勝

慶長十二未年伏見番比
△松平丹後守重忠
后駿府御城代
――――元和七酉年
松平大隅守重則
元御歩行頭后御留守居
――――寛永八未年
保科弾正忠正貞
元寄合后大坂御定番
――――（下略）

まず起点であるが、ここでは前述したように大番が明らかに常備軍となったであろう天正十八年に置くこととする。「諸役人系図」では「初三組」として菅沼定吉・松平康安・渡辺茂の三名と、「後三組」として水野重央・松平重勝・水野義忠を挙げ、「右之内菅沼藤十郎（定吉）・渡辺久三郎（茂）・水野清六郎（義忠）組共、関東入国以後被為附　台徳院様」として、天正十八年の徳川氏の関東入国時には六組としている。菅沼定吉と渡辺茂の就任年にやや誤差があるが、ひとまずこの六名を最初の番頭としておきたい。そしてこの六名・六組を起点にして、組の増減と番頭の就任者を示したのが表2である。若干の説明を加えると、まず『寛永諸家系図伝』と『寛政重修諸家譜』で就・退任年が異なるものは、前任者との関連などで適宜採用した。四番の高木正次の大坂定番就任にともなう退任年が元和九年で、後任の植村家政の就任年が寛永二年と異なるにもかかわらず、元和九年で一致させたのは、『寛永諸家系図伝』松平勝隆の項に、(33)

同（元和九）年御入洛の供奉。在京のあいた高木主水（正次）仰せによって大坂の常番となるにより、主水が組中の馬上五十騎、鈞命によつて勝隆是をあづかる。同年十一月、又鈞命によつて右の五十騎を植村出羽守につけ給ふ。

とあることによっている。また四番の水野重央が徳川頼宣の付家老となったことによる退任年と、後任の高木正次の就任年が一年前後するが、ひとまず高木の就任年である慶長十二年を採用した。このほか、三番の本多紀貞の死去（元和九年）と後任の水野元綱の就任（寛永三年）の間の二年、同様に八番の牧野信成と堀利重との間の一年、一一番の阿部忠吉と松平真次との間の二年などは、補任者が不明であり空白にせざるを得ない。しかし、番頭の死去によって組が消滅することは考えられず、おそらく組衆は『寛永諸家系図伝』松平勝隆の項にあったように、一組全体かまたはいくつかに分割される形で、他の番頭の支配下に一時的に編入されていたのであろう。

以上から表2を見ると、通説とはきわめて相違する結果となる。まず天正十八年に六組で出発した大番組は、その後、慶長四年（一五九九）年に水野分長組が設置され、同十六年に阿部正次組、同十八年に松平勝隆組と順次増設されていたことがわかる。したがって、通説のように慶長十二年の家康の駿府引退によって三組が増設されて九組となったのではなく、既設の松平康安組と水野分長組が、このとき駿府城の護衛に出向し、松平勝隆組のみが慶長十八年にやはり駿府城警護のため新設されていたのである。ついで元和五年八月に松平勝政組が新設され一〇組となった。しかし「東武実録」同年十月是月の条には、

是月、松平大隅守重勝下総国関宿ノ城食邑二万六千石ヲ転シテ、遠州横須賀ノ城ヲ賜リ領地員数元ノ如ク、駿河国府ノ城ノ城代トナル、渡辺山城守茂大御番頭、組ノ士ヲ引テ駿府ノ城番トナル、其子監物忠山城守カ養子実ハ戸田与五右衛門カ男、別ニ采地千石ヲ賜テ山城守ニ差シ副ヘラレ、父ト同ク駿府ノ城ヲ守ル、

とあり、駿府藩主徳川頼宣の紀州転封により、代わって元大番頭松平重勝が駿府城代となり、同時に大番頭渡辺茂が

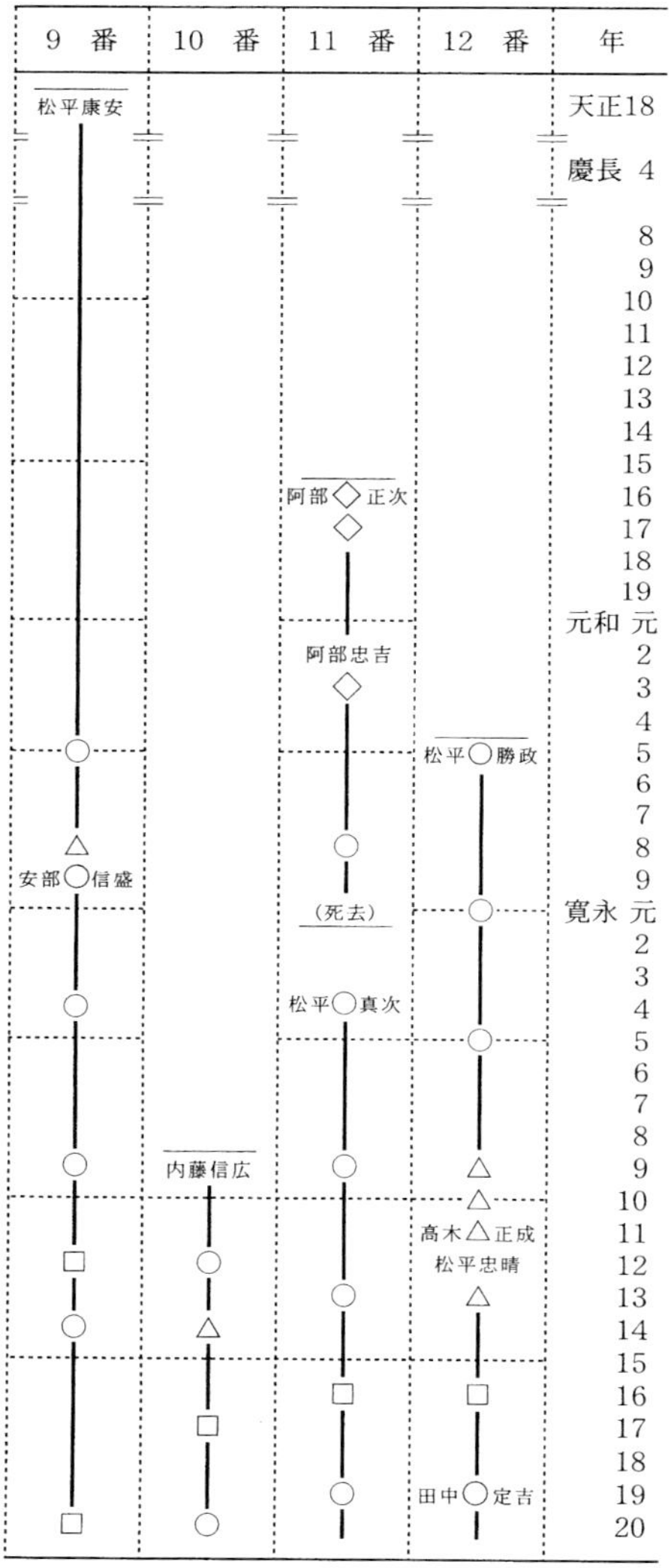

1番～12番の順番は「諸役人系図」にしたがった.

表2　大番頭の変遷と在番

年	1　番	2　番	3　番	4　番	5　番	6　番	7　番	8　番
天正18		渡辺　茂		水野重央	松平重勝	菅沼定吉		水野義忠
慶長 4			水野分長					
8								水野忠胤
9								
10								
11						山口重政		
12		◇		高木正次				◇
13		◇						◇
14					松平◇重忠	◇		(死去)
15					◇	◇		井伊直孝
16				◇				
17				◇		土岐定義		
18	松平勝隆	◇						◇
19		◇						◇
元和 元					◇	◇		牧野信成
2					◇	◇		
3				◇				
4			◇					◇
5		(渡辺　忠)				植村泰勝		
6	○	△	本多紀貞			○		
7		△		○	松平○重則			
8		△	○				松平正朝	
9		△	(死去)	植村家政			△	○
寛永 元	○	△					(忠長△付属)	
2		(二条城代)		○	○			
3		小笠原忠知	水野○元綱			○		(死去)
4								
5								堀○利重
6	○	○						
7				○	保科正貞	○		
8			○		○		皆川隆庸	
9		松平忠実						
10								
11		○		○				
12	大久保幸信		○		□	北条△氏重		大久保教隆
13	○						□	□
14		□		□	○			
15	△		□			□	○	○
16		○		○				
17			○		□	中根正成		
18	○			堀　利正		○	□	□
19	本多正重	□		□				
20			□		○			

注　◇は伏見在番，○は大坂在番，△は駿府在番，□は二条在番，各地の在番は主に「慶延略記」による．

駿府城（定）番を命じられ一組を減じるが、同八年に松平正朝組が新設されると、この時点で大番は再び一〇組となった。前掲した元和八年十一月の「覚」が七名のみの番頭により発布されていたのは、じつはこのとき松平康安組が駿府在番に(34)、阿部忠吉組と本多紀貞組が大坂在番に出向いていたため(35)江戸にはおらず、江戸城の警備とは直接には無関係だったからである。しかし、寛永元年に松平正朝が番士とともに秀忠の三男徳川忠長に付属されて一組を減じるが（表1では寛永二年であるが、この点は第三部第一章参照）、元和九年に死去した本多紀貞の組は寛永三年に新たに水野元綱が番頭となり、さらに同年小笠原忠知組と寛永八年に皆川隆庸組が新設され、都合一一組となって寛永九年初頭の状況となったのである。ついで、同じく寛永九年四月に内藤信広組が新設され一二組となったが、前述したように同十一年十月、駿府在番中の松平勝政組の番衆四二名が一挙に改易となり一組を減じ、同十一月に高木正成組が新設され再び一二組となって、以後大番組は一二組で固定したのである。

第二節　将軍親衛隊の形成

1　通説の検討

近世初期においては、将軍や大名の後継者はその地位が確定すれば、当然その地位に相応した自らの直轄軍団を形成しなければならなかった。と言うのは、父が存命中にその子が当主の地位を継承したばあい、在来の軍団は父との主従関係で結合した家臣団によって編成されており、当時の人対人という属人的な主従関係に規定されて、彼らはかならずしも新当主の意のままになる家臣団ではなかったからである。したがって新当主は、少なくとも自らの身辺を護衛する親衛隊については、自身との強固な主従関係で結ばれた家臣団によって編成する必要があった。江戸幕府のばあい、こうした動きは三代将軍徳川家光の時代まで展開する。

まず、二代徳川秀忠の家臣団の出自について整理しておこう。それは以下のような類型が想定できる。すなわち、①譜代の家系で、もともと父家康の家臣であった者が家康の命令によって秀忠に付属されるタイプ、②譜代（有力）家臣の子弟を家康または秀忠自らが召出して家臣とするタイプ、③徳川氏が統一政権に上昇する過程において、滅亡した戦国大名家（とくに武田・今川・織田・後北条など）の家臣で、本人がそのまま秀忠の家臣に召出されるか、または本人は家康の家臣となり、その子弟が秀忠の家臣団に編入されるタイプ、④家系は定かではないが家康あるいは直接秀忠に召出され、本人またはその子弟が秀忠の家臣となるタイプ、などである。[36] こうした出自の人々によって、秀忠は自身の家臣団を形成していたが、これらを種々の軍団に編成する過程で、書院番・小姓組番などの親衛隊も形成されていくのである。以下、書院番・小姓組番の成立についての通説を検討してみよう。

初めに書院番[37]であるが、通説では慶長十年（一六〇五）十二月二日の設置とされている。[38] これについては『徳川実紀』を初めとして、「慶長見聞録案紙」「慶長日記」「慶延略記」[39]などすべてが一致しており、史料の本源性という問題を別にすれば、一応この日に確定することができる。実際、同年一月の秀忠上洛時の軍団編成[40]では「茶番衆」[41]「小姓衆」「使番衆」「大番衆」などが秀忠の親衛隊に相当するもので、書院番や小姓組番は見られず、たしかにそれらはまだ組織されていない。

組数や番頭はどうであったろうか。「慶延略記」には「慶長十乙巳十二月初而御書院番四組被仰付」とあり、四組が設置され各組の番頭として水野忠清・青山忠俊・松平定綱・内藤清次の四名を挙げている。また、「諸役人系図」では「台徳院様御代」として、この四名に加えて永井直勝・西尾忠永・高力忠房・阿部正次の名がある。このうち西尾忠永と高力忠房は『寛永諸家系図伝』などに番頭となった記述はなく、永井直勝も本来家康の側近であるから、側近が「小姓組」を率いるという当時の通例から考えても、秀忠の軍隊を指揮したとは到底考えられない。残りの五名について、『寛永諸家系図伝』によって番頭就任年を記すと、水野忠清（慶長六年）、青山忠俊（慶長十五年）、内藤清次（慶長五年以前）松平定綱（慶長十九年、ただし組頭）、阿部正次（慶長五年）となり、バラバラである。しかも後述するように、書院番成立以前に番頭となっている者もおり、『寛永諸家系図伝』自体に矛盾がある。

つぎに小姓組番である。小姓組番は、慶長十一年丙午十一月にやはり四組が設置されて成立した、というのが通説である。[42] その根拠は唯一『吏徴別録』に「慶長十一年十一月二日、始置当職、若年寄又は御側用人より兼帯」とあるのみで、前掲した諸史料に関連した記述はまったくない。[43] しかも、いまだ成立していない若年寄や側用人と兼帯とあるなど、矛盾がはなはだしい。番頭については「諸役人系図」に「大坂陣以前御小姓組始而相定時之番頭・組頭以朱筆加之」として、朱筆により大久保教隆・日下部正冬・板倉重宗・成瀬正武の四名を挙げている。彼らはいずれも秀忠の側近であったが、やはり『寛永諸家系図伝』などによって関連記事を捜すと、大久保教隆については慶長十七年に番頭となった記事を確認できる。しかし、日下部正冬と成瀬正武は、番頭就任の記述はあるものその年代は記されていない。板倉重宗にいたっては、元和元年（一六一五）に書院番頭就任の記述はあるが、小姓組番頭については何も記されていないのである。

こうして見ると、書院番は通説どおり、書院番という名称は別としても、慶長十年の成立としてよいであろう。この背景には、まず秀忠が将軍となったことが挙げられよう。新将軍にはその地位に見合う、しかも一般民衆にまでその武威を誇示し（いわゆる「行粧の綺羅をかざる」）[44]、何より彼を護衛する実質的戦闘力を備えた強固な軍隊が必要となるからである。また翌慶長十一年には、番士の詰所となる江戸城本丸の建造物も一応の完成をみており[45]、この点も傍証にはなるであろう。実際『寛永諸家系図伝』安部信盛の項には、信盛は慶長十年の秀忠上洛に供奉し「同年、はじめて御書院番をさだめらるゝ時、信盛これをつとむ」とある。

しかし、小姓組番の成立年代はきわめて疑わしい。と言うよりも、書院番・小姓組番といった別々の軍隊が当初から存在したのではなく、むしろ慶長十一年の江戸城本丸御殿の建造にともない、そこに日常的に勤番し、秀忠の出向時に護衛に当たる親衛隊が組織されたと言うのが、当時の実態により近いのではないだろうか。

2　書院番・小姓組番の形成

これについて、つぎの史料はきわめて示唆的である。

　然れどもこのとき両番士は。皆執政昵近の所属にて。別に番頭も置れず。けふ組頭にせられし人々は。みな小姓の輩なるゆへに。執政昵近に属し。番頭の隊頭を兼ねしめらるゝ事なしともいふべからず。

これは元和八年（一六二二）十一月三日に、小姓組番の番頭と組頭とを定めた史料を引用した『徳川実紀』の編者が記したものである。[46] これによれば、当時秀忠の親衛隊（「両番」）に編成された番士は、みな「執政昵近」（年寄衆などのちの老中に相当する人々や将軍側近）に支配されており、とくべつ番頭も設置されておらず、この日組頭となった者も、もともとは「執政昵近」の支配に属し、また番頭が「隊頭（組頭カ）」を兼務することもあったことなどを窺うことができる。これは、近世後期の認識という点や、当日あらためて小姓組番頭となった井上正就や永井尚政らが、年寄（老中）に就任していた[47]事情を差引いても、当時の状況を端的に説明していると考えられる。

すなわち、おそらく慶長十年（一六〇五）にのちの書院番や小姓組番に相当する秀忠直轄の親衛隊が編成され、いくつかの組に分かれて江戸城内の詰所に勤務していたのであろう。しかし、初めから書院番・小姓組番といった区別はなく、かつその支配の在り方も、大番組のように明確に一名の番頭が自己の配下に属する番士を指揮したのではなく、日常的に秀忠の側近にいた者（ごく初期には前述した水野忠清・青山忠俊・内藤清次など）が、必要に応じてそのつど行ない、とくに鷹狩りや駿府への往復、大坂の陣や上洛、日光社参など秀忠の出向時に、明確に部隊編成（組分け）がなされ[48]、このとき各組の統率を命じられた側近が、『寛永諸家系図伝』などを編纂するときに、統率時の秀忠との位置（遠近）関係によって、小姓組番頭や書院番頭と認識され、記述されたのではないだろうか。「諸役人系図」『柳営補任』『寛永諸家系図伝』などを見ても、成立当初から番頭は記されているものの、その就任年が秀忠の出向時に多かったり、また、とくに寛永九年（一六三二）以前では、大番のように番頭の就・退任年がつながらないことが、その大きな証左となっている。

　では、秀忠の親衛隊に編成されていた家臣団（以下、とりあえず通説に従って「書院番」としておく）が、書院番・小姓組番とに分割され、それぞれの内部でも組分けがなされ、恒常的に番頭—組頭—番士のラインでの支配関係ができあがったのは、何時のことであろうか。それは、おそらく元和八年十一月のことであったと考えられる。すなわち「元和年録」にあるつぎの記述を見てみよう[49]。

一、同（元和八年）十一月三日、被仰付候御役人、御小姓組之組頭、
一、一井上主計頭（正就）組　組頭　本多美作守（忠相）
一、二永井信濃守（尚政）組　組頭　酒井下総守（忠正）
一、三青山大蔵少輔（幸成）組　組頭　秋田長門守（季次）
一、四松平右衛門大夫（正綱）組　組頭　太田釆女正（資宗）
一、五板倉内膳正（重昌）組　組頭　鳥居讃岐守（忠頼）
一、六秋元但馬守（泰朝）組　組頭　三浦作十郎（重次）

右小十人衆迄当番きりに支配仕候、

注目すべきは、この時点で秀忠の親衛隊を支配する「御役人」（この面々は小姓組番頭だけでなく書院番頭や小十人頭でもある）と小姓組番の組頭とが一括して任命されたことである。こうした番頭や組頭の一括任命という状況は、これ以前にはまったくない。通説では、この史料によって小姓組番がそれまでの四組から六組に増設されたとされているが、そうではなく、むしろこの時点で小姓組番という軍隊が、「書院番」から分離し、六組編成で成立したと見たほうがよいのではないだろうか。また、「小十人衆迄当番きりに支配仕候」の、「当番きり」の語句に見られるように、この時点において組を単位とした明確な頭支配も実現したのではないだろうか。問題は「元和年録」の信憑性である。この史料に最初に注目したのは高木昭作氏であるが、高木氏によれば、井上正就ら六人の親衛隊長による親衛隊の支配体制を「側近守衛の体制」の成立とし、「元和年録」の史料価値への疑問から、この体制は青山幸成が書院・小姓両番頭となる元和五年までさかのぼるとされた(50)。しかし、この体制の成立が元和八年十一月であることは、以下の理由から十分首肯できるものと考えられる。

すなわち、元和八年十一月十日に、この年五月から行なわれていた江戸城本丸殿閣の改築工事が完了し、一時西丸に移っていた秀忠は同日本丸に移徙していたが、これによって旗本の勤番態勢の整う条件が、空間的に確立されたことが最大の理由である。つまり、当初江戸城本丸内の一定の詰所（白書院前の紅葉の間カ）に勤務していた秀忠の親衛隊（「書院番」）があり、これが旗本二・三男の召出しなどによって徐々に増員され、元和八年十一月の本丸の完成を機に新たな詰所（黒書院前の西湖の間カ）が設けられ、「書院番」のなかから、おそらく一定の意図のもとに分割配置された者がおり、それが書院番・小姓組番という二つの軍隊となっていたと考えられるのである。たとえば、秀忠は慶長十年以後、元和三年、五年、九年と上洛しているが、そのつど発布される上洛供奉法度のうち、初めて「小姓

組」などの文言が登場するのは、元和九年五月十一日付の供奉法度「条々」（全三カ条）の二条目にある、

一御小姓組・御書院番組・大御番組、当番之衆者宿あしく候とも、同町ニ可相渡、同組中たりとも人持次第宿の
　高下あるへき事、

という条文からである。これなども状況証拠にはなり得るであろう（表3参照）。そして、番士の増員とその二分割という状況から、番士支配を強化する必要も生じ、これまで「書院番」を支配してきた井上正就ら幼少から秀忠に仕えていた近習層に加え、松平正綱・板倉重昌・秋元泰朝の三名を、あらためて小姓組番頭として一括任命したのである。しかも、これを証明するかのように、元和八年十一月十五日には、加々爪忠澄ら六名の幕府目付に宛てた一三カ条の「定」[51]（黒印状）が発布され、江戸城勤番の番士の罰則規定と目付にその監督の徹底がはかられていたが、その同日に、

今度御法度被　仰出候、御黒印之写進之候、被相守此旨、御当所諸事御油断有之間敷候、以上、

十一月十五日　　松平右衛門大夫
　　　　　　　　太田采女正

とあり[52]、番頭の松平正綱とその組頭である太田資宗との連署で、新設の小姓組番士に対して、この「定」を遵守すべき旨の通達が出されていたのである。かつこの史料によって「元和年録」の当該記事の信憑性も、ある程度裏付けられるものと考えられる。

また表4に見るように、江戸城に勤番する番士の統制法令の発布が、上述した元和八年十一月十五日付の目付宛て一三カ条の「定」を初見とし、それ以後頻発することも付加えておこう。ようするに、少なくとも元和元年の豊臣氏の滅亡まで、史料の残存状況という問題はあるとしても、それを別にすれば、戦陣における軍法や上洛時の法度こそ出されるものの、平時においては城中勤番の旗本に対する統制法令など出す必要がないほど、あるいは明確な番頭支

配を確立しなくともよいほど、彼ら旗本は自己規制が可能な、と言うよりも自己規制を強いられた存在だったに違いない。それは、やはり恒常的な臨戦態勢という当時の幕府家臣団の緊張状態と、何より家康という絶対的なカリスマの存在に求められよう。ところが元和偃武と家康の死去以後は、彼ら旗本は、当面の敵対勢力を失ったことで、その

表3　上洛供奉法度一覧

年　月　日	法　　度	備　　考
慶長 10. 1. 3	7カ条「条々」	
元和 3. 5. 26	13カ条「条々」	「番頭・組頭」初出
元和 3. 5. 26	5カ条「覚」	
元和 9. 5. 11	13カ条「条々」	過料規定
元和 9. 5. 11	13カ条「条々」	
元和 9. 5. 11	21カ条「条々」	
元和 9. 5. 11	3カ条「条々」	「御小姓組・御書院番」初出
元和 9. 5. 11	20カ条「覚」	「馬上小十人組」あり
元和 9. 5. 11	15カ条「条々」	
寛永 3. 5. 27	9カ条「条々」	
寛永 3. 5. 27	24カ条「覚」	過料規定
寛永 3. 5. 27	7カ条「覚」	松平正綱の署名
寛永 3寅. 7.	9カ条「条々」	
寛永 3寅. 7.	14カ条「覚」	
(寛永3) 寅.	4カ条「覚」	
(寛永3) 寅.	18カ条「条々」	
寛永 11. 6. 8	19カ条「上洛条々」	「六人（六人衆）之内」あり
寛永 11. 6. 8	13カ条「条々」	

注　「教令類纂初集」，元和5年の法度は見出せない．

表4　諸番士法度一覧

年　月　日	法　　度	備　　考	出　　典
元和 8. 11. 15	13カ条「定」	目付6名宛，罰則規定	東武実録
(元和) 8. 11. 15		松平正綱・太田資宗連署	御当家令条
元和 8. 11. 17	12カ条「覚」	大番頭7名連署	上杉家文書
元和 9. 5. 10	8カ条「定」		教令類纂初集
寛永 元. 8. 11	7カ条「条々」		教令類纂初集
寛永 9. 5. 7	7カ条「条々」		教令類纂初集
寛永 9. 5. 7	3カ条「条々」	(小姓組法度)	教令類纂初集
寛永 9. 9. 29	9カ条「条々」		御当家令条
寛永 12. 12. 12	23カ条「条々」	(旗本諸士法度)	御当家令条

自己規制的側面は徐々に失われていき、たとえば「当番不参」や「楽書」など(53)、番士の規律の乱れという状況が生じていたのであろう。こうした背景により、秀忠に仕える番士・旗本層の統制強化の必要性も生まれ、江戸城本丸御殿の完成と、将軍宣下のための上洛や大御所政治の開始を翌年にひかえた元和八年末を機に、書院番や小姓組番といった明確な「番」が組織され、さらに番頭・組頭を設置して、彼らを通じた支配体制が成立したものと考えられる。

なお、井上正就ら六名の番頭のうち、松平正綱・板倉重昌・秋元泰朝の三名は徳川家康の側近であり、駿府政権下で家康の親衛隊長を勤めていたが、家康の死後、その遺臣とともに江戸に来て秀忠に仕えていたという経歴を持っている。彼らが秀忠の親衛隊長となったことは、秀忠が家康遺臣との主従関係の確立に成功したことを意味しているが、同時に、その支配に当たる番頭を、すべて子飼いの側近によって固めることができなかったことをも意味しており、この点に秀忠の家臣団編成の限界もあったのである。

3　徳川家光親衛隊の形成と番頭の特質

元和九年（一六二三）六月二十八日、徳川家光は江戸城を発ち、七月二十七日に京都二条城において征夷大将軍の宣下を受けた。ついで寛永元年（一六二四）九月、江戸城西丸殿閣の改築工事が終了すると、同九月二十二日に大御所となった秀忠が本丸から西丸に移徙し、本格的な大御所政治を展開するが、これにともなって秀忠の親衛隊も西丸に勤番することとなった。いっぽう、新将軍家光も同年十一月三日に西丸から本丸に移っていた(54)。

前述した論理からすれば、新将軍家光にも当然親衛隊が編成されなければならない。大番は当時一〇組あり、それらは家光の将軍就任を機に秀忠から譲られていた。しかし、既存の書院番・小姓組番・小十人組などは、あくまでも大御所秀忠の親衛隊であり、秀忠が存命で、かつ大御所政治を展開するうえでも、秀忠にとっては不可欠の軍隊であったから、それらがそのまま家光に譲られることはなかった。

いま確実に家光親衛隊の全貌が把握できるのは、寛永九年（一六三二）二月の大御所秀忠死去直後の実態である。「東武実録」によれば本丸小姓組番が六組・一二二名、本丸書院番が四組・九三名、そして小十人組が四組・一〇三名であった（後述）。こうした編成がいつ成立したのかを、実証的に明らかにすることはできない。しかし、家光親衛隊の母体となるものは一挙に成立していた。(55)やはり「東武実録」元和二年九月是月の条には「公ノ命ニ依テ家光公エ附属セラル、ノ輩、統テ六十一人」として中根正成以下六一名を挙げ、彼らを四組に分け、一番・松平昌長、二番・戸塚忠之、三番松平直次、四番・鵜殿長直の四人の「筆頭」を定め、「十番切之間御番衆」と称したとある。『徳川実紀』では、これを九月十五日のこととして「書院・花畑（小姓組）番士を撰んで」六〇名を家光に付属させた（典拠は『家譜』）とあることから、秀忠の「書院番」から選抜されていたことは間違いない。元和二年の時点では家光はわずか十三歳であるから、自らの召出しによって家臣団を編成することはなかったのである。

そして、このなかで他職に転じる（とは言っても家光との主従関係が消失するわけではない）者がいる反面、彼らの子弟や他の旗本二・三男が新規に召出されて、寛永九年の状況に到っていたと考えられる。ただ、それが書院番や小姓組番としての陣容を整えるのは、家光が将軍となった元和九年が契機であったろう。と言うのは、家光はこの年上洛しているが、その前後に、家光に幼少から仕えていた松平信綱・阿部忠秋・永井直貞らが小姓組番頭に就任しているからである。

表5は秀忠の大御所期における、家光直轄軍団の親衛隊長とその就任期間、元和九年時点での年齢、領知高の変遷を表したものである。(56)彼らはいずれも家光の側近であったが、まず注目したいのは、秀忠の親衛隊長全員が書院番・小姓組番（・小十人組）の頭を兼任していたのに対して、家光の親衛隊長はそれらを兼務していないことであり、こ

の点に完成した段階での定型的な在り方に近いという意味で、家光親衛隊の江戸幕府軍隊としての新しさがある。

このほか、表5で留意すべきことの第一は、書院番頭のうち酒井忠勝・内藤忠重・稲葉正勝が年寄（老中）だったと言うことである。この点は西丸の番頭でも井上正就（寛永五年の死去後は森川重俊）・永井尚政・青山幸成らが年寄であり[57]、当時の親衛隊長の大きな特質の一つでもある。第二は、秀忠の最晩年（寛永九年初頭）に書院番は四組あり、組数と番頭の人数が符合しているが、小姓組番では組数が六組だったのに対して、番頭の数が四名と一致していないことである。これは小姓組番頭が他にも存在したか、または、第一節で見たように一人の番頭が複数の組を支配していたことを示している。そして第三は、書院番頭に比較して小姓組番頭の領知高がきわめて少ないと言うことである。ただし、書院番頭にしても父の遺領を継いでいた安藤重長[58]は別格として、元和九年の段階では酒井忠勝以外は一万石未満で、その後急速に領知高を増していたに過ぎない。

表5　徳川家光の親衛隊長（秀忠大御所期）

番	番頭	就任期間	元和9	年齢	寛永3	寛永9
書院番頭	酒井忠勝	一寛永 9	10000石	37歳	50000石	80000石
	内藤忠重	寛永2 一寛永 9	5000	38	20000	20000
	稲葉正勝	(元和7)一寛永 9	5000	27	20000	40000
	安藤重長	寛永2 一寛永 9	56600	24	56600	56600
小姓組番頭	松平信綱	元和9 一寛永12	800	28	2000	15000
	阿部忠秋	元和9 一寛永12	1000	22	10000	15000
	永井直貞	元和9 一寛永 5	1000	24	4300	——
	堀田正盛	寛永3 一寛永12	700	16	10000	10000
	三浦正次	寛永5 一寛永15	1000	25	2000	10000

注　『寛永諸家系図伝』『寛政重修諸家譜』などにより作成.

これは第一の点とも関わるが、年寄など幕政運営に携わる者は軍団指揮能力のあることが自明の前提であり、それが当時の諸大名以下の了解でもあった。それゆえ、とくに松平信綱らの小姓組番頭は、自らの家臣団（家光にとっては陪臣）を軍団（「備」）として編成できる規模の領知を受けておらず、家光は自身の直轄軍団の一部を彼らの組士として預けることで、軍団指揮の経験を積ませていたのである。これは、大御所秀忠の親衛隊長にも同じように指摘できることであり、この点に近世初期の年寄に親衛隊長を兼務する者が多い理由もある。そして、酒井忠勝らの書院番頭は一様に寛永九年に番頭を赦免されているが、それは当時の政治状況を除けば、彼らの領知高が、もはや家光の直轄軍団を預かる必要のない規模になっており、自らの軍団編成が進捗していたからにほかならない。

おわりに

以上、二節にわたって考察してきた点のいくつかを確認することで、本章のむすびとしたい。まず、大番の成立については、その時期や具体的様相についてはなお不明とするしかない。しかし、その本質を徳川家康の親衛隊と見ることに問題はないであろう。そして、天正十八年の徳川氏の関東入国を決定的な契機として、それらに常備軍としての性格が付与され、江戸城を警備するとともに、家康の出行に交替で供奉したものと思われる。ところが慶長十二年の家康の駿府引退は、大番の在り方に変容を迫るものであった。すなわち、伏見城への在番が開始されたことで、当時七組（慶長十八年には九組）あった大番組のうち、駿府に定置された組は別としても、江戸の秀忠のもとに置かれた五組は、主君家康の身辺警護という親衛隊としての本来の機能は後退し、遠隔地の城郭守衛である在番が大番の主要な任務となっていくのである。かつ、こうした在番を繰り返す過程で、大番組内部の組織も確立していったものと思われる。その後、時々の政治情勢に左右される形で駿府在番が課されるが、元和五年から大坂在番が寛永十二年からは二条在番が開始されて在番制は定着し、この間、組数も若干の増減は見られたが漸増し、最終的に寛永十一年以後十二組で固定したのである。

いっぽう、徳川秀忠の親衛隊は、大番組が在番を開始するのとほぼ同時期の慶長十年末に「書院番」として成立している。これは秀忠の将軍襲職や江戸城本丸の改築を契機としているが、何より大番が本来父家康の親衛隊であったために、秀忠にしてみれば、自身との直接的な主従関係で結ばれた身辺警護の部隊が必要だったのである。逆に見れば、「書院番」の成立によって、じつは大番組の在番も可能となっていたのである。また小姓組番については、通説の慶長十一年に成立したとするよりも、むしろ元和八年末の江戸城本丸殿閣の完成によって、既存の「書院番」から分割された旗本が一定の詰所に配置されて成立し、番頭による組ごとの頭支配も同時に開始されたものと考えられる。ただし、この点は傍証を重ねた結果であって、今後より確実な史料で詰めていく必要があろう。

ところで、寛永九年初頭には大御所秀忠の親衛隊のみならず、将軍家光のもとにも書院番・小姓組番が編成されていた。こうした在り方は、まさに当時の人的な主従関係を反映したものと言うことができるが、この家光の親衛隊は、元和二年に秀忠の親衛隊から選抜された面々を母体とし、元和九年の将軍襲職を機に書院番・小姓組番としの陣容を整えたのであろう。そして、秀忠の親衛隊長全員が、書院番・小姓組番・小十人組という各部隊の隊長を兼任していたのに対して、家光の親衛隊長にはそうしたことがなく、この点に、当然と言えば当然であるが、家光の直轄軍団の新しさがあるのである。

注

（1）こうしたなか、高木昭作氏が兵営国家論の立場から近世軍隊の内部構造を意識した研究をすすめている（高木昭作『日本近世国家史の研究』岩波書店、一九九〇年）。

（2）煎本増夫「初期江戸幕府の大番衆について」（『日本歴史』一五五号、一九六一年）。北原章男「家光時代の小姓組番頭について」（『新訂増補国史大系月報』二八、一九六八年）。加藤義範「両番考」（『目白学園女子短期大学紀要』一一、一九七三年）。横山則孝「江戸幕府新番成立考」（『日本歴史』三〇二号、一九七三年）。南和男「江戸幕府御徒組について」（『日本歴史』二一四号、一九六六年)。小池進「将軍『代替』における江戸幕府軍隊の再編について」(『東洋大学大学院紀要』二五集、一九八九年)など。この他、新見吉治『旗本』(吉川弘文館、一九六七年)をはじめ、寄合や千人同心などの諸研究があるが、幕府軍隊の研究というよりも旗本論としての性格が強い。

(3) 「江戸幕府日記」については、小宮木代良「『御実紀』引用『日記』の検討」(『日本歴史』四八三号、一九八八年)など参照。

(4) これらのなかで、『寛永諸家系図伝』はその成立年代(寛永二十年)や編纂の経緯から言っても、きわめて有効な史料である。本章で使用したのは『寛政重修諸家譜』とともに続群書類従完成会編のものである。

(5) 藤井譲治「平時の軍事力」(『日本の近世』3、中央公論社、一九九一年)一〇三頁。

(6) 高木昭作『日本近世国家史の研究』。笠谷和比古『近世武家社会の政治構造』(吉川弘文館、一九九三年)。谷口眞子「近世軍隊の内部組織と軍法」(『民衆史研究』四七号、一九九四年)。このほか、実際の戦闘や武士の供廻りなど近世の軍制を意識した研究に、根岸茂夫「『雑兵物語』に見る近世の軍制と武家奉公人」(『国学院雑誌』九四巻十号、一九九三年)ほかがある。

(7) 大番組の定型的な在り方は、一組に番頭一名、組頭四名、番衆五〇名、これに与力一〇騎、同心二〇名で構成されていた。平時には、大坂城や京都二条城への在番、江戸城西丸の警備や江戸市中の巡回に当たり、戦時には将軍旗本備最前列一之先にあって、先手鉄炮組の直後に一二組が横並びで位置した。また、在番中は領知高に応じた合力米が支給された。

(8) 根岸茂夫氏は、天正十九〜二十年の徳川氏下級家臣団に宛てた領知朱印状を分析され、宛所にある家臣団の当時の役職に小姓や近習が多いことから、彼らに家康の親衛隊たる大番の成立を見、かつ朱印状発給日や対象地域の差から、それが組単位での知行宛行いだったことを推測している。そして大番成立を、井伊・本多などの家康旗本武将が与力を付属されながら、「先手役」などの前線部隊として独立していくなか、新たな家康の旗本備(親衛隊)を編成する必要のあったことから説明している。卓見であるが、ただしその時期的な問題には触れていない(同氏『近世武家社会の形成と構造』吉川弘文館、二〇〇〇年)。

(9) 煎本増夫「初期江戸幕府の大番衆について」。北島正元氏は、徳川家康の三河統一による軍制改革の一環として、すなわち永禄六年頃の成立としている(『江戸幕府の権力構造』岩波書店、一九六四年、一六六頁)。

(10) 煎本増夫『幕藩体制成立史の研究』(雄山閣、一九七九年) 一一六頁以下。
(11) 北島正元『江戸幕府の権力構造』二一〇頁・三九六頁など。
(12) 管見における確実な史料による「大番」の名称の初見は、慶長十年二月の秀忠上洛の際の軍団編成に見える「大番衆」である(『当代記』史籍雑纂二)。
(13) 『古事類苑』官位部三 (吉川弘文館、一八九六年) 一〇二九頁。
(14) 『御当家紀年録』(児玉幸多編、集英社、一九九八年) 六七四頁。
(15) 姫路市立図書館所蔵酒井家文書「江戸幕府日記」(東京大学史料編纂所写真帳)。
(16) 『寛政重修諸家譜』松平重忠の項 (第一、一九三頁) に「(元和) 七年遺領をたまひ、父に継で駿府の城代たり」とある。
(17) 「江城年録」寛永十一年十月十三日条 (『内閣文庫所蔵史籍叢刊』81、汲古書院)。
(18) 「教令類纂初集」在番之部 (『内閣文庫所蔵史籍叢刊』22)。
(19) 「教令類纂初集」在番之部 (『内閣文庫所蔵史籍叢刊』22)。
(20) 「教令類纂初集」在番之部 (『内閣文庫所蔵史籍叢刊』22)。
(21) この時期、「松平丹後守」に該当するのは松平重忠であるが、重忠は『寛政重修諸家譜』には慶長十七年に父重勝 (大番頭) が松平忠輝付きとなったとき「父に代りて大番の頭となる」とあり、慶長十四年時点では大番頭ではない。父重勝の官途である「大隅守」の誤写かとも思われるが、同じ下知状を収録した『御当家令条』や「憲教類典」も「丹後守」であり、また「慶延略記」の慶長十四年の伏見在番大番頭は松平「丹後守」と山口但馬守であるから、その可能性はまずない。この点の事実確定は今後の課題とするほかないが、本書では当面松平重忠の大番頭就任を慶長十四年としておく。
(22) 稲垣長茂については『寛永諸家系図伝』に、「(慶長) 十二年仰によって伏見の城をまもり、三年のあひた御番をつとむ」とある。また小笠原信之は『寛政重修諸家譜』に「(慶長) 十二年仰をうけて伏見城を守衛し」とある。
(23) 酒井重勝については『寛政重修諸家譜』に、「その (慶長五年) のち伏見の城番をつとめ、御旗および御馬印をたまひ、御天守を預けられ」とある。
(24) 岡部長盛については『寛永諸家系図伝』『寛政重修諸家譜』ともに関連の記載はないが、土岐定義については『寛政重修諸家譜』に「(慶長) 十四年八月十二日より伏見城を番衛し、十七年大番の頭となり」とある。

(25) 北島正元『江戸幕府の権力構造』三九六頁。煎本増夫『幕藩体制成立史の研究』二〇九頁など。
(26) 「東武実録」(2)（『内閣文庫所蔵史籍叢刊』2）。
(27) 『細川家史料』（大日本近世史料）九―一三八号。
(28) 「上杉家文書」（『大日本史料』十二編之四九）二三三頁。
(29) 『寛永諸家系図伝』第五―一六一頁。
(30) 「憲教類典」二之九（『内閣文庫所蔵史籍叢刊』38）から、その全文を挙げておく。

定

一当番不参之事、可為改易事、
一組頭卯刻以前退出之事、其年之知行召上へし、
一寝番之ともから、酉之刻以後出仕之事、過料銀弐枚、
一他番と請取渡之事、相手替たるへし、同番之内是又同前之事、
一参勤之刻限遅参之輩、過料銀弐枚、
一当番之輩用事なくして他之座敷ニ有之事、過料銀壱枚、
一当番之面々差あたり急用有之、明番頭・横目ニ不申断罷出事、改易たるへし、
一紙燭之事、過料銀壱枚、
一夜詰以後有明之外燈立置事、過料銀弐枚、
一楽書事、おとなハ死罪、少人ハ流罪、本人しれすハ其座敷之当番過料銀拾枚、但番衆多少ニよるへし、不依何事、御法度を相背並不形儀之もの、或ハ死罪流罪、又ハ過料、科之軽重ニよるへし、
一番頭組頭無念ニ而、不申付置、濫之輩於有之者、頭中より過料可出、但事ニより可為重科事、
一於城中又若党並小者不依何事、背法度不形儀者事、本人者成敗、若見遁候ハヽ、其所之番衆可為越度、過料銀弐枚、
一諸ヶ条之内不申上して不叶事をハ、不依何時可令言上、必毎月晦日諸法度善悪之儀披露すへし、但依時分年寄共までも可申達事、
右之条々堅可相守此旨者也、

元和八年戌十一月十五日　御黒印
加々爪民部（忠澄）とのへ
石川八左衛門（政次）とのへ
永井弥右衛門（白元）とのへ
渡辺半四郎（宗綱）とのへ
豊島主膳（正次）とのへ
牧野清兵衛（正成）とのへ

(31)「教令類纂初集」在番之部（『内閣文庫所蔵史籍叢刊』22）。なお慶長十八年の井伊直孝・渡辺茂宛の下知状の年号は「慶長八年七月十七日」であるが、『寛永諸家系図伝』井伊直孝の項には「同（慶長）十八年、直孝二十四歳のとき、鈞命をかうふり御番衆をあづかり、伏見の御城番をつとむ」とあり、さすがに井伊直孝でも十四歳（慶長八年）で大番頭になるとは考えられず、明らかに「慶長十八年」の誤写である。

(32)「諸役人系図」二（東京大学史料編纂所所蔵）。「諸役人系図」にある各役職の就任者は、およそ元禄期までであるから、その成立年代は元禄からそう離れていないものと考えられ、幕府役職の編纂史料としては、比較的成立の早いものと言えよう。

(33)『寛永諸家系図伝』第一、一四七頁。

(34)『寛永諸家系図伝』松平康安の項（第一、一二三頁）には「元和八年十一月十四日、仰をうけたまハりてくミ中を引ゐて駿府の城をまもり、常番となる」とある。

(35)「慶延略記」（『内閣文庫所蔵史籍叢刊』81）には「元和八壬戌年大坂在番、本多備前守紀貞、阿部左馬介正吉（ママ）」とある。

(36)著名な家臣として、①は本多正信・正純父子や酒井忠世など、②は板倉重宗や永井尚政など、③は武田系の伊丹康勝など、④は土井利勝や井上正就などを挙げることができる。なお、秀忠家臣団の総合的な把握をめざす研究に横田信義「徳川秀忠家臣団の数量的研究」(1)(2)（『東北福祉大学紀要』第一六・七巻、一九九二・三年）がある。

(37)書院番は江戸城内紅葉の間を詰所とし、その定型的在り方は一組に番頭一名、組頭一名、番士五〇名、与力一〇騎、同心二〇名で構成され、平時にあっては江戸城虎の間と玄関前の諸門（中雀門・上埋門）の警備、諸儀式での将軍の給仕、江戸市中の巡回などを行なった。また寛永十六年以後は、大番に代わり毎年一組ずつが駿府城に在番した。書院番に与力・同心が付属されたのはこのためである。戦時においては、将軍旗本備の二之先にあって弓組の直後に一〇組が横並びに位置した。

(38) とりあえず、北島正元『江戸幕府の権力構造』を挙げておく。

(39) 上記三つの史料は、『内閣文庫所蔵史籍叢刊』65・81に収録されている。

(40) 『当代記』（史籍雑纂第二）慶長十年一月二十四日条。

(41) 「茶番衆」については、松平忠利の「忠利日記」（『豊橋市史』第六巻）元和八年十一月五日の条に、

一奥平美作（忠昌）殿十一万五千石ニて宇津宮ニ被帰候、御茶番衆ニ入衆、本美作殿弟子（本多俊昌）・戸因州弟子（戸田生勝）、大津侍従殿御面目候由申候、

とある。本多俊昌と戸田生勝は、『寛政重修諸家譜』によれば元和八年に秀忠の小姓となっているから、「茶番衆」は小姓の別称とも考えられるが、前掲『当代記』には「茶番衆」と並んで「小姓衆」が記されていることからすれば、それらを同義と見ることもできず、この点も今後の課題とするほかない。なお、この史料の所在について山口和夫氏の教示を得た。記して謝意を表したい。

(42) 小姓組番は書院番とともに両番と称され、当初は江戸城黒書院前西湖の間を詰所とし、明暦の大火後、紅葉の間に移ったとされる。定型的な構成は、一組に番頭一名、組頭一名、番士五〇名であった。平時の勤務はおおむね書院番と同様であるが、駿府城などへの在番はなかった。戦時にあっては、将軍旗本備のなか左右五組ずつに分かれ歩兵隊である徒組・小十人組と新番の間に位置し、左右の脇を固めた。なお、根岸茂夫「家光政権成立期の幕臣団」（『国史学』一五三号、一九九四年）の図1参照。

(43) 続続群書類従第七、なお『吏徴』では書院番の設置も同日としている。

(44) 高木昭作『日本近世国家史の研究』七頁。

(45) 村井益男『江戸城』（中公新書、一九六四年）。

(46) 『徳川実紀』は林述斎を監修として、文化六年（一八〇九）に編纂が着手され、嘉永二年（一八四九）に完成している。本章では新訂増補国史大系本（吉川弘文館）を使用した。

(47) 小池進「近世初期の将軍近習について」（『日本歴史』四七〇号、一九八七年）参照（第二部第一章）。なお、筆者のこの

論文に対して横田信義氏は「近世初期の将軍と大名」（『国学院雑誌』八九巻一一号、一九八八年）のなかで、私が慶長十九年の大久保忠隣の改易を契機として慶長期秀忠政権下にあった井上正就・水野忠元による「江戸老中」が成立したとしたことを批判して、山本博文氏の所論によりながら「勿論慶長十九年の老中制への移行は論外となる」とされている。しかし、私は「江戸老中」は後の若年寄につながるものとしたのであって、一度として「江戸老中」が「老中制への移行」を意味するものとして考えたことも、まして書いたこともない。

(48)　たとえば、元和二年に秀忠の親衛隊から家光に付属され、寛永期には本丸の書院番を勤めた山角勝成は、大坂冬の陣では松平定綱組に属し、夏の陣では内藤清次組に属して従軍している（『寛永諸家系図伝』第十一、五〇頁）。また飯塚忠重は大坂冬の陣では土井利勝組に夏の陣では水野忠元組に属している（『同』第七、七五頁）。

(49)　『内閣文庫所蔵史籍叢刊』65。

(50)　高木昭作「江戸幕府の成立」（岩波講座『日本歴史』近世1、一九七五年）一四八頁。

(51)　注(30)と同じ。

(52)　「御当家令条」（石井良助編『近世法制史料叢書』2、創文社）二八八号。

(53)　注(30)での引用史料の第一条・一〇条目参照。

(54)　秀忠や家光の動向は、すべて藤井譲治編『近世前期政治的主要人物の居所と行動』京都大学人文科学研究所調査報告、第三十七号、一九九四年によっている。

(55)　家臣団としての成立であって、もちろん松平信綱など幼少から家光の遊び相手として仕えていた家臣の一群はいた。

(56)　酒井忠勝を書院番頭とすることには、やや違和感があるかも知れないが、これについては第二部第二章を参照されたい。

(57)　藤井譲治『江戸幕府老中制形成過程の研究』（校倉書房、一九九一年）および第二部第二章参照。

(58)　安藤重長は、元和七年に父重信の遺領上州高崎五万六六〇〇石を継いでいる。

第二章　江戸幕府直轄軍団の存在形態と特質

はじめに

本章では、前章で大番・書院番・小姓組番など幕府直轄軍団の形成過程を考察したのに続いて、秀忠の大御所期（元和九年八月〜寛永九年一月）において、そうした各軍団に如何なる特質を持った家臣団が編成されていたのか、また、いわゆる「番方」を含めた幕府の諸制度が未整備なこの段階にあって、それらがどのような特質の軍団だったのかを検討してみたい。とくに、この時期の幕府家臣団の特質や実態を、書院番なら書院番といった一定の枠組みのなかで検討したものは、大番について検討した煎本増夫氏の「初期江戸幕府の大番衆について」[1]のみであり、少なくとも書院番・小姓組番については、番頭レベルに言及したものはあっても[2]、番士レベルの分析から「番」そのものの特質を立ち上げた研究は存在していない。

しかし、のちに詳細に検討するように、秀忠死去直後の段階で「番方」に編成された旗本は、じつに一〇七九名に及んでおり[3]、これらを「番」または「組」という枠組みのなかで総合的に分析することは、いまだ幕藩制的な秩序の確立されていない当時にあって、とくに将軍権力を軍事面で支える集団の実態解明につながることは言うまでもなく、かつ近世身分制社会における支配身分内の一集団とも言うべき「旗本（集団）」身分を、再検討する際の有力な材料をも提供するものと考えられる。

第一節　江戸幕府大番の実態と特質

1　秀忠最晩年の大番

大御所秀忠が死去した寛永九年（一六三二）初頭の段階で、江戸幕府大番組は確実に一一組が存在しており、この組数は第一章第一節の番頭の変遷で明らかにしたように、寛永八年に皆川隆庸組が新設された以後の組数である。まずここでは、この時期、すなわち秀忠最晩年における大番の実態を明らかにしてみよう。

表6は、前章でも述べた「東武実録」の記事をもとに、各組ごとに番頭とその領知高、番士数、知行形態別の人数と領知高の合計、番士一人当りの平均領知高などを表したものである。この表から読み取ることのできる点をいくつか挙げてみよう。まず組数は当時一一組あり、各組には三四名から五〇名の幅でつごう四七二名の旗本が編成されており、一組の平均人数は約四三名となる。これは、一組五〇名という定員が確立していたとすれば、全体としては定員を満たしておらず、かつ三番の小笠原忠知組や九番の皆川隆庸組など極端に少ない組のあったことがった判明する。しかし、その反面で十番の水野元綱組と十一番の保科正貞組では、ちょうど五〇名の構成であり、この点で逆に一組五〇名という定員の存在が証明されるものと考えられる。なお、この二組は前年が大坂在番の年に当

a'+b'+c'	平均
13400	291.3
15384.6	341.9
8000	235.3
12845	313.3
13814	314.0
11100	252.3
11323.6	290.3
9970	226.6
8750	250.0
16291	325.8
13854.8	277.1
134733.0	285.5

は現米高（カッコ内は俵数.

表6　寛永9年初頭の大番組

番	番　頭	領知高	番士数	a	a'	b	b'	c	c'
1番	植村　家政	5000	46 (2)	20	7400	24	6000	0	0
2番	安部　信盛	5250	45 (2)	23	10228	19	4928	1	80 (228.6)
3番	小笠原忠知	5000	34 (5)	12	3850	17	4150	0	0
4番	堀　利重	10000	41 (8)	18	9045	15	3800	0	0
5番	植村　泰勝	5000	44 (3)	23	9227	18	4587	0	0
6番	松平　勝政	5000	44 (5)	15	5750	24	5350	0	0
7番	松平　勝隆	6500	39 (9)	18	8995	11	2100	1	80 (228.6)
8番	松平　真次	3000	44 (7)	13	4820	24	5150	0	0
9番	皆川　隆庸	14000	35 (4)	13	4500	18	4250	0	0
10番	水野　元綱	10000	50 (0)	50	16291	0	0	0	0
11番	保科　正貞	3000	50 (0)	50	13854.8	0	0	0	0
合　計		71750	472(45)	255	93960.8	170	40315	2	160 (457.2)

注　a は知行取の人数，a' は知行取の石高，b は蔵米取の人数，b' は蔵米取の俵高，c は現米取の人数，c'
に換算），平均は番頭を除いた番士1人当りの領知高．1俵＝1石で計算．番士数のカッコ内は無足の人

たっていたことを付け加えておきたい。

つぎに、知行形態では知行取・蔵米取・現米取の三つのタイプがある。知行取は各組に一二名から五〇名の幅で存在し、大番全体では二五五名となる。とくに水野元綱組と保科正貞組では五〇名全員が知行取であり、むしろこの期の大番組のなかでは特異なものとなっている。この点は、上述したように前年が大坂在番年であり、供廻りの武家奉公人確保との関連があったのかも知れない。蔵米取は一番から九番までの各組に一一名から二四名の幅で存在し、全体では一七〇名となる。現米取は二番と七番に各一名ずつの二名でいずれも八〇石である（これを俵に換算するばあい、一俵三斗五升入りとして八〇を〇・三五で除し、二二八・六俵を得る）。このほか領知を与えられる以前の無足が、一番から九番までに二名から九名の幅でつごう四五名が存在している。

領知高で見ると、まず知行取は表6には示していないが、無足を除いて各組に二〇〇石から一五〇〇石の幅で存在し、合計九万三九六〇・八石、番士一人の平均は三六八・五石となる。いっぽう、蔵米取は十番・十一番と無足を除くと、各組に一五〇俵から五〇〇俵の幅で存在し、合計が四万三一五俵（石）[4]であり、十番・十一番を

ふくめた一人平均は二三七・一俵（石）となる。現米取は、二名合計の一六〇石を俵に換算して四五七・二石となる。そしてこれらの総計は一三万四七三三石となり、各組の一人平均は二二六・六石から最大でも三四一・九石であり、大番全体では二八五・五石となる。この一人平均の領知高は、次節で述べるように書院番や小姓組番と比較しても、かなり小規模だったことが窺えるが、しかし完成以後の大番士の役高が二〇〇俵(5)であることと比較すれば、この段階ではなお高禄の旗本が編成されていたと言えよう。

知行形態別の人数（および領知高）の比率を示すと、知行取、蔵米取、現米取、無足の順に、五四・〇㌫（六九・八㌫）、三六・四㌫（二九・九㌫）、〇・四㌫（〇・三㌫）、九・五㌫となり、知行取の人数が五四㌫に対してその領知高が約七〇㌫と、その比率を増している点で、当然のことではあるが、知行取の大番士により多くの領知が与えられていた傾向を読み取ることができよう。

最後に、組を支配する番頭に若干触れておこう。大番成立当初の番頭が、多くは松平氏や水野氏など徳川一門や外戚の関係を持つ家臣だったのに対して、寛永九年初頭の段階では、それらは一一名中四名と半数以下となっており、そうした要素は後景に退いている。領知高では、もっとも番頭就任の遅い皆川隆庸の一万四〇〇〇石を筆頭に、一万石以上が三名おり、最低では松平真次と水野元綱の三〇〇〇石であり、番頭全体の総領知高は七万一七五〇石で平均では六五二二・七石となる。なお、彼らはもっとも若年の小笠原忠知以外、全員が大坂の陣への、また安部信盛・堀利重・植村泰勝・松平勝政・皆川隆庸が、秀忠の上田城攻めか関ケ原の戦いへの従軍経験を持っていたが、そうした戦陣の経験および領知高の多寡と、各組に配属された番士の数や領知高との間に相関関係は見られない。

2　主従関係から見た大番の特質

ところで、大番に編成されていた旗本、あるいは大番という軍隊そのものは、将軍あるいは徳川氏との主従関係の面において、如何なる特質をもっていたのであろう。

寛永九年初頭に一一組あった大番組のうち、一番植村家政組の大番士は四四家四六名で、このうち三五家三七名が『寛政重修諸家譜』で確認でき（父子同時に編成されているのが二家）、その大番士（以下本人とする）を基準にして本人の父・子・孫の入番の状況や入番以後の役職、領知高の推移などを表したのが表7である。この時期の大番士四七二名のうち三七名と、全体のわずか七・八㌫に過ぎないが、おおよその傾向は摑むことができるものと考える。これによれば、一見して代々大番に召出される家の多いことが分かるが、とくにこれら三五家のなかで、寛永九年までの段階で二代以上大番を勤めた家は二二家（六三㌫）に及んでいる。たとえば、天正十五年（一五八七）に家康に召出された小長谷道友（時元の祖父で今川遺臣）のばあい、三人の子はすべて大番に入番し、その子孫は全七家に分かれるが、そのうち五家が大番に召出され（残り二家は小十人組）、道友の曾孫の代では七家すべてが大番に入番している（図1参照）。また、本人の父の代で大番だった者は二三名であるが（祖父一名を含む）、そのうち半数を超える一三名（五七㌫）が、大番以外の職には転じていないのである。このように大番（士）のばあい、寛永段階までにおいてある程度世襲的な役職になっており[6]、大番の家筋と言ったものが確立していたことが認められる。つまり秀忠以前の段階で、将軍や大御所個人との属人的な主従関係を超え、徳川「御家人」、あるいは徳川「家中」とでも言うべき性格の家臣団を中心にして、大番組は編成されていたと言えるのではないだろうか。それは本人以前の代において、将軍や大御所との人的結合の側面が強い書院番や小姓組番から大番に移る者はあっても（石谷政勝・浅井忠保・太田正忠・市岡正次など）、その逆がまったく存在しないことからも首肯されよう[7]。

以下、この点を補強すると思われる事実をいくつか挙げてみたい。一つは第一章第一節に挙げた、元和九年十月十

表7　植村家政組大番士（ゴチック）とその父および子孫

姓	諱	入番	在職期間	後職	最終職	a	b	c	d
小川	長保	大番	慶長5後—寛永元	先手鉄砲頭		石 500			石 1500
	安吉	大番	慶長 6—寛永 9	大番組頭		200			200
	安則	大番	寛永 6—延宝元	大番組頭	(小普請)		寛永20	石 1500	1500
	保顧	小姓	寛文 3—貞享 3	桐間番	小姓組番		天和 3	1500	1500
小長谷	時友	大番	—慶長17						
	時元	大番	慶長9後—正保 2	大番組頭		500			1000
	政平	大番	寛永3後—寛永20	新番	新番組頭		正保 2	1000	1000
	政元	小姓	万治 2—寛文11		大番		寛文 4	1000	1000
大久保	忠時	大番	—慶長12						550
	忠勝	大番	元和元後—寛永11	広敷番頭					550※
	忠倫	大番	万治 2—元禄 6	大番組頭	千代姫付		寛文 3	550	1550
	忠重	小姓	元禄 4—元禄 6	桐間番	小姓組番		宝永 7	1550	1550
天野	重房	大番	慶長19—寛永19	大番組頭	船奉行	300			910
	重時	大番	寛永 5—万治 2	道奉行	先手鉄砲頭		万治元	*610	1110
	重政	書院	万治 2—貞享3後				貞享 3	1110	1110
	重供	小姓	元禄 6—元禄 9				元禄10	1110	1110
相馬	治胤		—						
	政胤	大番	—			1000			1000
	貞胤	大番	寛永 4—明暦 2					1200	1200
	要胤	大番	明暦 3—元禄 3			1200	明暦 2	1200	1200
	信胤	大番	寛文12—元禄 9	新番	鉄砲玉薬奉行		元禄 3	1200	800※
間宮	正秀	大番	—元和元						
	正勝	大番	元和元後—正保4	大坂蔵奉行		300	元和元	300	500
	信政	大番	—万治元	新番	先手鉄砲頭		寛文11	500	800
	信明		—				元禄 6	800	800
林	吉忠	大番	元和元—元和元			500※			500※
	忠勝	大番	—寛永15			300※			500
	忠隆	大番	慶安 2—延宝 7	大番組頭	大目付	300	寛永15	300	3000
	忠晟	小姓	延宝 6—天和 2						
石谷	政信		—						200
	政勝	小姓	慶長 6—慶長11						
		大番	慶長11—寛永18	裏門番頭		200			500
	成勝	大番	寛永13—万治元	新番	納戸頭		寛文 3	500	700
	清長	書院	元禄 2—宝永元			700	元禄元	700	700
久留	正勝								
	正次	大番	元和 2—寛永10						.300
	次正	大番	元和 5—慶安元	膳奉行	二丸留守居				400
	正村	大番	慶安 3—天和2後				天和 2	400	400
富永	直信	小姓	—元和 2	徳川忠長家臣	川船奉行				400
	直哉	大番	元和 3—寛永 9	破損奉行			慶安 3	400	400
	直房	大番	寛文元—宝永 3			400	承応元	400	400
	直義	大番	宝永 3—正徳 2			400	宝永 3	400	400
飯田	重次	大番	天正18後—	大番組頭	目付	700			700
	直重	大番	元和3後—慶安 4	大番組頭			寛永 9	700	900

（表7つづき）

姓	諱	入番	在職期間	後職	最終職	a	b	c	d
飯田	重成	書院	慶安 2—慶安 3	西丸小姓組番	小姓組番		慶安 3	＊700	700※
	重信	小姓	天和 3—享保 6	二丸留守居			天和元	700※	700
伊東	弘祐	大番	慶長 5—元和元	弓鉄砲奉行					
	祐久	大番	慶長11—正保 3				元和元後	300※	500
	祐信	大番	万治 2—貞享 2	大番組頭	先手弓頭	500	正保 3	500	900
	祐定	小姓	天和 3—元禄16				元禄12	＊600	600
金田	正勝	大番	—元和元	大番組頭					
	正辰	大番	慶長19—承応元	先手鉄砲頭	館林城代		元和元後	500	3000
	正親	大番	寛永13—延宝 4	先手鉄砲頭			寛文元	1000	1500
	正在	小姓	元禄12—宝永 7	徒頭	先手鉄砲頭	300	元禄 9	300	300
永田	貞行		—						400
	正次	大番	—寛永18			400		400	400
	正勝	大番	明暦 2—天和元			400		400	400
	正義	大番	延宝 6—元禄10	小普請奉行			元禄 7	400	400
丸毛	利久	大番	—元和 3	大番組頭	伊達忠宗家臣	400			1400
	利政	大番	元和 9—寛永18			400			600
	利忠	大番	寛永20—天和 2	大番組頭	腰物奉行		寛永19	600	800
	利貞	小姓	延宝 6—宝永元	小十人頭	留守居番		貞享 3	800	800
小倉	吉政						元和元	620	620
	正信	大番	寛永 5—寛文3前			620	寛永元	620	620
	隆政	大番	寛文 6—正徳 4	大番組頭	先手鉄砲頭	620	寛文 3	620	820
	正英	小姓	宝永 6—宝暦 5				享保10	＊620	620
板橋	政重	大番	元和2後—寛永 4			300※	文禄 4	300※	300※
	政郡	大番	元和 7—寛永16	中奥番	東福門付		寛永 4	300※	1250
	季盛	小姓	寛文 3—貞享 3	小十人頭	先手鉄砲頭		寛文 6	＊1000	1000
	勝盛	小姓	元禄 2—宝永 5	下田奉行			宝永 7	1000	1000
新見	正次	小姓	慶長16—						
	正種	大番	慶長17—寛文 8	大番組頭		250※			650
	正誠	小姓	万治 2—元禄 3				寛文10	650	650
	正利	小姓	元禄10—元禄12	桐間番	小姓組番	650	元禄 9	650	650
浅井	忠政								200※
	忠保	小姓	元和 3—寛永元						
		大番	寛永元—正保 3	金奉行			寛永元	200※	450
	忠能	大番	正保元—寛文11	大坂鉄砲奉行			寛文 6	450	550
	忠雅	大番	宝永 4—元文元	大番組頭		550	宝永 2	550	550
飯田	重次	大番	天正18後—	大番組頭		700			700
	重勝	大番	—			250※			450
	重正								
長谷川	安重								
	安勝	大番	寛永元—寛永18	腰物奉行	具足奉行				900
	安昌	大番	承応 3—寛文 7	新番			延宝 4	900	900

（表7つづき）

姓	諱	入番	在職期間	後職	最終職	a	b	c	d
長谷川	安陰	大番	元禄 6―元文4前			900	延宝 5	900	900
小林	正吉	大番	慶長14―寛永 9	幕奉行	裏門切手番頭	200※			400
	正綱	大番	寛永 4―寛永20	幕奉行		250※	寛文元	400	450
	正利	大番	承応 3―延宝 5	鉄砲簞笥奉行			延宝 2	450	450
	正与	大番	元禄 4―元禄 7	桐間番	大番		正徳元	450	450
永井	吉勝	大番	慶長5後―寛永 9	奥方番					300
	正勝	大番	寛永 7―寛永20	新番		150※			350
	正清	大番	延宝 3―貞享 2	蔵奉行		350	延宝 2	350	550
	賢意	小姓	宝永 6―享保10	書院番			享保元	550	550
太田	正直	大番	慶長16						200
	正忠	小姓	元和 9―寛永 8						
		大番	寛永 8―万治 3	弓矢槍奉行		200	慶長17	200	400
	正治	大番	寛文 7―延宝元	新番			元禄 2	400	400
	正員	大番	元禄 6―元禄16	納戸番	西丸納戸頭		享保12	400	400
米倉	永時	大番	天正16―慶長19	代官					200
	政継	大番	寛永 8―延宝 2	大番組頭		200	寛永 5	200	600
	昌尹	小姓	承応3―貞享元後	書院番	若年寄		貞享元	200	15000
	昌明	書院	天和 3―元禄 5	小十人頭	（詰衆並）	200※	元禄12	＊12000	12000
笠原	重政	大番	文禄元後―寛永2			200			200
	重信	大番	元和 2―					200	400
	為次	大番	寛永11―寛文 8				寛文 8	400	400
	信勝	大番	貞享 4―元禄 7	弓鉄砲奉行		400	貞享 2	400	400
中根	正重								
	正勝	大番	―寛永16	天守番頭		200※			200※
市岡	忠次	大番	天正18―元和元後	信濃代官		300			300
	正次	書院	元和 9―寛永4前						
		大番	寛永4前―正保 2	大番組頭	先手鉄砲頭	300			900
	正房	小姓	万治 2―延宝 7	小十人頭	明正院付		寛文 2		1900
	正次	小姓	元禄 4―元禄 7	桐間番	先手鉄砲頭		元禄15	1400	1400
渡辺	勝綱				先手弓頭		元和 6	500	1000
	忠綱	大番	寛永 5―寛永20	新番	徒頭	200※			700
	綱行	書院	寛文 3―元禄 3	桐間番	書院番	400	承応 2	400	400
	光	書院	元禄7―元禄16前			400	元禄 6	400	400
長田	勝吉				納戸番				200※
	勝綱	大番	寛永 5―万治元			200※			400
	房重	大番	寛文 6―延宝 8	蔵奉行	大番組頭	400	万治元	400	600
	重堅	小姓	元禄 4―元禄13	小十人頭			元禄 6	600	600
久保田	久重	大番	慶長2後―寛永元	腰物奉行		200※			200※
	正次	大番	寛永4後―寛文 4	金奉行		200※			400
	正俊	大番	万治 2―寛文5後				寛文 5	400	400
	俊存	大番	元禄 4―元禄14	大坂破損奉行	西丸裏門番頭	400	元禄 3	400	400
押田	吉正	大番	天正18後―慶安3前	大番組頭		500			500
	豊勝	大番	元和元後―寛永11	腰物奉行		200※	慶安 3	500	500

姓	諱	入番	在職期間	後職	最終職	a	b	c	d
押田	頼意	書院	万治 3—元禄 9				寛文 7	500	500
	為則						元禄 9	500	500
原田	吉種	大番	—元和 9						
	正種	大番	元和元—寛文7前			200※			400
	某	大番	寛文7後—天和元前				寛文 7	400	400
	某	大番	元禄 2—享保 8	大番組頭		400	享保 8	400	400
小長谷	時重	大番	慶長5後—寛永10						
	時次	大番	慶長 9—寛永 4						
	時之	大番	寛永 2—寛文 4	大坂鉄砲奉行		(200※)	寛永2後		
	真之	小姓	寛文 7—寛文 8						
横山	一重				納戸頭				400
	一義	大番	—承応 3	広敷番頭	納戸頭			400	600
	某	書院	延宝 6—元禄7前				元禄 7	600	600

注　人名中のゴチックは寛永9年時点で植村家政組に編成された者．入番の書院は書院番を小姓は小姓組番を示す．aは入番時の領知高，bは相続年，cは相続時の領知高，dは最終的な領知高を示す．cの＊は兄弟分知による減少を示す．小笠原八郎兵衛・遠山新太郎・本多右衛門八・大久保左源太・林半四郎・神谷作右衛門・御手洗平三郎・山形弥三郎・平岡小三郎の9名は不明．※は俵．

六日付の細川忠利の書状に「大番衆十与被成御譲候」とあった点である。この時期の新当主の家臣団形成の開始としては、現当主の家臣が個別に選抜されて新当主に付属されると言うのが、将軍家や大名家の一般的な在り方と考えられるが、ひとつの軍隊がまるごと譲渡されるということは大番以外にはない。すなわち、大番（士）のばあい個別人格的な主従関係の在り方を止揚し、徳川家の「家中」に編入された軍隊または家臣であったがゆえに、こうした大番全体の譲渡といったことが可能だったと考えられる。

第二に、それは大番頭の人事についても同様に指摘できる。この時期の書院番頭や小姓組番頭は出頭人的性格をもち、主君が死去したばあい（「代替り」）権限を失い、役職も赦免されるのが一般的である。実際に秀忠の死去に際しては、西丸の書院・小姓組番頭のなかで森川重俊は殉死し、その他の番頭は全員その職を赦免されていた。しかし、寛永九年初頭に大番頭だった植村家政・安部信盛ら一一名は、第一章の表1・2に見るように秀忠の死去に際して、赦免された者は一人も存在してはいないのである。その赦免がもっとも早い小笠原忠知のばあいでも、寛永九年十月の赦免という秀忠の死後九カ月目のことであり、三万五〇〇〇石の加増を受けて豊後杵築

図1　小長谷氏略系図

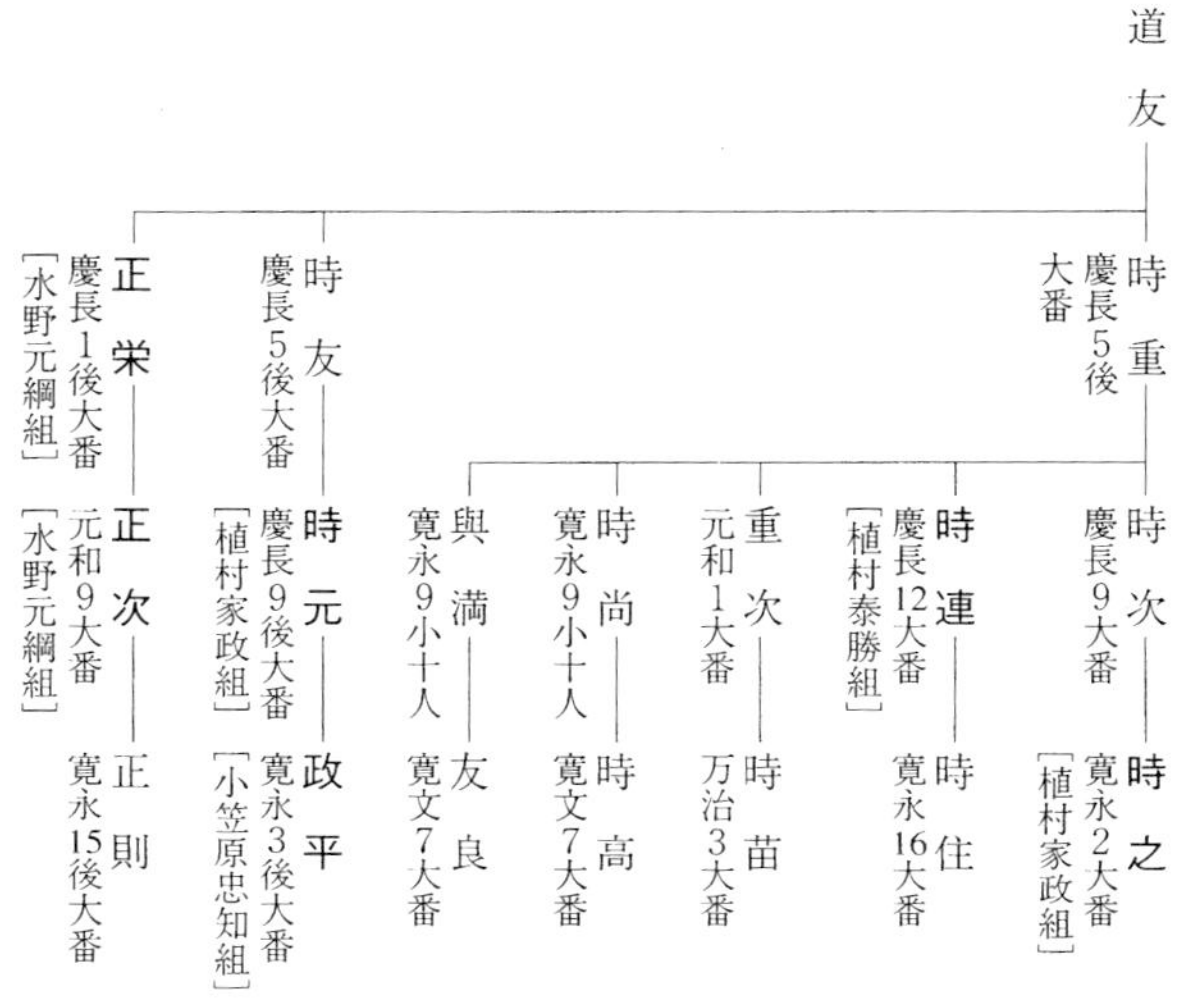

注　系図中のゴチックは寛永9年初頭に大番士だった者。

城を拝領するなど、言わば栄転であった。(8) こうした事実も、大番頭が個別人格による主従間の結合という関係を払拭した家臣だったことを示してはいないだろうか。

三つ目として寛永九年十月の徳川忠長改易にともなう、忠長遺臣の動向も付け加えておこう。徳川忠長の家臣団は、元和二年（一六一六）に大番衆のなかから五四名が選抜されてその母体を形成し、また寛永元年には駿府城番の大番衆八〇名が付属していたが、改易後に幕府から付属された家臣団は、「東はらい」と称して武蔵・相模・伊豆のいずれかに蟄居となり、忠長自身が召抱えた家臣団は、「西はらい」と言って大井川以西に追放となっていた。しかし、「東はらい」となった者は、およそ寛永二十年までには家光によって召返され、旧領を安堵されて何らかの役職に復帰しているのである。(9)

以上の諸事実から、大番という軍隊そのものが将軍や大御所個人ではなく、幕府の軍隊として編成されており、かつ大番組に編成されていた家臣団も、家康から大御所時代を含めた秀忠段階において、対家光、対秀忠と言った個別人格的な主従の結合を止揚していたことを物語り、繰り返しになるが、それは大番士が徳川「家」の家臣団としての編成、すなわち徳川「家中」となっていた結果と見ることはできないだろうか。

もちろん、とくに二つ目の大番頭が「代替り」における人事移動には無関係だった点において、書院番や小姓組番が将軍や大御所の馬廻りを護衛する親衛隊だったのに対して、大番が伏見城や大坂城などの幕府直轄城の在番を主要な任務としていたと言う、職掌上の違いを考慮に入れる必要がある。しかし、逆に見れば、むしろこうした大番における主従関係の特質が、平時において軍事的にもっとも重要で、かつ遠隔地での城郭守衛（在番）という任務を可能にしていたとも考えられるのである。

第二節　秀忠大御所期の親衛隊

1　寛永三年の大御所親衛隊

「東武実録」寛永三年（一六二六）五月是月の条には「今度　御上洛ニ依テ江戸ヨリ京都ニ至テ、公供奉ノ面々宿割」とあり、土井利勝・井上正就ら年寄衆、高力忠房ら重臣（およびその子）クラスの者一二名について、「御小姓衆」などの職名とその就任者の姓名と領知高ならびに与力・同心などの人数が記されており、寛永三年五月の秀忠の上洛における大御所直轄軍団の全貌を知ることができる。[10] ここでは秀忠の親衛隊、とくに書院番と小姓組番を中心に詳細に検討してみたい。なお「東武実録」の記載はつぎのようになっている。

御書院番井上主計頭（正就）組

弐千石　高木善次郎（正成）

（二〇名略）

御小性組井上主計頭組

弐千石　安藤治右衛門（正珍）

（一八名略）

小十人組井上主計頭組

七百石　大森半七郎（好長）

（七名略）

表8は書院番・小姓組番・小十人組を各組ごとに、番頭の姓名、人数、領知高の合計、番士の階層構成、番士一名の平均領知高を表したものである。これによれば書院番・小姓組番は各々六組編成で、書院番は一二六名、その領知高の合計は一三万四〇六〇石、一番士の平均は一〇六四・〇石となり、階層構成を見ても津田正重の四〇一〇石を筆頭に、一〇〇〇石以上の番士が七二名（五七・一％）と半数を越えるなど、かなり高禄の旗本で編成されていたことがわかる。これに対して小姓組番は一〇六名で、領知高の合計が六万六二四〇石、一番士の平均は六二四・九石である。なお、このときの「東武実録」の領知高はすべて石高記載となっている。

注目すべきは、書院番と小姓組番との平均領知高の差である。小姓組番は書院番の五八・七％でしかないが、これを階層別に見ても、一〇〇〇石以上が書院番の七二名（五七・一％）に対して、小姓組番では二七名（二五・五％）となり、逆に六〇〇石未満では書院番が四一名（三二・五％）、小姓組番が七一名（六七・〇％）と、比率にしてそれぞれ倍以上の差がある。通説では、両番は格式や役高の面でも同格として捉えられているが、少なくとも寛永三年の段階では、大きな開きがあったと言わざるを得ない。そして通説どおり両番が慶長十一年（一六〇六）前後の成立ならば、こうした格差が生じることは、番士の功罪によって個別的にはあり得るとしても、しかし、番全体で見たばあいには、きわめて考えにくい状況である。またこの違いは、秀忠が小姓組番よりも書院番を重視していたといったレベルの問

表8　寛永3年秀忠親衛隊の全貌

番	組	人数	領知高	100石	200石	300石	400石	500石	600石	700石	800石	900石	1000石	2000石	3000石	4000石	平均
書院番	井上正就組	21	22400		1	4		5					8	1	1	1	1066.6
	永井尚政組	21	21300			3					5	1	9	2	1		1014.3
	青山幸成組	20	23580		1	2		1		1	2		8	4	1		1179.0
	松平正綱組	23	22100		3		1	4		1	1		9	4			960.9
	板倉重昌組	21	28280		1	2	1	5					6	1	4	1	1346.7
	秋元泰朝組	20	16400		3	1		3		1	1		10	1			820.0
	計	126	134060		9	12	2	18		3	9	1	50	13	7	2	1064.0
小姓組番	井上正就組	19	12500	1	3	5		3		1			5	1			657.9
	永井尚政組	17	14540		6	2		3					4	1		1	855.3
	青山幸成組	20	12550		3	4	1	4	3				4	1			627.5
	松平正綱組	22	13150		4	8		2		1			6	1			597.7
	板倉重昌組	16	7200		5	3	2	2	1			1	2				450.0
	秋元泰朝組	12	6300		3			7		1			1				525.0
	計	106	66240	1	24	22	3	21	4	3		1	22	4		1	624.9
小十人組	井上正就組	8	2350	2	2			2		1	(無足1)						293.8
	永井尚政組	9	2050	5	1	1	1	1									227.8
	青山幸成組	10	2350	2	4	1	1	1			(無足1)						235.0
	松平正綱組	8	1520	4	1	1		1			(無足1)						190.0
	板倉重昌組	9	1970	4	2	2	1										218.9
	秋元泰朝組	9	1300	6	3												144.4
	計	53	11540	23	13	5	3	5		1							217.7
合計		285	211840	24	46	39	8	44	4	7	9	2	72	17	7	3	743.3

注　階層構成の100石は100石台を示す．以下同じ．

題でもない。[11] なぜなら、隊長たる番頭が書院番も小姓組番も（小十人組も）、それぞれの部隊を同一人物が兼任しているからである。むしろ、これは書院番・小姓組番の形成過程から捉えるべき問題であろう。

表9を見てみよう。これは寛永三年時点における、書院番と小姓組番の全番士二三二名を『寛政重修諸家譜』によって検証し、それぞれの家筋と先祖の主家を表したものである。家筋の別家は、寛永三年時点で番士となっている本人の代に独立分家した家を、宗家は嫡流の家筋を、別家筋は本人以前の代に宗家から独立した家を示している。また、主家は原則として祖父が初めに仕官した大名家を採用し、祖父の主家が不明なばあいは父の主家を採用した。なお『寛政重修諸家譜』で確認できなかった者が、書院番で一九名、小姓組番で二〇名存在している。

まず家筋から見ると、別家・別家筋・宗家とも、合計の比率では書院番・小姓組番それぞれに大きく目立つような差はない。しかし、あえて指摘するならば、別家の比率が小姓組番でやや（五・五パーセント）高く、逆に宗家の比率が書院番のほうが約一〇パーセントほど高いことがわかる。このことから、旗本二・三男の召出し[12]という意味では、より小姓組番にその傾向が見え、それだけ小姓組番のほうが新しい軍隊であったことが読み取れようか。[13] この点は、先祖の主家を見るといっそう明瞭になる。すなわち、書院番では、合計の数字で徳川氏譜代の家系は二七名（二五・二パーセント）であるのに対して、織田氏旧臣の家系の者が三一名（二九・九パーセント）と徳川譜代を凌ぐものがあり、全体で見ても徳川譜代といわゆる他国者（不明の者もふくむ）との比は約一対四となり、書院番は滅亡した戦国大名旧臣の家系の者を主流に編成されていた。つまり、それだけ成立の古い軍隊と言うことができる。なぜなら、秀忠が自らの家臣団を編成するうえで、在来の家臣団は言わば父家康の家臣であり、当然これらの一部が秀忠に付属されていたとしても、それ以外には譜代旗本の子弟を召出す以上に、まず滅亡した大名家の旧臣またはその子弟を積極的に召出したほうが、軍事力の増強という切実な課題には、より即応できるという事情があったからである。

表9　寛永3年西丸両番士の家筋と先祖の主家

主家	書院番				小姓組番			
	別家	宗家	別家筋	計	別家	宗家	別家筋	計
徳川氏	10(9.3)	11(10.3)	6(5.6)	27(25.2)	19(22.1)	11(12.8)	14(16.3)	44(51.2)
武田氏	0(0.0)	2(1.9)	2(1.9)	4(3.7)	2(2.3)	3(3.5)	0(0.0)	5(5.8)
今川氏	3(2.8)	1(0.9)	1(0.9)	5(4.7)	3(3.5)	4(4.7)	1(1.2)	8(9.3)
織田氏	14(13.1)	13(12.1)	5(4.7)	32(29.9)	3(3.5)	3(3.5)	4(4.7)	10(11.6)
足利氏	2(1.9)	5(4.7)	0(0.0)	7(6.5)	3(3.5)	1(1.2)	0(0.0)	4(4.7)
豊臣氏	6(5.6)	3(2.8)	5(4.7)	14(13.1)	3(3.5)	1(1.2)	0(0.0)	4(4.7)
北条氏	0(0.0)	1(0.9)	0(0.0)	1(0.9)	0(0.0)	2(2.3)	2(2.3)	4(4.7)
他不明	4(3.7)	9(8.4)	4(3.7)	17(15.9)	3(3.5)	3(3.5)	1(1.2)	7(8.1)
合計	39(36.4)	45(42.1)	23(21.5)	107(100.0)	36(41.9)	28(32.6)	22(25.6)	86(100.0)

注　(　) 内は%.

いっぽう、小姓組番のほうは、判明する八六名のうち戦国大名旧臣のなかでも、もっとも多い織田氏がわずか一〇名（一一・六㌫）であるのに対し、徳川譜代の者は、四四名（五一・二㌫）と半数を超えていることがわかる。しかも、徳川譜代のなかでも別家の家筋が一九名（二二・一㌫）と、個々に見たばあい他よりも圧倒的に多く、この点から、秀忠の意図的な譜代旗本子弟の召出しという傾向が読み取れるのである。

ようするに、徳川氏の天下統一過程において、滅亡戦国大名の旧臣（の子弟）を召出して、彼らを中心に秀忠の親衛隊（「書院番」）が編成されていたとすれば、覇権確立後に譜代の家系を中心に、かつ宗家から独立（別家）させるという形で徐々に家臣団を増員し（これは旗本二・三男の処遇という課題に対処することでもあった）、それらを中核として編成されたのが小姓組番であった、と言えないだろうか。こう考えれば、表8において、小姓組番のほうが書院番よりも領知高の面できわめて低かったのも、ある程度納得できるものと考えられる。

このように見ると、第一章で述べた慶長十年（一六〇五）に秀忠の親衛隊（「書院番」）が編成され、元和八年（一六二二）十一月を機に、新たに小姓組番が成立したという試論が、その年代は別としても成立時期の差という意味において、数字のうえでも証明されたものと考えられる。そして付言するならば、小姓組番の成立の仕方は、「書院番」が母体であったとしても、徳川氏との関係ではより主従関係の強固な、二代以上にわたって徳川氏に仕えた家系の者を中心に編成したという、秀忠の一定の意図を窺うことができる。ここに、書院番よりも小姓組番のほうが、より将軍に近い位置に存在した理由もある。

2　秀忠最晩年の大御所親衛隊

寛永九年（一六三二）一月二十四日、大御所秀忠は江戸城西丸で死去した。第一章から繰り返し述べているように、「東武実録」の同年二月二十六日の条の後にある秀忠の遺産分配の記事によって、我々は秀忠最晩年における幕府家臣団の全貌を知ることができる。小姓組番を中心に書院番・大番については、かつて拙稿で明らかにしており(14)、また最近根岸茂夫氏が、やはり「東武実録」を用いて幕臣団全体にわたって分析しているので(15)、それらを参照されたいが、幕府直轄軍団の形成に関わっては、依然として残された問題も多いと言わざるを得ない。以下、そのいくつかに触れてみたい。

表10は、このとき大御所秀忠の西丸に付属していた、書院番と小姓組番の各組ごとの人数、知行形態別の人数と領知高およびその合計、一番士の平均領知高などを表したものである。まず書院番から見ると、人数では各組に一八から二五名の幅で存在し、一組の平均は二一名となる。知行形態では知行取と蔵米取があり、知行取は書院番全体で八五名（書院番全体の六七・五㌫以下同じ）で、その合計は九万五三一一・五石となり、平均は一一二一・三石である。同じく蔵米取では三〇名（二三・八㌫）、領知高の合計はちょうど一万石で、一人平均三三三・三石である。このほか寛永三年では見られなかった無足が一一名（八・七㌫）存在している。そして書院番全体の領知高は一〇万五三一一・五石であり、その平均は八三五・八石となる。

小姓組番では、人数は各組に二四から三一名の幅で存在し、一組の平均は二七名となる。知行形態では知行取・蔵

表10　寛永9年初頭の西丸書院番・小姓組番

番		人　数	a	a'	b	b'	c	c'	a'+b'+c'	平均
書院番	1番	25(1)	20	22088	4	1000	0	0	23088	923.5
	2番	18(1)	10	8800	7	2400	0	0	11200	622.2
	3番	24(4)	13	17179	7	2300	0	0	19479	811.6
	4番	19(2)	12	13750	5	1800	0	0	15550	818.4
	5番	19(2)	14	15344.5	3	1500	0	0	16844.5	886.6
	6番	21(1)	16	18150	4	1000	0	0	19150	911.9
	計	126(11)	85	95311.5	30	10000	0	0	105311.5	835.8
小姓組番	1番	24(1)	10	10515	13	2750	0	0	13265	552.7
	2番	31(0)	12	8323	19	3300	0	0	11623	374.9
	3番	28(2)	13	10980	10	2050	3	360(1028.6)	14058.6	502.1
	4番	30(2)	7	8050	21	4180	0	0	12230	407.7
	5番	25(2)	12	6000	11	2350	0	0	8350	334.0
	6番	25(4)	7	4905	14	3450	0	0	8355	334.2
	計	163(11)	61	48773	88	18080	3	360(1028.6)	67881.6	416.5
合計		289(22)	146	144084.5	118	28080	3	360(1028.6)	173193.1	599.3

注　aは知行取の人数，a'は知行取の石高，bは蔵米取の人数，b'は蔵米取の俵高，cは現米取の人数，c'は現米高（石高換算），人数の（　）は無足の人数．1俵＝1石で計算．

米取・現米取があり、知行取は六一名（三七・四％）で、その合計は四万八七七三石となり、平均は七九九・六石である。蔵米取では八八名（五四・〇％）の一万八〇八〇石、平均が二〇五・五石となり、現米取が三名（一・八％）で石高に直して一〇二八・六石となる。そして、やはり無足が一一名（六・七％）存在していた。小姓組番全体の領知高は六万七八八一・六石であり、その平均は四一六・五石となる。

これらを寛永三年時点の両番と比較したばあい、人数で見ると、もちろん他の役職に移動した者も存在するが、書院番では結果的にまったく変化がなく、小姓組番で五七名の増加が見られる。一人当りの領知高では、書院番・小姓組番ともおよそ二〇〇石の減少が見られ、無足が寛永三年ではまったく見られなかったものが、寛永九年ではそれぞれ一一名ずつが存在している。また、寛永三年の知行形態は「東武実録」が、すべて「石」記載なので、単純に比較することはできないが、寛永九年では書院番で約二四％、小姓組番で五四％が蔵米取となっている。とくに小姓組番では、半数を超えた番士が蔵米取だったことを示しており、人数の増加とも相俟って、知行地ではなくまず蔵米を給与して番入りさせる点と、小姓組番の一層の増強を図るという秀忠の一定の意図を読みとることができよう。

この点に関わって注目すべきは、表10から直接窺うことはできないが、寛永三年段階で五三名存在した小十人組が消滅している点である。小十人組とは小禄の旗本によって編成された歩卒の親衛隊であるが、通説では、たとえば「仕官格義弁」に「元和九亥年、始而四人被仰付候、中根伝七郎、稲垣藤七郎、鵜殿新三郎、三枝惣四郎[16]」とあり、元和九年（一六二三）に中根正成・稲垣重大・鵜殿長直・三枝守恵の四名の頭が任命されて成立したとされる。彼らはすべて元和二年に秀忠の「書院番」から家光に付属された人々であったから、通説にしたがえば、小十人組は家光の親衛隊として成立したことになる。しかし、歩卒の親衛隊が秀忠の配下に組織されていても、幕府の軍事制度が未整備な段階では、理論的に見ても何ら問題はない。むしろ問題となるのは、寛永三年の時点で六組あった小十人組がなぜ消滅し、それが幕府直轄軍団の形成過程において、如何なる意味をもったのかと言うことである。

表8を見ると、秀忠の小十人組は五三名で、一組に約九名ずつが編成されていた。領知高では、七〇〇石の大森好長を筆頭に五〇〇石以上の者が六名いたが、三六名（六八％）は三〇〇石未満の階層であり、平均でも二一七・七石と両番と比較してもかなり小禄だったことがわかる。では、これら五三名は寛永九年の段階ではどうなったのであろう。いま「東武実録」と『寛政重修諸家譜』で彼らの動向を追跡してみると、寛永九年の時点で御膳奉行に二名、納戸衆に五名、小納戸に二名がそれぞれ転じ、また寛永八年までに死去した者が四名おり、その他七名の不明を除いた三三名（六二・三％）は、いちいち姓名は挙げないが、井上正就組で四名が西丸小姓組一番に、永井尚政組で五名が同二番に、青山幸成組で八名が同三番、一名が同二番に、松平正綱組で五名が同四番に、板倉重昌組で五名が同五番

に、秋元泰朝組で五名が同六番に、それぞれその名が確認できる。つまり、小十人組全体のほぼ六〇㌫強が、同一の番頭のもと小姓組番に編入されていたのである。ちなみに、西丸の書院・小姓組両番士が寛永三年から九年までに、そのまま両番に残留した状況を示すと、書院番が一二六名中八四名（六六・七㌫）、小姓組番が一〇六名中五九名（五五・七㌫）となる。これらのなかには、死去したり番を辞したりした者が両番で各々一〇名ずつ存在しているから、これを除けば残留した比率はより高くなる。

　これらのことから、秀忠の出向の都度組編成を行なうといったルーズな段階から、ある程度の、両番の人的編成における固定化した状況を見ることはできる。しかし、おなじ親衛隊でも小十人組の多くが、小姓組番に編入されていたことに鑑みると、書院番・小姓組番などの「番」が形成されていたとは言っても、軍団（親衛隊）の組織としては依然として流動的であり、なお未熟な要素を残していたと言わざるを得ない。しかも、小十人組自体でも、たとえば元和九年五月十一日付の上洛供奉法度二〇カ条「覚」(17)の七条目に、

　一馬上小十人組、御道具持・御草履取ともに、町入ニ家々左右見間敷事、

とあり、「馬上小十人組」の文言からも、かならずしも小十人組が歩卒の軍隊ではなく、馬上で供奉した小十人も存在していたのである。

　なぜ小十人組に編成された者の多くが小姓組番に編入されていたのか、その明確な理由を見出すことはできない。ただし領知高で見たばあい、小十人組は一名平均の二一七・七石が示すように小禄であったが、小姓組番士の領知高と明瞭な一線が引かれていたわけでもなく、かつ右に見たように馬上の小十人がいたとすれば、小姓組番との決定的な相違を見つけだすことはできない。しかし、小十人組から小姓組番に編入していた者は、たとえば石谷貞清・長坂信次といった大坂の陣にも従軍した戦陣経験を持つものが多い。しかも寛永三年時点で無足だった三名はすべて一〇

○俵の扶持を、一〇〇石台だった者は不明を除いた一六名中一一名が五〇〜一〇〇石（俵）の加増を、寛永九年初頭までの間に受けているから、人数の増加とも相俟って、もっとも秀忠に近い部隊（小姓組番）の軍事力の増強という意味はあったのかもしれない。

3　秀忠最晩年の将軍親衛隊

つぎに、本丸に付属していた将軍家光の親衛隊を見てみよう。表11は、やはり「東武実録」によって作成した、秀忠死去直後における本丸の書院番・小姓組番・小十人組の実態を表したものである。元和二年（一六一六）に六一名で「十番切之間御番衆」として組織された家光の親衛隊は、寛永九年初頭には小十人組もふくめて三一八名に増加していたことがわかる。

まず、書院番から見ると組数は四組であり、各組には二二から二四名の番士が編成され、ほぼ均等な人員構成となっている。知行形態では知行取と蔵米取があり、現米取の番士は見られない。知行取は四九名（書院番全体の五二・七㌫）で、その領知高の合計は六万二六六二石となり、平均は一二七八・八石である。これは西丸書院番をも凌いでおり、きわめて高禄の旗本が編成されていたと言うことができる。蔵米取は三六名であるが、知行取が六名の二番組が蔵米取では最多の一六名存在するなど、知行取と蔵米取の人数配分がきわめて対照的である。その領知高の合計は一万八〇〇〇俵で、平均はちょうど五〇〇俵（石）となる。このほか無足が全体で八名（八・六㌫）存在している。そして本丸書院番全体では九三名、領知高の合計が八万六六二石となり、その平均は八六七・三石となる。

小姓組番は六組あり、各組は一七から二五名の幅で存在し、一組の平均は約二〇名となる。知行形態ではやはり知行取と蔵米取のみであり、知行取は一六名（一三・一㌫）で、その合計は一万五〇〇〇石となり、平均は六五六・三石である。蔵米取では八一名（六六・四％）とほぼ三分の二を占め、領知高の合計が二万三二三〇俵、平均で二八六・八俵（石）となる。このほか無足が全体で二五名（二〇・五％）と、これまでにない高い比率を見せている。そして本丸小姓組番全体では一二二名、領知高の合計が三万三七三〇石、その平均は二七六・五石となる。

つぎに小十人組であるが、寛永三年の時点で存在した小十人組は、明らかに西丸の秀忠に付属していたが、表11の小十人組は、「東武実録」の記載においては大番につづいて、

小十人組一番
小判金五十両　三百俵　竹内平右衛門（信正）
同　五十両　三百俵　西山忠左衛門（寛宗）
同　二十両　二百五十俵　飯室金左衛門（昌吉）
小判金二十両　二百三十石　指田九十郎（延久）
同　二十両　百俵　桜井六兵衛
同　二十両　百俵　大木茂平衛（親茂）
（以下二二名略）
人数二十八人
小判金合六百二十両

とあるのみで、じつはその所属が本丸の家光な

表11　寛永9年初頭の本丸書院番・小姓組番・小十人組

番		人　数	a	a'	b	b'	a'＋b'	平均
書院番	1番	23(4)	12	11920	7	4400	16320	709.6
	2番	24(2)	6	5472	16	7700	13172	548.4
	3番	24(0)	16	25820	8	3700	29520	1230.0
	4番	22(2)	15	19450	5	2200	21650	984.1
	計	93(8)	49	62662	36	18000	80662	867.3
小姓組番	1番	25(5)	1	1000	19	4800	5800	232.0
	2番	20(4)	4	2500	12	3350	5850	292.5
	3番	19(5)	1	1000	13	4000	5000	263.2
	4番	21(4)	3	1800	14	3600	5400	257.1
	5番	17(3)	3	1800	11	3900	5700	335.3
	6番	20(4)	4	2400	12	3580	5980	299.0
	計	122(25)	16	10500	81	23230	33730	276.5
合　計		215(33)	65	73162	117	41230	114392	532.1
小十人組	1番	28(0)	1	230	27	3250	3480	124.3
	2番	26(1)	0	0	25	2900	2900	111.5
	3番	22(4)	0	0	18	2250	2250	102.3
	4番	27(0)	1	40	26	3000	3040	112.6
	計	103(5)	2	270	96	11400	11670	113.3

注　a は知行取の人数，a' は知行取の石高，b は蔵米取の人数，b' は蔵米取の俵高，人数の（　）は無足の人数．1俵＝1石で計算．

のか西丸の秀忠なのかが判然としない。しかし、右の竹内信正は『寛政重修諸家譜』によれば「寛永四年五月十五日めされて大猷院殿につかへたてまつり、小十人に列し」[18]とあり、また西山寛宗も「元和九年めされて大猷院殿につかへたてまつり、小十人となり」[19]とあるなど、小十人組に編成されていた面々は、ほぼ家光に仕えた記述が見出せるから、これは間違いなく家光の小十人組として編成されたものである。その知行形態では二名を除いてすべて蔵米取で（うち無足が五名）、その階層は三〇〇俵が各組に二名ずつおり、二〇〇俵（石）台が二名、一五〇俵が一名で、その他八七名（八四・五㌫）は一〇〇俵である。これを見ると、小十人組は一組の人数こそ平均約二六名と、完成以後の定型的な在り方（通常一組二〇名）よりやや多いものの、各組に組頭クラスの者（三〇〇俵取）が二名ずつ配置され、その他八四㌫の番士が一〇〇俵の領知高で整然と編成されており、徐々に増員したと言うよりも、むしろ一挙に編成した感があり、しかも整備・完成された部隊の姿を見ることができる。

ところで、元和二年に秀忠の「書院番」から家光に付属された番士六一名のその後の動向を追跡すると、本丸書院番にその名を確認できる者が五名、本丸小姓組番が六名とわずか一一名であり、その他多くは他職に転じていた。しかし、死去または番を辞した者が一一名、小十人頭となった者も四名おり、これらを除いた四六名のうち一一名（二三・九㌫）が元和二年から寛永九年（一六三二）までの一六年のあいだ、家光の親衛隊に残留していたと考えれば、彼らがその母体であったすることに無理はあるまい。むしろ問題は、書院番と小姓組番との領知高の差など、家光親衛隊形成過程の特質に関わることである。書院番士一人平均の八六七・三石は大御所の書院番より大きく、逆に小姓組番は二七六・五石と書院番の三分の一に満たなかったことがわかる。これは何を物語るのであろうか。

表12は、表9と同様の視点から寛永九年二月時点での本丸付属の書院番・小姓組番の全番士二一五名を『寛政重修諸家譜』で検証したものである（なお書院番・小姓組番で一八名ずつが『寛政重修諸家譜』で確認できなかった）。まず書院

表12　寛永9年本丸両番士の家筋と先祖の主家

主　家	書院番				小姓組番			
	別　家	宗　家	別家筋	計	別　家	宗　家	別家筋	計
徳川氏	12(16.0)	8(10.7)	1(1.3)	21(28.0)	31(29.8)	11(10.6)	14(13.5)	56(53.8)
武田氏	2(2.7)	5(6.7)	0(0.0)	7(9.3)	5(4.8)	0(0.0)	3(2.9)	8(7.7)
今川氏	2(2.7)	1(1.3)	1(1.3)	4(5.3)	2(1.9)	0(0.0)	1(1.0)	3(2.9)
織田氏	2(2.7)	10(13.3)	2(2.7)	14(18.7)	14(13.5)	1(1.0)	1(1.0)	16(15.4)
足利氏	1(1.3)	3(4.0)	1(1.3)	5(6.7)	1(1.0)	1(1.0)	0(0.0)	2(1.9)
豊臣氏	5(6.7)	1(1.3)	0(0.0)	6(8.0)	1(1.0)	1(1.0)	0(0.0)	2(1.9)
北条氏	1(1.3)	4(5.3)	0(0.0)	5(6.7)	4(3.8)	2(1.9)	2(1.9)	8(7.7)
他不明	5(6.7)	6(8.0)	2(2.7)	13(17.3)	6(5.8)	1(1.0)	2(1.9)	9(8.7)
合計	30(40.0)	38(50.7)	7(9.3)	75(100.0)	64(61.5)	17(16.3)	23(22.1)	104(100.0)

注　(　) 内は%.

番では、家筋で見ると宗家の系統が五〇・七㌫ともっとも多く、ついで別家の四〇㌫となる。先祖の主家では徳川譜代の者が二八㌫で、ついで織田氏の一八・七㌫となり、これにその他の戦国大名旧臣の家系の者を加えれば、他国者をより多く召出していた傾向を読み取ることができる。そして、これを寛永三年の大御所秀忠の親衛隊と比較すると、織田氏のように徳川譜代を凌ぐという傾向は見られないが、依然として譜代の比率は三〇㌫に満たず大御所の書院番とそれほどの違いは見られない。

ところが、小姓組番ではきわめて違った傾向を示している。まず家筋では宗家の比率が一六・三㌫ともっとも低く、別家筋を加えても四〇㌫に満たないが、その反面、別家の比率が六一・五㌫とこれまでにない高さを見せている。そして、先祖の主家では織田氏旧臣でかつ別家の比率が一三・五㌫とやや高いものの、徳川譜代の別家が二九・八㌫とその倍以上おり、全体で見ても徳川譜代が五三・八㌫と半数を超えて編成されていたのである。

このように見ると、書院番が一〇〇〇石以上の大身で、宗家筋の系統の旗本を中心としながらも、譜代・外様（他国者）の別なく編成されていたのに対して、小姓組番は明らかに徳川譜代の家臣で、かつそれまで部屋住みの旗本二・三男が、新たに召出されて編成されていた傾向を読み取ることができる。おそらく、元和九年（一六二三）の上洛に際して、新将軍となる家光にとっては、あるいは秀忠の意図であったかも知れないが、早急に親衛隊の陣容を整える必要から、まず大身の旗本を中心にいくつかの部隊を編成し、酒井忠勝や内藤忠重らを番頭とし、同時に松平信綱ら若手の側近に軍団指揮の経験を積ませる意味でも、比較的小身の旗本を召出して、彼らにその指揮・統率を任せていたのであろう（この点は第一章の表5で見た番頭の領知高に比例している）。これが家光の書院番・小姓組番形成の実相ではなかったろうか。そしてその後、とくに小姓組番では徳川譜代を中心として、旗本二・三男を積極的に召出すことで増員し、秀忠最晩年の状況に到っていたものと考えられる。ここに両番の平均領知高の差が現われた理由もあるのである。

最後に、将軍家光と大御所秀忠の親衛隊について、本丸—西丸の政権別に簡単に比較しておきたい。まず人数では、本丸が二一五名に対して西丸は二八九名と西丸が七九名多く、逆に無足は本丸三三名、西丸二二名と本丸の方が一一名多くなっている。また領知高の合計では、本丸が一一万四三九二石なのに対して西丸は一七万三一九三・一石と、西丸が五万八〇〇〇石余り多く、番士一人当りの領知高も本丸五三二・一石、西丸五九九・三石と、当然のことながら西丸が六〇石余り多くなっている。これらのことから、書院番・小姓組番という将軍または大御所親衛隊の軍事編成に限ってではあるが、当該期における政権のヘゲモニー[20]と同様に、大御所秀忠の西丸政権の軍事力が将軍家光の本丸政権よりも優越していたと言うことができよう。換言すれば、少なくとも親衛隊については、本丸に優るとも劣らない軍隊を保持することが、大御所政権の政治的優位性を支える要因の一つであったと言えるのではないだろうか。

ただし、見落としてはならないのは、本丸書院番が四組しかなく、番士数も九三名ともっとも少ないにもかかわらず、一番士平均の領知高は八六七・三石ともっとも多く、しかも第三番の一二三〇石という他に例を見ない高い部隊があったことである。このことはつまり、領知高の多さが鉄炮・弓・足軽などの軍役動員数の多さをも物語っているから、四組・九三名という小規模の代わりに、領知高の大きい番士を編成することで、もちろん本丸と西丸との軍事的対立など存在すべくもないが、ある程度の軍事的バランスを保とうとしていたと考えられるのである。

おわりに

本章では、秀忠大御所期における大番・書院番・小姓組番・小十人組など当時の番方について、主に数的処理によって、その存在形態や、とくに書院番・小姓組番を中心にそこに編成されていた旗本の人的特質を明らかにした。同時にまた、それらの分析をつうじて、秀忠の小姓組番や家光の書院番・小姓組番などの親衛隊形成の具体的様相を、それなりに提示できたものと思われる。

そこで最後に確認しておきたいことは、こうした番に編成された番士旗本と大御所や将軍との人的関係、つまり主従関係の側面である。大番（士）については本章第一節で指摘したように、徳川「家中」としての編成、すなわち誰が将軍になっても、彼らの「家」と徳川将軍家との主従関係が普遍的に再生産されうるような編成が、ある程度達成されていたとも考えられる。

ところが、書院番・小姓組番に編成された旗本は、寛永前期の西丸と本丸との別個の存在に象徴的に示されるように、あくまでも西丸の両番士は秀忠の家臣であり、本丸の両番士は家光の家臣であったという、人的結合の側面を強固にもっていたのである。しかも、知行授受という主従制原理に関わる問題として見たばあい、寛永前期の旗本に対する領知朱印状の発給は、寛永二年（一六二五）に集中的に見られるのであるが[21]、それは将軍家光ではなく大御所秀忠によってなされており[22]、封建的主従制という意味では、その頂点には紛れもなく大御所秀忠が存在していたのである。そうした意味において、もし家光との主従関係が成立していた者がいたとすれば、たとえば『寛政重修諸家譜』

の小笠原信政の項に「寛永四年八月十日はじめて大猷院殿（家光）に拝謁し、十一月御書院番の番士となり、五年廩米五百俵を賜ひ(23)」とあるように、家光から「廩米」すなわち蔵米を支給された旗本であり、それは表11に見るように圧倒的に小姓組番に多く、書院番では全体の三八㌫にすぎなかったのである。そして、寛永前期の西丸もふくめた両番において、仮に蔵米取の旗本全員が家光から蔵米を支給されていたとしても、それは全体の四六・六㌫と半数以下だったのである。

とすれば、今後の課題として浮上するのは、大御所秀忠の死後、家光がこうした主従制の矛盾を止揚し、徳川将軍家と家臣団との普遍的な主従関係を如何に構築していったのかを考察することにあろう。

注

（1）『日本歴史』一五五号（一九六一年）。藤野保編『論集幕藩体制史』第五巻（雄山閣、一九九五年）に収録。本章はこれに拠った。

（2）北原章男「家光時代の小姓組番頭について」（『新訂増補国史大系月報』二八、一九六五年）。北島正元『江戸幕府の権力構造』（岩波書店、一九六四年）。藤野保『新訂　幕藩体制史の研究』（吉川弘文館、一九七五年）ほか。

（3）「東武実録」によれば、この時期の「御目見」以上と考えられる幕府直属の家臣団は、年寄・諸奉行人など譜代大名クラスの者を含めても二〇〇〇名に満たず、この時期の「番方」に編成された旗本は優に半数を超えていたことが分かる。なお根岸茂夫「家光政権成立期の幕臣団」（『国史学』一五三号、一九九四年）参照。

（4）石と俵の換算については、知行取旗本の年貢率を三五㌫とすれば一石につき三斗五升の収入となり、蔵米取の一俵は三斗五升入りであるから一石＝一俵が成り立つ。なお、鈴木寿「徳川幕臣団の知行形態」（『史学雑誌』七一編二号、一九六二年）参照。

（5）「吏徴」上（『続々群書類従』第七）。

(6) 煎本増夫氏も前掲論文のなかで、寛永十年までに「大番が特定の直臣層の間に家職化されつつある様子を指摘することができる」（二六三頁）と、大番の世襲・家職化の動きに触れられている。

(7) 青木崇子「江戸時代初期の大番衆について」（東洋大学一九九八年度卒業論文）。同論文は「東武実録」をもとに寛永九年初頭の全大番士を『寛政重修諸家譜』によって検索し、その在職期間はもとより役職や領知高の変遷、朱印状の有無、先祖の主家など、大番士に対する豊富なデータを提供している。

(8) 『新訂寛政重修諸家譜』第三（続群書類従完成会編）三〇三頁。

(9) 「駿河亜相附属諸士姓名、駿河在番大御番姓名」（『静岡県史』資料編9、近世一、静岡県、一九九〇年）。

(10) その役職名や人数、役職ごとの領知高、与力・同心などは、付表1のとおりである。

(11) 熊田重邦「家光政権の文治性について」（『京都大学読史会国史論集』二、一九五九年）一〇六八頁。

(12) いわゆる旗本二・三男をいかに処遇するかは、当時においても幕府が抱えた大きな問題の一つであったと考えられる。

(13) 番士の入番年は『寛政重修諸家譜』等でも、定めがたいもの

付表1　寛永3年秀忠上洛供奉衆

職　名	人数	領知高	与力・同心（組数）
年寄衆（・重臣）	12人	400600石	
御小姓衆	23	61500	
御目付衆	5	12806	
御使番衆	7	9780	
御歩行頭衆	5	13050	組士150人(5組)
御右筆衆	7	1720	
御膳奉行	2	1050	同心10人
御台所衆	7	1620	同心10人
御納戸衆	20	10450	
御腰物方衆	4	1500	
御書院番	126	134060	(6組)
御小姓組	106	66260	(6組)
小十人組	53	11540	(6組)
御鑓奉行衆	2	2000	
諸道具奉行衆	6	7390	
玉薬奉行衆	2	1000	
御幕奉行衆	1	200	同心20人
寄合衆	14	17950	同心20人
御勘定衆	6	1700	
御厩方	3	1300	
下目付衆	4	650	
御弓頭衆	7	9000	与力50人同心160人(5組)
御鉄炮頭衆	12	31100	与力60人同心390人(9組)
御鳥見衆	16	—	
青山幸成預鉄炮	1	500	同心100人
計	451	798726	

注　供奉衆のうち，御数寄屋坊主，御土圭坊主は除いた．

が多い。

(14) 小池進「将軍『代替』における江戸幕府軍隊の再編について」(『東洋大学大学院紀要』第二五集、一九八九年)。

(15) 根岸茂夫前掲論文。

(16) 「仕官格義弁」(『内閣文庫所蔵史籍叢刊』6、汲古書院)。

(17) 「教令類纂初集」御上洛之部(『内閣文庫所蔵史籍叢刊』21)。

(18) 『新訂寛政重修諸家譜』第十五、二四四頁。

(19) 『新訂寛政重修諸家譜』第十三、一一六頁。

(20) 二元政治における政治的ヘゲモニーは、慶長・寛永とも大御所にあったというのが通説であり、私もそう考えている。なお、慶長二元政治期における将軍政権と大御所政権との間に、地域分掌傾向を見出そうとする見解もある(森晋一「慶長期幕政について」『海南史学』二二号、一九八四年)。

(21) 佐々悦久「幕藩制成立期の幕臣団編成と知行割」(『旗本知行と村落』文献出版、一九八六年)。

(22) 藤井譲治氏は『徳川家光』(吉川弘文館、一九九七年)のなかで、寛永二年の譜代大名や旗本に宛てた領知朱印状は「家光のものといわれてきたものであっても原本が残されているものをみると、すべてが秀忠のものであり、家光の領知朱印状と伝えられるものも多くは秀忠のものと推測される」(四五頁)とされている。

(23) 『新訂寛政重修諸家譜』第四、一一七頁。なお、小笠原信政は本丸書院番二番に所属している。

第二章　江戸幕府直轄軍団の再編

はじめに

近世初期においては、将軍家や諸大名家にしても長子単独相続という原則は必ずしも確立しておらず、いわゆる「代替り」(1)の危機が多かれ少なかれ存在している。たとえばそれは、諸大名家においてはお家騒動といった形で(2)、将軍家においても騒動にまで発展しなくても、政権の不安定な状況や社会的にも戦争勃発の不安という形で現出していた。家康や秀忠がとった大御所政治は、じつはそうした危機を克服するための政治的措置でもあったとされている(3)。

ところで、大御所政治の解消後、すなわち大御所という庇護者なきあとの新将軍は、秀忠にしても家光にしても自力で自身の権力を確立して行かなければならなかった。なぜなら江戸時代初期においては、それらが征夷大将軍という官職に自明に付与されていたわけではなく、武家の棟梁として、とくに軍事的指揮能力のあることが絶対的な条件であり、新将軍はそれを証明する必要があったからである。秀忠は父家康とともに戦場を駆けめぐった経験を持っていたが、家光のばあい二度の上洛は行なっていたものの、実際の戦陣経験は皆無であった。そのために、家光のばあいは、寛永九年(一六三二)に弟の徳川忠長を高崎に逼塞させ(寛永十年自害)、同時に肥後熊本五二万石の加藤忠広父子の改易などを強行し、さらに同十一年の上洛と、不十分とは言うものの諸大名に対する領知朱印状の一斉頒布(4)、そして翌十二年の「武家諸法度」の発布などによって、将軍権力を確立させていったのである。

これらの政策を断行した背景には、将軍家光の軍事基盤とも言うべき旗本層が、家光のもとに強力に掌握・統制されていた点が挙げられている。そしてこの過程については、幕府直轄軍団の拡充、すなわち大番・書院番・小姓組番などの増設や、その隊長（番頭・物頭）への家光側近の配属という形で、家光政権をあつかった研究のなかでは言及されることが多い(5)。しかし、このことを大御所秀忠遺臣の再編成といった「代替り」に関連する問題として論究したものや、さらには番士旗本レベルの動向までを視野に入れて追究した研究はない。そこで本章では、まず将軍「代替り」時における危機的な状況の具体像を明らかにし、かつ、そうした状況に対処するために、本丸と西丸とに分かれていた軍団を家光がどのような過程を経て、または如何なる論理で再編成していたのかを検討してみたい。

第一節　「代替り」の危機

1　「越前事」

一、近年はやけ不申あさま、事之外やけ、江戸へもあさまの方ゟ風吹候時ハ、やけほこりふり申候、則懸御目候、あさまハ、せきか原・大坂事之時は大やけ、越前事之時は少やけ申候由申候、つねニハやけ不申候、又三月十三日ニ、夜ル事之外成ひかり物、又其後昼の七ツ時に、ひかり物なととひ申候故、下々何かと申候事、

右の史料(6)は、豊前小倉藩主細川忠利が貴田半左衛門尉に宛てた、寛永八年四月一日付書状の一節である。すなわち忠利は、近年噴火のなかった浅間山が噴火し江戸に降灰のあったこと、過去にも「せきか原・大坂事之時」に大噴火

が、「越前事」のときにも小噴火があったこと、三月十三日の夜には「事之外成ひかり物」が飛んだことなどを、貴田を介して父細川忠興に報じているのである。この「せきか原・大坂事」が、慶長五年（一六〇〇）年の関ヶ原の戦いと、同十九年から二十年にかけて起こった大坂の陣をさすことは、あまりにも明瞭であろう。そしてこれらは当時の日本にとって、その後の国制の在り方を左右するきわめて重大な出来ごとであり、かつこうした認識は同時代を生きた細川忠利にも当然あったものと考えられる。そして忠利は、これらの事件と浅間山の噴火とを重ね合わせて報じているのである。とすれば、まず「せきか原・大坂事」と併記され、やはり小噴火のあった「越前事」が留意されねばならないし、「つねニハやけ不申」る浅間山が「事之外やけ」たことを、細川忠利がわざわざ報じたこの寛永八年にも、この箇条に記されない何らかの事態の存在が想定されるのである。

「越前事」とは、直接的には元和七年（一六二一）から八年にかけて起こった、越前福井藩主（六七万石）で、かつ将軍秀忠の兄結城秀康の嫡子である松平忠直の江戸不参問題をさす。松平忠直は幕府の参勤命令をよそに、両年とも居城北庄を発ち関ケ原まで来ては、病気を理由に帰国していたのである。これだけならば、後年に細川忠利が「せきか原」などとともに、あえて取り上げるほどの事件とは思われない。しかし、ことはそれほど単純ではなかった。と言うのは、この松平忠直の不参問題が当時年寄衆の一人であった本多正純の動向と連動したと考えざるを得ないような、幕府にとってはきわめて不穏な情勢が、とくに元和八年には存在したからである。以下、高木昭作氏の研究[7]に拠ってそれらを列挙してみよう。

すなわち①この年四月に行なわれた秀忠の日光社参が、異様なほど厳重な警戒体制のもとで強行され、しかも秀忠が将軍の行程としては異例の速さで江戸に帰参していたこと、②夏から秋にかけて全国の諸大名が江戸に集結させられていたこと、③年寄の本多正純が、最上氏改易にともなう城地接収の上使として出羽山形に出向途上の十月、突如として改易されたこと、④家光が正純の動向に合わせるように一時江戸を離れていたこと、⑤関ケ原逗留中の松平忠直が、本多正純の改易を見届けるように帰国していたこと、⑥この頃江戸城中では、秀忠が神経質なほど毒殺の用心をしていたこと、⑦やはり江戸では、合戦の準備のためか年寄衆をはじめとして、主立った諸大名が武具の調達をしていたこと、⑧反幕勢力による謀反の噂が、まことしやかに流布していたこと、などである。

これらが、松平忠直の江戸不参問題と結びつくことを直接物語る史料はない。また、実際に戦争が勃発したという事実もない。しかし、たとえば右の②に関して七月九日付の細川忠利書状には「大名衆御暇も不出、其上在国之衆も被集候故、下々てハ、御国替、又ハ越前之儀たるへきとのさたニて御座候」[8]と、伝聞としてではあるが、諸大名が江戸に集結されていた事実を松平忠直と結びつけて報じるなど、右の諸事実が松平忠直の動向と密接に絡んだものと認識されていたのである。高木氏は結論をだすのにきわめて禁欲的であるが、右の諸事実を後世の目から見たばあい、元和八年には松平忠直や本多正純を中心とした反幕勢力が結集して、幕府に対して何らかの行動を起こすような状況があったというほかなく、それを示す状況証拠は十分に揃っていると言うことができよう。「越前事」についてはこのくらいに止め、つぎに寛永八年（一六三一）の状況を見ることとしよう。

2　寛永八年の危機

寛永九年一月二十四日、大御所秀忠は西丸において死去したのであるが、ここからがまさに「代替り」であり、家光にとっての「御代始め」であった。そして、その前年にあたる寛永八年も元和八年ほどではないが、やはり幕府にとっては由々しき事態が起こっていたのである。松平忠直は秀忠とは叔父甥の間柄であったが、今回は将軍の身内を中心とした事態であった。三代将軍徳川家光の弟徳川忠長は、当時駿河・遠江・甲斐で五五万石を領する大名であったが、前年から夜な夜な駿府城下や江戸の町に辻斬りに出、翌八年になると酒に酔っては家臣や侍女を手討ちにし、はては手討ちにした少女を唐犬に食わせるなど異常な行動をとるようになっていた。家光は年寄を遣わし、あるいは自ら再三にわたって異見を加えたが忠長の行動は改まらず、大御所秀忠は即座に忠長を勘当に処してしまった。その後、忠長は五月に甲斐谷村に蟄居を命じられ、翌寛永九年十月に周知のように改易となり上野高崎に幽閉、ついで同十年十二月に幽閉先の大信寺で自刃し生涯を終えている。(9) 徳川忠長の異常な行動を知った段階で、細川忠利は「無程一はく（松平忠直）殿のことくならせられ候ハんとの、上下取さたにて御座候」(10)と、松平忠直と同様の結末が世情に流布していたことを報じている。細川忠利もおそらく改易という結果を予想して、右のように記したのであろうが、じつはこれ以外にも元和八年と酷似した状況があった。

たとえば、先に挙げた寛永八年四月一日付の細川忠利書状では、浅間山噴火を記した箇条の前の箇条において、伊達政宗が老齢を理由に江戸参勤の赦免を願い出ていることを報じたあと、

又先書ニ申上候ことく、方々の道筋番所之かためも、其刻大納言殿（徳川忠長）事かと存候へハ、四方御改之内、東筋弥堅被仰付候、扨は是も政宗事かと被存候、

とあり、「方々の道筋番所」の警備が厳重になったことについて、当初は徳川忠長との関連かと思っていたが、「東筋弥堅被仰付」た状況から、じつは伊達政宗対策ではないかとの推測を述べている。また、この史料の「先書ニ申上」に当たるのが、つぎの史料(11)であると思われる。

一、何と思召候哉、箱根・うすい、越後口・関東口、人を改候御番御座候、此道迄にて御座有間敷候、わきわきニも道数多可有御座候間、なくて不叶道は御番又被居、其外はきりふさき、番所〳〵間はさくをつけ可申由被仰出、二三日中ニ御奉行被出候、左候へハ、たとへハ箱根ゟうすいの間不残さくニ成申候、大なる儀にて御座

候、

これは、徳川忠長の家臣手討ちが始まって間もない寛永八年二月二十三日付で貴田半左衛門尉に宛てた、細川忠利の書状の一節である。これによれば、箱根峠や碓氷峠など西から関東への入り口やその他の街道で、「なくて不叶」道以外の番所は閉鎖し、番所と番所の間は「さくをつけ」るよう命じられていたことが知れる。忠利は、こうなれば箱根から碓氷の間はすべて柵で仕切られることになり、「大なる儀にて御座候」となかば呆れているが、実際そうなったか否かは別として、先の書状とも考えあわせれば、徳川忠長と伊達政宗が反幕勢力として結びつくなどまったく考えにくいが、少なくとも寛永八年前半には東西の関東への入り口の警戒が、きわめて厳重となっていた状況は読み取ることができよう。

さらに、やはり四月二十八日付の貴田に宛てた細川忠利の書状[12]の一節には、

一、江戸町人申候ハ、何方ともなく陣道具しけく誂候、具足なとハ数もなくうれ申由ニ候、薩摩殿（島津家久）も此沙汰被聞候哉、いかなる儀ニ而、かやうニ有ましき事町さた申候、如何存候哉と、尋ニ御越候つる、敵を誰と申事もなく、右之仕合にて御座候、

とあり、江戸町人からの伝聞として、敵方がまったく不明としながらも「陣道具」の注文が相次いでおり、武具の類が無数に売れている情報を父忠興に報じている。この情報を入手した島津家久も「いかなる儀ニ而、かやうニ有まじき事町さた申候」と訝っているが、ことの真偽はさておき、こうした風聞の出ること自体が問題なのであり、当時の不穏な情勢を物語っているである。この他にも、このころの細川忠利の書状によって、長崎奉行竹中重義の悪政を訴える告発や、いわゆる黒田騒動や、のちに柳川事件へと発展する対馬藩の内紛が幕府に届けられたり、前田利常と京極忠高との近江の船着場をめぐる争い、伊達政宗と相馬忠胤との山公事、京極高広と八条宮智仁親王との化粧料をめ

ぐる紛争など、全国的にもきわめて不穏な情勢が充満していたことが知れるのである。

しかもこの年は、自然災害の当たり年でもあった。細川忠利の書状からそのいくつかを記してみよう。まず、先に挙げた浅間山の噴火を手始めに、四月には加藤嘉明の領地会津で、鳥が二・三万羽ほど群集し共食いを始め無数に死んだという。五月八日には雷雨のため武蔵八王子近辺では周囲一尺五寸もある雹が降り、田畑が荒れ、雹に打たれた狐・狸などの死骸が無数に散乱していた。細川忠利は「秀頼十七年忌、殊五月八日右之仕合、奇特なると申候事」(13)と、豊臣秀頼の十七回忌にあたり秀頼の祟りかと恐れおののいている。さらに九月になると、

一、其元去十四日之雨、十八日より之大風、上賀茂・愛宕之躰、きもをつふしたる儀共ニ御座候、爰元も上総・上野・下野事之外成大水にて知行廿七八万石永荒ニ罷成、人数壱万二三千死申候由申候、榊式部（榊原忠次）殿十万石之内ニさへ、名付の百姓八百六人死申候、其妻子内のものかけてハいかほと可有御座と、申事にて御座候事、

とあり(14)、畿内から関東を襲った台風により、とくに上総や北関東では洪水が発生し、知行地二七・八万石分が永荒れとなって、一万二・三〇〇〇人の死者が出たとされる。また榊原忠次の領地上野館林では、百姓八〇六人が死に、その家族を含めれば「いかほと可有御座」という状況であった。こうした自然災害は、当時は何か大きな政変の前触れと受け取られることが多く(15)、右に見た徳川忠長の動向とも相俟って人々の不安を一層つのらせていたに違いない。

寛永十年十二月六日、徳川忠長は幽閉先の高崎大信寺で自害しているが、最後にこの前後の社会的な状況を見ておこう。当時オランダ商館の上級商館員だったフランソワ・カロンの記録によれば、家光は寛永十年十月から十一月にかけて、病が深刻となりきわめて危険な状態だったが、そのころ紀州藩主徳川頼宣が戦争のための大掛りな準備を調えていたことや、また江戸城や諸大名の屋敷に出入りする魚商人の情報として、彼らが高価な物品を内密に国元に搬

送していたこと、さらに「国中が戦争となる以外のことは起り得ないとの考えは誰によっても支持されている」(16)と、戦争勃発の懸念がきわめて現実的なものとして人々の間で語られていたことなどが記されているのである。

ところで、こうした状況が偶然に元和八年と寛永八年から十年にかけて起きたわけではない。当時のとくに武家社会一般における当主の相続形態は、必ずしも長子単独相続という原則が確立されていたわけではなく(17)、一面で能力優先という戦国的風潮を色濃く残しており、これは徳川将軍家においても同様であった。家康の次期将軍職をめぐって、真偽は別としても、結城秀康を推す本多正信と秀忠を推す大久保忠隣との対立や、家光の乳母でのちの春日局が駿府の家康に直訴した逸話など、いまさら持ち出すまでもないであろう。裏返せば、とくに家光のばあい弟の忠長を初め、松平忠直や後の御三家の祖となる徳川義直らも将軍職を嗣ぐ権利をもっており、諸大名の側にもそれを受け入れる要素が十分にあったということである。

これらを前提に元和八年を考えたとき、この年は秀忠から家光への将軍交代の前年に当たっており、当然これは幕府の日程にも上っていたし、同時に諸大名以下も周知のことであった。いっぽう、とくに寛永八年は、翌寛永九年一月に大御所秀忠が死去しており、家光の親政開始の前年に当たっていた。繰り返しになるが、当時の諸大名以下の認識としては大御所の存命中はあくまでも大御所の時代であって、大御所の死がまさに「代替り」であり、新将軍にとっての「御代始め」だったのである。ただ寛永八年のばあい、後世の目から見た結果論と言えなくもない。しかし、秀忠はこの年六月以来病臥し(18)九月にはきわめて危険な状態となっていた。たとえば十月二日付の貴田半左衛門尉に宛てた細川忠利書状(19)の一節には、

一、相国様（秀忠）御煩、于今切々差発申候、無御心元迄ニ而御座候、如御書、国々ニ被居候衆、不罷下には成可申と奉存候、御煩おもり候ハヽ、国々へ聞え次第、又々俄ニ可被参と奉存候、其上又被留候様ニ可有御座と

推量仕候、一向一大事も御座候ハヽ、其侭何篇国々の衆へも、罷上事無用と、御触可有御座と奉存候事、

とあり、忠利は在国中の諸大名も秀忠の病が悪化すれば、急遽参府せずにはいられない状況と、「一向一大事も御座候ハヽ」と、秀忠に万一のことがあったばあい、幕府から参府無用の「御触」があるだろうとの推測を報じている。つまり、「一大事」の語句にも示されるように、秀忠の死が諸大名の大きな関心事であり、かつきわめて近い将来のことと認識されていたのであり、けっして結果論ではかたづけられないのである。

第二節　幕府直轄軍団の確立

1　寛永九年四月の軍団再編

寛永九年（一六三二）一月二十四日、大御所秀忠が死去すると、将軍家光による本格的な政治が開始され、これ以後、老中制を中核とした政治機構の確立や、鎖国の形成など江戸幕府の国家統治上の諸制度が急速に整備されていく。その前提として将軍家光が当面した課題は、年寄衆もふくめた西丸に付属していた秀忠家臣団の処遇であり、とくに秀忠の死によってその存在意義を失った西丸の書院番・小姓組番に編成されていた番士旗本を、如何に自己の軍団として掌握するかであった。家康の親衛隊のばあいは、慶長期の政治状況や秀忠との直接的主従関係の疎遠さといった事情とも相俟って、日常的な将軍の護衛からは離れ、幕府直轄城の在番という任務を中核とした部隊に変容していた。すなわち大番の形成である。しかし、家光のばあい秀忠直属の家臣団にそうした性格を付与させることはなかった。家光のとった方策は、西丸の両番を本丸に吸収・合併させるというものであった。

秀忠の法要等が一段落した寛永九年四月八日、家光はこれまでの書院番頭をすべて解任し、新たに松平忠晴・本多

忠相・太田資宗・大久保教隆・永井直清・田中定吉・酒井忠重・大久保幸信の八名を書院番頭とした。[20]これは、単に本丸・西丸書院番頭の解任に止まらず、西丸のばあいは書院番頭が小姓組番頭も兼任していたから、親衛隊長すべての解任と西丸に所属した親衛隊の解体をも意味している。これによって、改めて書院番が八組、小姓組番が六組に再編され、一組五〇名という番士数の定型も確立したのである。

従来、西丸両番の解体については、この時期の「江戸幕府日記」が欠けているという事情もあり、その根拠は上述の新任書院番頭の補任が唯一のものであった。しかし、たとえば（寛永九年）四月二十九日付で木下延俊に宛てた細川忠利の書状には「曾又左（曾我古祐）・馬場三郎左（利重）・大窪源三郎（大久保忠知）ハ、御横目ニ被仰付候、此中之西丸御横目ハ、使番一篇之御奉公と被　仰出候事」[21]とあり、これまで西丸に出仕していた横目（目付）が、使番のみの奉公を命じられていたことからも、間接的にではあるが、西丸両番の解体の状況が窺えるのではないだろうか。

そして、番士の移動など再編が一応完了したであろう同年五月七日、家光はつぎのような七ケ条の法度[22]を定めている。

条々

①一於殿中喧嘩口論有之刻、其番切に可相斗之、他番之輩ハ其番之所有之而、御側近き面々並番頭・与頭可随差図事、付、火事之節も可為同前事、

②一結徒党之儀為御停止之間、弥守其旨一味仕間敷事、

③一当番不参可為曲事、

④一番替之儀厳密可致事、

⑤一番頭之面々善悪之儀、無依怙贔屓有様ニ可致言上事、

⑥一不申上して不叶御用之儀者、時節を不斗可言上事、

⑦一不依何事御法度を相背並不形儀之輩、或者死罪或ハ流罪或者改易又者過料可依科之軽重事、

右条々堅可相守此旨、御法度之趣違背之族を見のかし聞のかし於令用捨者、番頭・組頭可為曲事もの也、

寛永九年申五月七日

御黒印

この法度では、まず第①条目と第②条目に注目したい。すなわち第①条では城中における「喧嘩口論」の際、「番切」つまり組ごとの対処と「他番」の不干渉を定め、第②条で徒党の禁止を再確認しているのであるが、これは、これまで西丸に奉公していた両番士が、本丸に出仕して新たな組編成がなされていたとすれば、当然番士の混乱は予想され、そうした事態への対処のために、まず第①条目と第②条目に規定されたもの考えられる。そしてこの点と五月七日という発布日とを考え合わせれば、この法度の存在がこれまた間接的にではあるが、逆に西丸両番の解体と本丸への吸収・合併という状況を証明するものと言えるのではないだろうか。なお、第⑤条目にある番士の「善悪之儀」を「無依怙贔屓」く家光に報告させるという規定は、これまでの江戸城勤番の番士に出された法度には見られない新条項であり、家光の旗本への公平な対応を宣言したものとして留意しておきたい。

いっぽう、酒井忠勝や稲葉正勝ら本丸の書院番頭は解任というよりも、番頭の兼任を解き年寄業務への専念という意味が強いが、松平信綱・阿部忠秋・堀田正盛・三浦正次らの小姓組番頭は、それ以外いまだ重要な職には就いておらず、そのまま小姓組番頭を継続した。とすれば番頭数と組数とが符合しないが、これは暫定的な措置であり、同年十二月二十四日に太田資宗・阿部重次が新たに小姓組番頭となり(23)、これ以後一人の番頭が複数の組を支配したり、書院番・小姓組番の両番頭を兼任するという状況もなくなっていた。このように大御所秀忠の死を契機にして、家光は

表13　寛永9年4月の新任書院番頭

氏　名	在職期間	前職①	前職②	後　職
太田　資宗	寛永9-寛永 9		西小姓組組頭	小姓組番頭
大久保教隆	寛永9-寛永12		小姓組番頭	大番頭
酒井　忠重	寛永9-正保 2	徒頭	西書院番組頭	大番頭
大久保幸信	寛永9-寛永12		小姓組番頭	大番頭
田中　吉官	寛永9-寛永19	秀忠小姓頭	西書院番組頭	大番頭
永井　直清	寛永9-寛永10	秀忠小姓	西書院番	(畿内八人衆)
本多　忠相	寛永9-明暦 2		秀忠小姓	留守居
松平　忠晴	寛永9-寛永12	秀忠小姓	小姓組番頭*	大番頭

注『寛政重修諸家譜』により作成．西は西丸を示す．＊松平忠晴は経歴などを勘案すると，西丸小姓組番の組頭と思われる．

これまで将軍や大御所の直轄軍団として別々に存在した軍隊を、幕府直轄軍団として一元化することに成功したのである。

ところで、これまで西丸に付属していた秀忠家臣団の家光による掌握については、主に番頭や物頭への家光側近の配置ということで説明されてきた。しかし表13に示したように、先の松平忠晴ら新任書院番頭八名のうち、大久保教隆・大久保幸信を除けば、すべて秀忠の小姓や西丸両番の組頭を勤めていたことがわかる。また大久保教隆・幸信にしても元々は秀忠の側近であり、慶長十九年（一六一四）の大久保忠隣の改易に連座していたのを、寛永五年に家光に赦免された存在である。ようするに新任書院番頭の多くが秀忠の側近家臣であったと言ってよく、この点に、西丸から本丸に移動した旗本たちの、「代替り」にともなう動揺を押さえようとする家光の意図と、彼らに対する配慮を窺うことができよう[25]。

さてその後、書院番は寛永十年七月二十四日、朽木稙綱組と稲垣重大組が増設され都合一〇組となって固定し、小姓組番もやはり同七月二十六日に中根正成組・柴田康長組が（この時点で八組）、同十八年六月二十日に石川総長組と岡部長賢組がそれぞれ新設され、都合一〇組となって固定する。ただし、将軍の後継者が西丸に居住したばあいには、西丸付の両番が設けられ、全体として組数の増減はあった[26]。なお、大番は秀忠死去の時点では一一組であったが、寛永九年四月八日に内藤信広組が新設され一二組となり、同十一年十月に駿府在番中の松平勝政組の大番士四二名が家

表14　「代替り」における小姓組番士の他職転出状況

転出先	西丸 ①	②	③	④	⑤	⑥	計（%）	本丸 ①	②	③	④	⑤	⑥	計（%）	合計（%）
大　　番	2	4	6^{1}	2	5^{2}	3	22^{3}（44.9）	1			2^{1}			3^{1}（17.6）	25^{4}（37.9）
書 院 番	3		1	4	2	2	12（24.5）	1	2	4	2	1	1	11（64.3）	23（34.8）
小十人頭		3	2	1			6（12.2）								6（9.1）
中 奥 番	1						1（2.0）				3			3（17.6）	4（6.1）
徒　　頭	1				1		2（4.1）								2（3.0）
使　　番				1		1	2（4.1）								2（3.0）
御膳奉行	1						1（2.0）								1（1.5）
土圭間番		1					1（2.0）								1（1.5）
納 戸 番				1			1（2.0）								1（1.5）
下田奉行				1			1（2.0）								1（1.5）
合　計	8	8	9	10	8	6	49（100.0）	2	2	4	7	1	1	17（100.0）	66（100.0）

注　右肩の小数字は大番組頭を表す．西丸の①は西丸小姓組番1番を表す．

光に直訴したため改易となり、この時点で一組を減ずるが、翌十一月に高木正成が大番頭となって一組が増設され、都合一二組で以後固定した。こうして、幕府直轄軍団の中核たる大番・書院番・小姓組番は確立したのである。

2　軍団再編の論理

前項おいて秀忠の西丸に所属していた書院番・小姓組番は、本丸に吸収・合併されていたことを述べた。しかし、西丸の軍隊がそのまま単純に合併されていたわけではない。ここでは、その具体的様相を小姓組番を中心にいくつかの側面から考察することで、軍団再編における家光の一定の意図を探ってみたい。

(1)　他職への転出

前章で見たように寛永九年一月の秀忠死去の時点において、小姓組番士は西丸が一六三名、本丸が一二二名の都合二八五名であり、このうち『寛政重修諸家譜』で検証できた者は二四二名であった。そして、このなかで寛永十年まで小姓組番士として継続した者は一七四名で、他の役職に転出した者が六六名おり、この他三浦正之（本丸二番、以下本・二と略す）が寛永九年に死去し、小澤重長（本・三）が同年に大島に流罪となっていた(27)。

表14は、このときの他の役職への転出状況を表したものである。上述したように他職に転出した者は六六名で、『寛政重修諸家譜』で検証できた者二四二名（西丸一三八名、本丸一〇四名）の二七・三％であるが、その内訳は西丸から四九名（西丸の三五・五％）、本丸から一七名（本丸の一六・三％）であり、西丸のほうが実数・比率においても圧倒的に多かったことがわかる。そして西丸では四九名のうち大番に転出した者が二一名（うち組頭三名）と約半数で、以下書院番一二名、小十人頭六名、徒頭・使番が各二名、御膳奉行・土圭間番・中奥番・納戸番・下田奉行が各一名ずつとなっている。いっぽう本丸からは、転出した者一七名のうち書院番が一一名ともっとも多く、以下、大番（組頭一名）と中奥番が各三名ずつとなっている。とくに、西丸から大番に転出する者が多かったのは、西丸の番士がおよそ秀忠の家臣であったという点と無関係ではないであろう。そしてこれは、家光の家臣である本丸の番士が一七名中、書院番に一一名、中奥番に三名と側近性の強い役職に転出していたのとは対照的である。その反面、西丸では書院番に転出するものも一二名存在しており、すべてが親衛隊での奉公を赦免されるというわけでもなかったのである。また全体的に見ると、いわゆる番方に転出する者が多く、役方に転出した者は御膳奉行の三宅正勝（西・一）と下田奉行の今村正成（西・四）の二名にすぎない(28)。

さて、このように他の役職に転出する者がいた反面、多数の入番者がいたと考えられる。それは、たとえば「江戸幕府日記」寛永九年十一月十九日の条に「御番外之面々、御小姓組・御書院・大御番数輩被仰付、於萩之間大炊頭・讃岐守・伊賀守仰之旨伝之也」とあり、『徳川実紀』ではこの日の模様を「日記」と『寛政重修諸家譜』を典拠にして、「此日小姓組。書院。大番に入者多し(29)」とあるからである。いま『徳川実紀』によって、寛永九・十年の両年に小姓組番への入番が判明する者を挙げると、小倉正守・山角定勝・馬場宣隆・小出尹明・鵜殿長興・進藤正忠・横田隆松（以上寛永九年）・大河内重綱・青木直景・筒井忠助・柘植正弘・土屋利次・真田幸信・神保長賢・中西元政（以上寛永十年）の一五名である。このうち進藤正忠と小倉正守は寛永二年に書院番士となっているが、(30)それ以外はいずれも新規に入番した者たちである。なお、本丸・西丸の書院番一番に限って検証したものであるが、そこから小姓組番に転出した者は、本丸は一名も存在していないが、西丸からは金森重義と森重継の二名が確認できた。

　このように将軍「代替り」の際の軍団再編においては、小姓組番に限って見ても三〇㌫弱の番士が他職に転出しており、しかもそれは、家光との主従関係が希薄と考えられる西丸に多く、本丸から転出する者は、書院番・中奥番といった側近性の面では小姓組番と大差のない役職への転出だったのである。このことは、やはり当該期の主従関係の特質に規定されたものだったと言うことができよう。そのいっぽうで、旗本子弟の召出しによる新規入番や書院番との相互移動などにより、欠員の補充あるいは組の増設がはかられたものと思われる。

(2)　小姓組番の優遇と譜代尊重

ところで、家光の親政が開始されると家光は小姓組番の優遇を宣言している。前掲した江戸城勤番の旗本に対して発布した七カ条の法度と同日の寛永九年五月七日、家光はつぎのような三カ条の法度を制定している。(31)

条々

①一御小姓組へ先日被　仰出候御法度之趣、能々相嗜候様に可申渡事、

②一御番中此以前者少之儀にも過料出し候得とも、唯今より者過料御赦免被成候、歴々之者之儀ニ候之間、被加御慈悲被　仰出候、此　上意忝存弥万嗜候様に可申渡候、此儀疎ニ存候ものハ別而不届ニ被　思召候事、

③一加様に被　仰出上御法度背もの於有之者、毎日言上可仕、科之軽重により或者死罪或者流罪又者其品により当座之過料可被　仰付者也、

寛永九年申五月七日

七カ条の法度は江戸城勤番の旗本が対象であったが、この法度は直接には「可申渡候」とあることから番頭かまたは年寄衆に宛てられたもので、かつ①条目の文言から事実上の対象は小姓組番士だったものと考えられる。①条目の「先日被　仰出候御法度」については特定することはできないが、むしろ注目すべきは②条目の内容である。すなわち、小姓組番士に対して「少之儀」には「唯今より者過料御赦免」と、以後少々のことには過料の免除を謳い、その理由として「歴々之者之儀ニ候之間」と、小姓組番士が「歴々之者」すなわち三河以来の有効の子孫である点を挙げているのである。つまり、家光としては「代替り」の不安定な状況を乗り切るためには、自身にもっとも近い部隊をまず確実に掌握しておく必要があり[32]、そのために小姓組番士に対して、「歴々之者」という論理のもとに過料免除という恩典を授けていたと考えられるのである。そしてその支配も、秀忠の死に当たって書院番頭をすべて解任し、かつ新任番頭の多くに秀忠側近を登用し、秀忠の遺臣に配慮していたのとは対照的に、小姓組番頭のばあい、もっとも信頼する松平信綱らの近習層をけっして解任することはなく、彼らをそのまま小姓組番頭として留任させ、強力に自己の統制下に置こうとしていたのである。

では、小姓組番士への過料免除の理由であった「歴々之者」の実態は、如何なるものだったろうか。秀忠最晩年における本丸小姓組番士の先祖の主家については、第二章第二節の表12で見たように、『寛政重修諸家譜』で判明する一〇四名のうち五六名（五三・八㌫）が、祖父の代で徳川氏（徳川譜代とする）の家臣となっていた。いっぽう西丸の小姓組番については、判明する一三八名のうち徳川譜代は五九名（四二・八㌫）であり、以下、織田氏一五名、武田氏一二名、今川氏九名、北条氏八名、豊臣氏六名、足利氏三名、その他・不明の順である[33]。これを本丸―西丸全体で見ると、判明する二四二名中一一五名（四七・五㌫）と、徳川譜代すなわち「歴々之者」は半数以下だったのである。

表15　寛永10年小姓組番士の先祖の主家

主家	人数（%）
徳川氏	88（50.6）
織田氏	23（13.2）
武田氏	13（7.5）
北条氏	12（6.9）
今川氏	6（3.4）
豊臣氏	3（1.7）
足利氏	4（2.3）
その他	6（3.4）
不明	19（10.9）
合計	174（100.0）

表16 「代替り」時他職転出小姓組番士の先祖の主家

主家	西丸人数（%）	本丸人数（%）	合計（%）
徳川氏	20（40.8）	6（35.3）	26（39.4）
織田氏	4（8.2）	4（23.5）	8（12.1）
武田氏	4（8.2）	1（5.9）	5（7.6）
北条氏	3（6.1）	1（5.9）	4（6.1）
今川氏	5（10.2）	2（11.8）	7（10.6）
豊臣氏	3（6.1）		3（4.5）
足利氏	1（2.0）		1（1.5）
その他	3（6.1）	3（17.6）	6（9.1）
不明	6（12.2）		6（9.1）
合計	49（100.0）	17（100.0）	66（100.0）

同様の視点から「代替り」後の寛永十年時点において、小姓組番士だった者の祖父の主家を示したのが表15である。なおこの一七四名は、秀忠の最晩年に小姓組番士であった者のうち『寛政重修諸家譜』で確認でき、かつ寛永十年まで小姓組番に止まった者をベースにしている。これによれば、祖父の代に徳川氏を主家としていたのは一七四名中八八名と、ほぼ半数となっており、秀忠最晩年の本丸・西丸全体の小姓組番士の先祖の主家と比較すると、比率にして三・一ポイントとわずかではあるが徳川譜代の割合が増加している。なお、「(1)他職への転出」で述べた寛永九年と十年に小姓組番に入番していた一五名については、祖父の代で主家が徳川氏だった者は七名である。

それでは逆に、秀忠死後に小姓組番から転出していた番士六六名についてはどうだったろうか。それを表したのが表16である。これによれば、全転出者六六名のうち二六名（三九・四ポイント）が徳川氏を主家とした者で、残りの半数を優に超える四〇名は、いわゆる他国者か主家のなかった者たちであったことが判明する。また西丸と本丸を個々に見ると、本丸小姓組番から転出し、かつ徳川氏を主家としていた者は一七名中六名（三五・三ポイント）と、西丸のその割合（四〇・八ポイント）よりも約五ポイントほど低くなっている。これらの諸点と表15に見えた徳川譜代の割合の五〇・六ポイントという数字とを勘案すれば、小姓組番から他の役職に転出させるにあたって「歴々之者」を小姓組番に残し、より他国者を他の役職に出す傾向を読み取ることができ、この点に「代替り」の軍団再編における、家光の譜代尊重という一定の論理を垣間見ることができよう。

(3) 寛永の総加増・地方直しと小姓組番の増強

「江戸幕府日記」の寛永九年十二月三日の条には、「御書院番・御小姓衆組・大御番無足之面々、御切米或ハ三百俵、或ハ弐百俵、百五拾俵被下之」とあり、この日、書院番・小姓組番・大番に編成された旗本のうち、知行を受けていない無足人に対して、三〇〇俵・二〇〇俵・一五〇俵の三段階に分けて蔵米が与えられた。また、同じく「江戸幕府日記」の同十年二月七日の条には、

一午之下刻大広間江　出御、御書院番衆・御花畑衆(小姓組番)・大御番衆千石以下之面々、御知行弐百石宛御加増、並御切米之衆地方ニ御直、其上弐百石宛御加増、無之衆同弐百石宛被下之、

とあり、領知高一〇〇〇石以下の三番士に対して一律に二〇〇石の総加増が行なわれ、またこれまで蔵米取の番士は地方(知行取)に改めかつ二〇〇石の加増がなされ、さらに「無之衆」すなわち無足人に再び二〇〇石の知行が与えられている。いわゆる寛永の総加増と地方直しである。当時の番士旗本層の経済的困窮については、つとに指摘されていることであり、この総加増は旗本に対する恩賞かつ財政窮乏への経済支援策であったとされている[34]。たしかに、たとえば総加増の翌寛永十一年十二月二十六日付で菅沼定芳に宛てた細川忠利の書状[35]には、

一、御旗本衆身上不成衆御せんさくにて、十一月廿一日ニ何も御城へ召、身上ならぬ衆以之外御しかり被成、なる衆ハ御ほめ被成由、五三年之内に成ぬ衆身躰持直候様にとの御意之由、如仰五三年之内ニ直り申間敷候、何とそ被仰付も候ハんかと思召之由尤存候事、

とあり、家光は旗本の経済状況に応じて叱責・称賛を直接行ない、かつ五年以内の財政再建を命じていたように、総

加増を経た段階でこうした状況であれば、なおさらそれ以前の旗本層の困窮ぶりを窺うことができる。しかし細川忠利が、菅沼が言うように財政再建は無理だろう（「如仰五三年之内ニ直り申間敷候」）と報じていたように、たとえそれが厳しい状況であっても、軍役基準となるのは領知高であるから、軍事力という観点からすれば、幕府の直接的な軍事力を支える旗本の領知高が増加すれば、それだけ幕府軍事力の増強にはつながったものと考えられる。

寛永の地方直しに関する実態については、木暮正利氏の実証的研究があるので[36]改めてのべることはないが、ここで秀忠死去以前と以後、すなわち秀忠最晩年の小姓組番（「旧小姓組番」とする）と寛永十年時点における小姓組番との領知高の変化を検討してみたい。表17は、「旧小姓組番」士の階層構成を表したものである。これによればもっとも比率の高い階層は、西丸が二〇〇石以上三〇〇石未満の三一・三％（五一名）であるのに対して、本丸は三〇〇石以上四〇〇石未満の二九・五％（三六名）と、階層にして一〇〇石ほどの相違が見られる。しかし、一〇〇〇石以上の階層を見ると、西丸が一一・六％（一九名）なのに対して、本丸は四・一％（五名）と低く、しかも二〇〇〇石以上の番士は一名も存在していない。また二〇〇石以上一〇〇〇石未満の階層では、西丸が六六・三％で本丸が七三・〇％と大きな差は見られない。したがって、一〇〇〇石以上と二〇〇石未満の差が、本丸と西丸との一番士平均領知高（本丸・二七六・五石、西丸・四一六・五石）の違いとなっていたと考えられる。

表17　寛永9年2月小姓組番士の階層構成

階層	西丸（%）	本丸（%）	合計（%）
3000石以上	2(1.2)		2(0.7)
2000石以上	3(1.8)		3(1.1)
1000石以上	14(8.6)	5(4.1)	19(6.7)
900石以上	1(0.6)		1(0.4)
800石以上		1(0.8)	1(0.4)
700石以上	4(2.5)	1(0.8)	5(1.8)
600石以上	3(1.8)		3(1.1)
500石以上	16(9.8)	14(11.5)	30(10.5)
400石以上	5(3.1)	8(6.6)	13(4.6)
300石以上	28(17.2)	36(29.5)	64(22.5)
200石以上	51(31.3)	29(23.8)	80(28.1)
100石以上	25(15.3)	3(2.5)	28(9.8)
*0石以上	11(6.7)	25(20.5)	36(12.6)
合計	163(100.0)	122(100.0)	285(100.0)

注　*0石以上は無足または記載なしを示す.

表18　寛永10年小姓組番士の階層構成

階　層	人数（%）
3000石以上	1（　0.5）
2000石以上	2（　1.1）
1000石以上	13（　6.9）
900石以上	2（　1.1）
800石以上	2（　1.1）
700石以上	15（　7.9）
600石以上	7（　3.7）
500石以上	39（20.6）
400石以上	42（22.2）
300石以上	15（　7.9）
200石以上	25（13.2）
100石以上	8（　4.2）
*0石以上	18（　9.5）
合　計	189（100.0）

それでは、これが総加増・地方直しによってどのように変化しただろうか。まず寛永十年時点で小姓組番士だった旗本は、『寛政重修諸家譜』で判明した一七四名に寛永九・十両年に入番が判明する一五名を加えて一八九名である。このうち『寛政重修諸家譜』で確認できる知行取の番士は一三七名（七二・五％）であり、したがって、必ずしも一〇〇石以下の番士がすべて知行地を与えられていた状況を、『寛政重修諸家譜』からは読み取ることはできない。しかし「旧小姓組番」全体の知行取が二七・〇％（七七名）であったことと比較すると、地方直しの結果当然ではあるが、知行形態は一変したと言うことができる。

つぎに階層構成を検討して見てみよう。「旧小姓組番」は二〇〇石以上三〇〇石未満の比率がもっとも高く、ついで三〇〇石以上四〇〇石未満の階層であったが、総加増・地方直しを経た寛永十年になると表18に示したように、四〇〇石以上五〇〇石未満の比率が二二・二％ともっとも高く、ついで五〇〇石以上六〇〇未満の二〇・六％となっている。また六〇〇石以上の比率が「旧小姓組番」では一一・九％だったが、二二・二％とほぼ倍増しており、さらに二〇〇石未満では二二・四％から一三・七％と逆に下がっていることがわかる。これらのことから、これも総加増の結果当然ではあるが、小姓組番の領知高は全体的に増加し、その一般的な階層は四〇〇石以上六〇〇未満となり、総加増の際の加増高である二〇〇石という数字が如実に表れている。(37)

なお、一番士の平均領知高は以前よりも一一四・〇石増加して、四七〇・五石となり、これを寛永十年二月の軍役規定(38)に当てはめると、侍・甲持・槍持などの合計人数が三〇〇石（「旧小姓組番」の平均領知高は三五六・五石）の一〇人から四〇〇石の一二人となり、番士一名につき二人の増員となっている。寛永十年七月時点での小姓組番の正確な人数は不明であるが、定型の一組五〇名とすれば、このときは八組であったから四〇〇名となる。「旧小姓組番」は二八五名で、一名につき一〇人の動員であるから二八五〇人となるのに対して、寛永十年七月時点では四八〇〇人となり、単純に計算しても小姓組番だけで一九五〇人の増員となっている。あるいは、仮に同人数であっても五七〇人の増員である。以上のことから、将軍家光の軍事力は総加増・地方直しの結果、旗本の窮乏という状況を別にすれば、小姓組番に限ってみても確実に増強されていたと言うことができる。なお、この総加増・地方直しについては、旗本編成の特質という観点から次章でもう一度考察してみたい。

おわりに

以上、述べてきたことを簡単にまとめて本章のむすびとしたい。内戦勃発の危機さえも孕んだ、「代替り」におけるきわめて不安定な状況下で出発した家光政権にとって、当面するもっとも大きな課題は、それまで本丸と西丸とに分離して存在した軍隊を一元的に掌握し、かつその軍事力の増強であった。そのため家光は、まず寛永九年四月にそれまで西丸に所属していた軍隊（書院番・小姓組番）を解体し、本丸に吸収・合併することで再編を試みていた。ところが、この再編による新たな旗本の編成は、番士旗本に混乱を生じさせていたのであろう。寛永九年五月、家光は即座に江戸城勤番の番士に対して七カ条の法度を制定して、彼らの混乱に対処するとともに、その統制を強化していた。そうした反面、とくに書院番についてはその隊長たる番頭には秀忠の側近を多く配置して秀忠遺臣の動揺に配慮し、いっぽう家光にもっとも近侍する小姓組番に対しては、「歴々之者」という論理のもと過料免除の恩典を授けることによって、より強力に自己の掌握下に置いたのである。そして寛永十年七月までにおいて、大番組が一二組、書院番が一〇組、小姓組番が八組と組数を増やし、かつ同年二月には、一〇〇〇石以下の三番の旗本に対して一律に二〇〇石の総加増を行なうことで、軍役量の基準となる彼らの領知高を引き上げ、総体的な家光直轄軍団の軍事力を増強したのである。そして、こうした過程において、小姓組番は寛永十八年を待たねばならないが、人員や組数などいわゆる幕府番方の中核となる大番・書院番・小姓組番の定型も確立したのである。

ところで、前述した西丸軍隊の本丸への吸収・合併が、その内部においてまったく人事異動をともなわずに単純になされていたわけではない。小姓組番を分析した限りでは、全体の三〇㌫弱がこのとき他の役職に転出し、とくにそれは家光との主従関係において比較的疎遠と思われる西丸の番士に多く、この点はやはり当該期の属人的な主従関係の特質が如実に反映されていたと言うことができよう。また、徳川氏との関係の面では、いわゆる徳川譜代の割合がそれまでの小姓組番より再編後の小姓組番の方が大きく、かつ小姓組番から他職に転出させるに当たっては、より他国者を多く出す傾向が見られ、こうした点で、徳川譜代をより尊重しようとする家光の意図が読み取れるのである。

注

(1)　将軍「代替り」の問題に関しては、高木昭作「江戸幕府の成立」（岩波講座『日本歴史』近世1、岩波書店、一九七五年）、朝尾直弘「将軍政治の権力構造」（岩波講座『日本歴史』近世2、岩波書店、一九七五年）、黒田日出男「江戸幕府国絵図・郷帳管見1」（『歴史地理』九三巻二号、一九七七年）、藤井譲治「家綱政権論」（『講座近世史』4、有斐閣、一九八〇年）など参照。

(2)　お家騒動については、北島正元『御家騒動』（人物往来社、一九六五年）、高木昭作前掲「江戸幕府の成立」、小林清治「御家騒動」（『中世史講座』第6巻、学生社、一九九二年）、福田千鶴「最上氏の改易について」（『日本史研究』三六一号、一九九二年）、同「幕藩制的秩序の形成」（『新しい近世史』1、新人物往来社、一九九六年）ほか参照。なお山口啓二『鎖国と開国』（岩波書店、一九九三年）が、お家騒動の的確な類型化を行なっている。またお家騒動のもっとも体系的な研究として、福田千鶴『幕藩制的秩序と御家騒動』（校倉書房、一九九九年）がある。

(3) 『日本歴史大系』3近世（山川出版、一九八八年）二二四頁以下。

(4) 藤井譲治「寛永一一年の領知朱印改と『寛永御朱印』」（京都大学『人文学報』第七四号、一九九四年）。

(5) 煎本増夫「家光政権の一考察」（『日本歴史』二九二号、一九七二年、のち同氏『幕藩体制成立史の研究』雄山閣、一九七九年に収録）、藤野保「寛永期の幕府政治に関する考察」（北島正元編『幕藩制国家成立過程の研究』吉川弘文館、一九七八年、のち同氏『日本封建制と幕藩体制』塙書房、一九八三年に収録）、朝尾直弘前掲「将軍政治の権力構造」など参照。

(6) 『細川家史料』（大日本近世史料）十—四二一号。

(7) 高木昭作「出頭人本多正純の改易」（『栃木県史研究』第八号、一九七四年、のち同氏『日本近世国家史の研究』岩波書店、一九九〇年に収録）。

(8) 『熊本県史料』（熊本県、一九六五年）近世編第一、三九七頁、魚住伝左衛門宛。

(9) 徳川忠長の動向については、第三部第一章「江戸幕府前期大名改易政策の一断面」参照。

(10) 『細川家史料』（大日本近世史料）十—四一二号、寛永八年二月十二日付貴田半左衛門尉宛書状案。

(11) 『細川家史料』（大日本近世史料）十—四一四号。

(12) 『細川家史料』（大日本近世史料）十—四二五号。

(13) 『細川家史料』（大日本近世史料）十—四二七号。寛永八年五月十五日付貴田半左衛門尉宛追而書案。

(14) 『細川家史料』（大日本近世史料）十—四六二号。寛永八年十月二日付貴田半左衛門尉宛書状案。

(15) 山本博文『江戸城の宮廷政治』（読売新聞社、一九九三年）一五四頁。

(16) 『日本海外関係史料』オランダ商館日記、訳文編之一（上）、（東京大学史料編纂所編）一二〇〜一二一頁。

(17) 福田千鶴氏がこの点を大名家における膨大なデータから実証している（「近世前期大名相続の実態に関する基礎的研究」『史料館研究紀要』第二九号、一九九八年）。

(18) 「東武実録」（『内閣文庫所蔵史籍叢刊』2）寛永八年六月二十三日の条には「公御不例ニ依テ、玄冶登　営、御脈ヲ窺ヒ

御丸薬ヲ　召シ上ケラル」とある。七月以後も、たとえば七月二十三日付の細川忠利書状（『細川家史料』十―四三七号）に「相国様御気相、于今然とも無御座候、御灸様々御養生ニ御座候へとも、御むねのつかへ差引御座候而、御膳上りかね、よく上り申候時、やう〳〵御本飯まて上り申候、此前御膳上り不申候とても、御肴を沢山ニ上り申候、此度ハ御肴も一円ぁかり不申候、逐日御草臥まし申候故、上下気遣のみにて御座候」とあるなど、その後もたびたび秀忠の病状を報じている。

(19)　『細川家史料』（大日本近世史料）十―四六二号。貴田半左衛門尉宛。

(20)　新訂増補国史大系『徳川実紀』第二篇（吉川弘文館）五四五頁

(21)　『細川家史料』（大日本近世史料）十六―一五五四号。

(22)　「教令類纂初集」御番之部（『内閣文庫所蔵史籍叢刊』22）。

(23)　姫路市立図書館所蔵酒井家文書「江戸幕府日記」（東京大学史料編纂所写真帳）寛永九年十二月十四日条には「太田采女（資宗）・阿部山城（重次）可致昵近旨、其上御小姓組頭被　仰付之」とある。

(24)　大久保教隆については『新訂寛政重修諸家譜』（続群書類従完成会編）に「（慶長）十九年二月父忠隣が罪に坐して南光坊にめしあづけられ」（第十一、三九二頁）とあり、大久保幸信についても「（慶長）十九年二月父忠隣が事によりて南光坊にめしあづけられ」（第十一、三九六頁）とある。

(25)　寛永九年十二月十四日に小姓組番頭となった太田資宗・阿部重次も、もともとは秀忠の近習であり、秀忠が死去するまで西丸に出仕していた。

(26)　たとえば、慶安三年（一六五〇）九月に、徳川家綱付属の両番四組が西丸に設置されている。ただし家綱はこのとき十歳であるから、自ら家臣団を召出して小姓組番を編成したとは考えられない。

(27)　『新訂寛政重修諸家譜』第九、四九頁（三浦）、『同』第一、一八九頁（小澤）。

(28)　『新訂寛政重修諸家譜』第十六、二三頁（三宅）、『同』第十三、三八〇頁（今村）。

(29)　新訂増補国史大系『徳川実紀』第二篇（吉川弘文館）五七四頁。

(30)　『新訂寛政重修諸家譜』第七、三四一頁（小倉）、『同』第五、二四頁（進藤）。

(31)　「東武実録」(2)（『内閣文庫所蔵史籍叢刊』2）。

(32)　実際、寛永十年末には家光の側近や親しい大名数名が、家光が死去したばあい、家光の親衛隊を指揮して有閑中の徳川忠長を担ぎ出し、忠長を将軍とするため戦争の準備をすすめている、と言った噂が流れるほどであった。なお第三部第一章参照。

(33) 小池進「将軍『代替』における江戸幕府軍隊の再編について」(『東洋大学大学院紀要』第二十五集、一九八九年）の第4表参照。

(34) 北島正元『江戸幕府の権力構造』(岩波書店、一九六四年）三八六頁。

(35)「公儀御書案文」(東京大学史料編纂所写真帳)。

(36) 木暮正利「初期幕政と寛永地方直し」(『駒沢史学』二一号、一九七四年)。

(37) 木暮氏の分析では、総加増を経たあとの全小姓組番一〇四名のうち領知高のもっとも高い階層は、五〇〇石以上六〇〇石未満の二六・九㌫（一〇四名中二八名）であり、ついで七〇〇石台となっており、本章の分析とはやや異なった結果となっている。これは氏が『寛政重修諸家譜』から「寛永の地方直し」で加増を受けている者を抽出されたのに対し、本章では「東武実録」にある小姓組番士から、寛永十年までに他職に転出した者を除き、新規入番者を加えたものをベースにしているという、方法上の相違もある。

(38) 軍役人数規定の詳細については、「憲教類典」とそれを引用した『徳川実紀』が具体的な数値を載せている。

第四章　旗本「編成」の構造

はじめに

旗本に関するこれまでの研究は、主として①近世領主制研究、②封建官僚制研究、③幕府政治史研究、④幕府制度史研究などの観点からなされ、とくに①を中心に多くの成果をあげている。(1)いっぽう、旗本集団の総体的な「編成」に関する問題は、一九七〇年代以後の国家論・「公儀」論の隆盛のなかで、大名編成に関する諸問題が数多く議論されてきたのに比較して、(2)旗本身分それ自体があまりにも自明なものとして受けとめられていた故か、ほとんど議論の俎上にも上らなかったというのが現状であろう。(3)

そこで本章では、前章までの内容とかなり重複する点もあるが、あくまでも「将軍―旗本（集団）」というカテゴリーのなかで、（戦国）大名一般にも見られた単なる主君の麾下に参陣する「旗本」ではない、近世支配身分集団内の中核に存在した特定集団たる江戸幕府旗本集団の身分的「編成」の構造を、大番・書院番・小姓組番などの、いわゆる幕府「番方」に焦点を当てて考察してみたい。その際、分析の軸としては①旗本を編成・統括する将軍側の論理、②それとは逆に編成される旗本側の論理と、彼ら旗本にとっての編成されること自体の意味、③そうした論理や構築された組織の変容の有無、以上の三点である。なお、ここで「編成」とカッコを付したのは、上にも記したように編成「する側」と「される側」の両者を含意しているからである。

第一節　主従制の矛盾

第一部第二章で見たように、「東武実録」寛永九年（一六三二）二月二十六日の条の後には、大御所秀忠の死去にともなう遺産分配の記載があり、秀忠最晩年の幕府番方に編成されていた家臣団の全貌が判明する。これによれば大番組が一一組・四七二名、小十人組が四組・一〇三名のほか、注目すべきは書院番・小姓組番の両番が、将軍家光の本丸と大御所秀忠の西丸のそれぞれに存在したことである。すなわち、本丸の書院番が四組・九三名、小姓組番が六組・一二二名、西丸の書院番が六組・一二六名、小姓組番が六組・一六三名であった。なお同時に「東武実録」によって、彼ら家臣団の領知高、知行形態も判明するのであるが、とくに大番・小十人組をふくめた番方全体の知行形態の比率は、知行取四三・四パーセント、蔵米取（現米取を含む）四六・九パーセント、無足九・七パーセントであった。

家光の本丸に付属した家臣団は、元和二年九月に秀忠の書院番から選抜された番士六一名を母体としており、その後、家光による召出しの結果が右の本丸両番の構成を表している。つまり、少なくとも寛永九年初頭時点の書院番・小姓組番への家臣団編成の状況は、まさに将軍家光と大御所秀忠個々の親衛隊の存在を意味しており、主従関係の側面で見ると、それはまさにこの時期の特質である、主君と家臣との個別人格的な結び付きを反映したものと考えることができるのである。

ところで、ここで確認しておきたいことは、将軍と大御所が併存するいわゆる「二元政治」の時期における最終的な領知宛行権の問題である。つぎの史料[4]はその点を端的に物語っている。

一御作法者被成　御譲候得共、所替知行被下候分者御譲不被成候、大猷院様（家光）御傍ニ而御奉公致候衆に被下度御知行之分者、雅楽頭（酒井忠世）ヲ以　台徳院様（秀忠）江御披露被成候上ニ而、大猷院様被下候、

すなわち、将軍職の移譲に当たって将軍としての「作法」、つまり儀礼的側面は家光に譲られていても、転封（「所替」）や領知宛行権（「知行被下候分」）は「御譲不被成候」なのであり、家光の「御傍」に奉公する家臣団へも、本丸筆頭年寄の酒井忠世を介していったん秀忠に「披露」され、そのうえで家光から給付されていたのである。つまり、この時期の領知宛行権はやはり大御所秀忠が掌握しており、依然として封建的知行体系の頂点には秀忠が存在していたのである。また佐々悦久氏によれば、慶長七年（一六〇二）から寛永八年において、『寛政重修諸家譜』によって確認できる一万石未満の階層に発給された領知朱・黒印状は四八三通とされているが[5]、この数字からも分かるように、蔵米取も含めて当時知行を受けていたすべての家臣団に朱印状が発給されていたわけでもない。ようするに、本丸に奉公した家臣団、とくに書院番・小姓組番に編成された家臣団は、主従関係において人格的には家光と結合していたとしても、知行給付を媒介とした主従制の原理的側面では、大御所秀忠と結合した家臣団が支配的だったと言うことができるのである。

したがってこの段階では、徳川氏「家中」としての編成が、ある程度達成されていたと考えられる大番衆は別としても、少なくとも書院・小姓組両番に編成された家臣（の家）と将軍（幕府）との普遍的な主従関係は未成立だったのであり、こうした近世初期における主従制の矛盾を止揚することが、家光政権の当面する課題だったのである。

大御所死去にともなう法要などの諸行事が一段落した寛永九年四月、家光は軍制改革に着手していた。その焦点は西丸に付属した家臣団（書院番・小姓組番）の解体であった。すなわち書院番については、これまで本丸四・西丸六の

都合一〇組を八組に、小姓組番では本丸六・西丸六の一二組を六組にそれぞれ統合再編し、すべてを本丸付属の軍隊とした。これによって一組五〇名という番士数の定型も一応の完成をみる。また番頭については、年寄兼任であった永井尚政ら六名の西丸書院・小姓組両番頭はすべて赦免され、本丸もやはり年寄兼任の酒井忠勝ら書院番頭は、その職を解かれ年寄専任となり、本丸小姓組番頭の松平信綱・阿部忠秋ら家光近習出身者のみが留任となった。その後、書院番は寛永十年七月に一〇組となり、小姓組番もこのとき二組が、寛永十八年八月に二組がそれぞれ増設され、やはり一〇組となって固定したのである。

ただし、西丸両番の解体が、単純に本丸への吸収合併という形でなされたわけではなかった。再編の際には人事移動をともなっていたが、小姓組番で見るかぎり、そこでは家光とは主従関係において比較的疎遠な西丸の家臣団がより多く他職に転出しており、その反面本丸家臣団の移動はごくわずかで、しかも側近性の面では小姓組番とは大差のない書院番や中奥番などへの移動が多く、まさに当時の属人的主従関係の規定性を反映した移動であったことが指摘できる。同時に家臣団の出自においても、小姓組番から他職に転出した者は、祖父の段階で徳川氏を主家としない、いわゆる他国者の割合が多く、自己の身辺を警護する親衛隊をより譜代の家臣で固めようとする、家光の一定の意図を読み取ることができるのである。

この点は、寛永九年五月に小姓組番を対象として発布された「条々」(6)の二条目に、

一御番中此以前者少之儀にも過料出し候得とも、唯今より者過料御赦免被成候、歴々之者之儀ニ候之間、被加御慈悲被　仰出候、(後略)

とあることからも確認できよう。すなわち、これまで少々のことでも「過料」を徴収してきたが、今後は「御赦免」と小姓組番士の優遇が謳われており、その理由が「歴々之者」だからという説明からも、譜代尊重という論理で軍事

的再編がなされていたことがわかる。幕政運営に当たる年寄など上級役職では、その出自に拘泥しない「出頭人」の論理が支配的であったが（当然彼らは高禄となる）、家光の家臣団編成は譜代尊重の論理が底流にあったのである。

こうした反面、家光は法度による家臣団の統制強化も意図していた。家光の幕府家臣団へ宛てた法度は、寛永九年に矢継ぎ早に発布されている。すなわち、右に見た五月七日の①三カ条「条々」（小姓組宛法度）、やはり同日付の②七カ条「条々」、九月二十九日付の③九カ条「条々」（いわゆる諸士法度）などである（表4参照）。①は小姓組番士に「過料」免除という恩典を授けることで、自身にもっとも近接する部隊の掌握をより強固にしようとする意図が窺える。②は元和八年以来出されてきた法度を簡潔にして再確認したという意味合いが強いが、その対象は書院番などの主に番方の番士であるから、西丸解体直後の家臣団の動揺に対処し、かつその統制を強化しようとしたものであろう。③は番士旗本が対象と言うよりも、むしろそれ以外の物頭、代官、奉行人から足軽・同心クラスが対象と考えられ、翌年の軍役改訂の布石とも言うべき第一条目の「侍之道無油断、軍役等可相嗜事」や、二条目の「私の奢仕間敷事」[7]などが、初めて規定されていた。こうした三つの法度により、家光はいわば徳川家中全体の統制強化を狙ったのである。

さらに注目すべきは、②の五条目に「番頭之面々善悪之儀、無依怙贔屓有様ニ可致言上事」とあり、また③の七条目に「物頭、諸奉行人依怙於有之は、急度曲事可被仰付事」とあるように、これも新条項であるが、番頭や物頭・諸奉行人に対して配下の者を公平に扱うよう命じている点である。家光としては小姓組番の優遇を宣言した手前、せめて各番や組内部での公平性は、彼らを統制するうえにおいて明瞭に示す必要があったのだろう。

第二節　徳川家光の旗本編成と旗本身分

秀忠から家光への将軍継嗣時、あるいは秀忠死去前後の家光政権の不穏な政治情勢については、第一部第三章で述べた通りであるが、その一方で高木昭作氏によれば、寛永十年二月の軍役規定は、もはや実際の戦陣への動員を意識して作成されておらず、将軍の「武威」を示すための行列の供奉人数を規定することが直接の目的だったとされている。(8)たしかに、軍役改訂にともなう扶持米規定など数字的にみると説得的ではあるが、しかし、第一部第三章でも検討したように、たとえば寛永十年十一月の徳川忠長の自害をめぐって、オランダ商館員フランソワ・カロンの記録には、伝聞としてではあるが、家光が重体に陥った際に徳川頼宣が戦争の準備を調えていることや、

彼等大官の妻妾たちの内、重立った人々の間に大きな不安があり、多くの領主たちは平常あまり必要の無い、しかも高価な品物を密かに彼等の領地へ送りつつあり、しかもまた、国中が戦争となる以外のことは起こり得ないとの考えは誰によっても支持されている、とのことである。

とあるなど、(9)戦争への社会的不安は現実のものとして認識されており、家光政権の家臣団編成の論理の根底には、こうした状況に対処するために、やはり軍事力の増強という側面があったと考えざるを得ない。それ故に、家光はまずもっとも近接する小姓組番を主に譜代層で固め、しかも優遇措置を講ずることで強固に掌握し、また書院番には秀忠の近習出身者を多く番頭として配置することで、「代替り」における番士の動揺を押さえ、いっぽうで法度により家臣団全体の統制を強化していたのである。

しかし、軍事編成における家臣団の統制・掌握に成功しても、主従制原理のうえでは第一節で見たような矛盾は何

ら解決をみていなかったのである。そこでこの点の克服のためになされたのが、寛永九年から十年の総加増と地方直しだったと考えられる。

幕府家臣団への総加増は寛永九年八月から始まる。「江戸幕府日記」[10]同八月二十五日の条には、

一申刻、小十人組頭御前へ召而、此前百俵宛被下小十人衆、一倍之御加増にて弐百俵宛被下置之、

一同時、御歩行頭被為召、惣御歩行衆廿俵宛三人扶持御加増にて、七十俵五人扶持宛被下之、

とあり、それまで一〇〇俵取の小十人衆の蔵米を二倍の二〇〇俵とし、同時に歩行（徒）同心の蔵米を五〇俵二人扶持から七〇俵五人扶持としている。十二月には三番に属する無足人に蔵米を三〇〇・二〇〇・一五〇俵の三段階に分けて宛行い、翌十年二月には一〇〇〇石以下で知行取の三番士に二〇〇石の加増と、蔵米取の番士にはこれまでの蔵米を地方知行に直して、そのうえで二〇〇石の加増を行なっている。これだけではない。二月二十三日には「午之上刻御黒書院江出御、大番之組頭御前江被召出、浴御加恩、五百石十四人、四百石四人、三百石十八人拝領之」[11]と、大番組頭三六名に五〇〇・四〇〇・三〇〇石のやはり三段階の加増を行ない、さらに四月二十三日には留守居三名、町奉行二名、大番頭九名、書院番頭八名、書院番組頭七名が四〇〇〇石から七〇〇石の幅で加増を受けたほか[12]、目付、使番、持弓・持筒頭、先手頭、歩行頭、小十人頭、旗奉行、槍奉行、普請奉行、書院番組頭、御膳奉行などが寛永十一年五月までに加増されていたのである[13]。つまりこの加増は三番士のみならず、ほぼ当時の全旗本層が網羅されていたと言えるのである[14]。

もちろん、これは当時の旗本財政の窮乏に対処したもの、あるいは翌年の上洛への布石、また恩典の授与の意味もある。しかし、同時にこの総加増によって将軍軍事力が格段に増強されたという点と、藤井譲治氏も最近「主従関係の再構築」と表現されているように[15]、朱印状の発給こそなかったものの、家光は前述した寛永前半までの個別人格的

な主従関係をこの総加増によって清算し、一挙にかつ斉一的に自身と家臣団との主従関係を成立させたという点が、強調されるべきではないだろうか。

しかも、たんなる加増ではなく、とくに三番士への地方直しがともなっていたことの意味は、武士が本質的には領主であるという側面を満足させるとともに、軍役との関連で見れば、先に挙げた寛永九年九月の九カ条「条々」の第一条に「侍之道無油断、軍役等可相嗜事」と、家光は軍役の嗜みを第一に求めていたが、そのいっぽうで幕府は慶長以来いわゆる「一季居禁令」を頻発し、武家奉公人の供給源である江戸に滞留した農民の人返しを強制していた状況があった(16)。そして、こうした江戸滞留の一季居に奉公人を求めなければならなかった知行地を持たない蔵米取の番士は、地方直し以前では全番方の四六・九㌫を占めていたのである。それ故、一季居禁止政策と軍役の履行とを矛盾なく推し進めるためには、どうしても地方直しが必要だったのであり、この点に幕府の家臣団編成の特質を読み取ることができよう。基本的に供廻りの武家奉公人を必要としない、歩卒で将軍に供奉する小十人衆や歩行衆には、けっして地方直しが行なわれていなかった点も付言しておこう。

この頃から「大名・旗本」という文言が幕府側の史料に現われてくる。たとえば、寛永九年十二月十八日に出された、いわゆる大目付の職掌を定めた「条々」(17)の第一条目には、

一諸大名・御旗本江万事被仰出御法度之趣、相背輩有之者、承届可申上事、

とあり、管見では「大名」と「旗本」が初めてセットになって記されたものである。そして寛永十一年三月の年寄衆や六人衆に宛てた法度に「国持衆・惣大名壱万石以上御用並訴訟之事」「御旗本相詰候輩、万事御用並御訴訟之事」とあるように、領知高一万石を基準とした大名と旗本の区別が明瞭になっている。また、個々の領知高という面においても、昇進して高が増加する者は別として、およそ総加増を経た家光政権段階で領知高が固定し、いわゆる家禄と

なっている。こうして幕府旗本身分は成立する。これは従来の研究史を結論的に一歩も出るものではないが、上述したような内実があったことを強調しておきたい。ようするに、旗本（集団）身分は近世支配者集団のなかで、将軍権力を軍事的に、しかも直接かつ日常的に支えた集団として成立したのであり、「旗本領」はそうした側面を経済的あるいは人的に保障するものとして成立・存在していたと位置付けられよう。

第三節　旗本の主体性

当時の武士や旗本個々の論理に言及したものとしては、たとえば「惣無事」によって武力の私的行使を禁じられた武士は、規格外の供連れ（「私の奢」）によって私的武威を表現し、その点に旗本の「反抗」を見る高木昭作氏や、この点とともに出頭人的家臣の重用に対して、譜代家臣を中心とした旗本の「不満」を指摘する根岸茂夫氏などの所論がある(18)。それでは彼ら旗本の集団としての論理は如何なるものだったろうか。その一端に触れてみたい。つぎの史料(19)は、寛永十一年十月におこった駿府在番大番衆の集団訴訟を記した「江城年録」の記載である。

一十月十三日、駿河御番仕候大番衆四十二人御改易被仰付、此衆松平豊前守組ニて、申の年（寛永九年）駿府之御城ニ御番ニ参、永々在番迷惑ニ而存候節、頭豊前守ハ江戸へ被召寄御加増被下定番ニ被仰付、江戸ニ而諸番衆御加増被下御金令拝領候由承、弥永々之在番難儀存、以目安を御番代被仰付可被下由、御訴訟申上候ハんと相談申候、此時之組頭宅間伊織（忠次、他三名略）、此四人申候ハ、ケ様之儀下として上をはからひ申事如何と異見申候間、野間金左衛門（宗親、他二名略）三人は目安ニ加判不申間、此衆ハ罷帰候て後ニ諸番なミに御加増を被下、御金も拝領仕候、残四十二人は御改易御追放被仰付、国々へ致牢人候、

「江城年録」自体、史料価値としてはやや不安も残るが、後掲の細川忠利の書状などと突き合わせても、ほぼ事実を正確に伝えているものと見てよいであろう。これによれば、大番松平勝政組は寛永九年から駿府城への在番を行なっていたが、長期の在番を「迷惑」に思っていたところ、番頭の松平勝政や江戸の「諸番衆」が加増や下賜金の恩恵を受けていたことを聞き、いよいよ長期の在番を難儀に思い在番交替の訴えを相談していた。そして宅間忠次ら四名の組頭が説得にあたった結果、野間宗親ら三名は訴訟を思い止まり江戸帰参後に加増されたが、残る組衆四二名は改易に処せられたと言うものである。

事実経過としては右のとおりであったと思われるが、「江戸幕府日記」等でいくつか補足しておこう。「江戸幕府日記」寛永九年十月二十三日の条には、徳川忠長改易後の駿府に「同(駿州)為御番松平豊前守(勝政)並組中共被遣之」とあり、このとき大番松平勝政組の駿府在番が決定されていた。その後、一〇〇〇石以下の三番士への総加増がなされ、右の史料や「江戸幕府日記」にも「松平豊前守、駿府雖為在番依召参上、於御座之間御知行三千石御加増並徒同心五十人被仰付、則駿府定番被仰付之」[20]とあるように、番頭の松平勝政のみ加増にあずかっていた。しかも大番組の在番制は元和五年(一六一九)の大坂在番開始以来、ほぼ四・五年に一度という状況が定着しており(表2参照)、勝政が定番を命じられた事情はあるものの、彼ら勝政組大番衆にとっては、この訴訟に及ぶまで足掛け三年の長期にわたる、異例とも言うべき在番だったのである。

こうした状況下で集団訴訟がなされるのであるが、その際、彼ら勝政組大番衆の論理は、番頭の松平勝政や「江戸ニ而諸番衆御加増被下御金令拝領」と在江戸の番衆は加増や下賜金にあずかっていたが、「永々在番」のため自分たちのみそうした恩恵にあずかっておらず、それが「迷惑」というものであった。また、この事件を報じた細川忠利は、同年十一月二十二日に日向延岡藩主有馬直純に宛ててつぎのように語っている。[21]

一駿河御在番衆永々御番仕候へとも、惣並之御知行も不被下迷惑仕由、以連判御訴訟申上候事不届仕合とて、数
　人御改易之書立、又与頭之衆ハ四五人腹を被仰付候由ニ候、誰々とハ名ハ不申来候事、

細川忠利の観察でも「惣並之御知行も不被下迷惑仕」と、「惣並」つまり他の番衆と同じ扱いを受けていないことが問題とされていたのである。しかも第一節の最後で述べたように、家光自身は法のうえでは頭クラスの者には配下への公平な対応を要求していたのであり、実際、総加増においても三番の一〇〇〇石以下の旗本には公平にそれがなされていた。このように勝政組大番衆は、同じ大番組でも他の組、あるいは書院番などもふくめた他の番衆とは異なる差別的な主君の対応に対しては、組頭の説得にも応じず、公平性を求める自分たちの論理を徹底的に主張したのである。しかし、家光はこれに対して改易という処分で応じ、彼らの論理を封じこめ、あくまでも将軍権力に従属することで初めて存立し得る旗本を求めたのである。

ところで、近世の武士は豊臣秀吉の「惣無事」により、中世以来の自力救済を否定されるとともに、個別領主としての諸権限を大きく制限された存在とされている[22]。では、そうしたなかで、旗本は自らの個別領主としての自律性や主体性発揮の「場」を何処に求めていたのだろうか。

寛永十二年六月の「武家諸法度」の発布におくれること半年後の同年十二月十二日、家光はいわゆる「旗本法度」二三カ条[23]を定めている。これは一面で、家光が期待する旗本像を表現したものである。これによれば、(1)犯罪を犯した武家奉公人が本主のもとに帰ることを拒否したばあい（第⑫条）、(2)知行所や屋敷の境界紛争、知行所における野山水論（第⑮条）、(3)旗本・与力・同心等の他組との紛争（第⑯条）などの解決は「番頭・組頭令相談済へし」と、自身の所属する組の番頭・組頭との「相談」によって処理することが求められている。また第⑰条では、

一百姓公事双方自分之於為知行所は、其地頭可計之、相地頭之百姓と公事いたさは、其類之番頭・組頭相談を以

捌へし、番頭なきものは其並之輩寄合済へし、惣て滞儀あらハ、役者に達し、捌を請へき事、

とあり、(4)一人の旗本の知行地内部における百姓相互の公事については、自分仕置き権が認められていたが、「相地頭」のばあいは、やはり関係番頭・組頭の「相談」で済まし、「滞儀」があったばあいのみ、上級役職(老中や若年寄)の「捌」を受けるようにとされている(第⑰条)。このように、とくに番・組に編成された旗本のばあい、自律的な紛争処理権は承認されておらず、自身が所属する番や組そのものが、諸々の紛争解決の「場」として機能していたのであり、むしろそうした組にこそ、旗本の主体性発揮の「場」があったと読み替えることができるのではないだろうか。

一御小姓組之頭、御書院番頭、大御番頭並此三組之組頭、小十人組之頭、右組中共ニ被為召、惣番之面々屋敷境・知行所境目又ハ召仕者以下公事等於有之者、其組中寄合致穿鑿相済可申、若違背之輩在之者曲事ニ可被仰付之、又頭中済様悪候ハヽ、不届ニ可被思召之、各不及分別儀有之者、其上老中江可申之旨被仰出之、

また、右の史料[24]に見られるように、小姓組番頭・書院番頭・大番頭・小十人頭ならびに三番の組頭と番士旗本の面々に対して、屋敷や知行所の境争論や奉公人以下の紛争処理について、当事者と番頭・組頭のみでの協議ではなく、「其組中寄合致穿鑿相済可申」と組中旗本相互の「寄合」での解決が規定されており、「各不及分別」るばあいにのみだけ、上級役職たる老中への上申が規定されていたのである[25]。さらに寛永の飢饉に際しては、百姓が翌春の作付けの種籾さえもないばあいは「地頭・御代官方致種借作等仕候様ニ可仕」とあって、「地頭・代官」による救恤を奨励していたが、「給人かた手前不罷成輩有之而於不致種借者、其番頭可被救之」[26]と、旗本給人の「種借」が不可能なときは番頭が援助するようにとされ、同様に「江戸幕府日記」寛永二十年十二月六日の条には、

一大御番・御書院番・御小姓組之面々跡式之事、只今迄ハ当歳子ニ至迄番頭被為任言上之趣、雖被仰付之、自今

已後者、面々番頭・組頭連々其身之善悪遂詮議可致言上、

とあるように、[27]それまでは番頭の上申のままに「跡式」を許可してきたが、今後は番頭・組頭が後継者の人物を「詮議」して言上すべきことが命じられていた。このように旗本の知行所経営に関わることや、「家」相続の問題も番頭・組頭が中心的存在として関与していたのであり、番・組は旗本集団にとって紛争解決の「場」であり、「家」存続の媒体としても機能しており、編成される旗本側から見れば、番や組に編成されることで、逆に初めて自己の主体性を発揮することができたと考えられるのである。[28]

おわりに

寛文二年（一六六二）二月に老中と若年寄の支配分掌が明確に規定されていたが、その翌年の八月五日、徳川家綱によって再び「旗本法度」が交付されている。[29]これまた家綱政権が期待する旗本像を示したものである。それは、ほぼ寛永法度の踏襲であり、変更点は新地寺社建立の禁止（第⑰条）と末期養子の禁の緩和（第⑱条）が新たに加わったこと、そして最終条項の「上意趣、縦如何様之者中渡と言ふとも、不可違背事」が「家業無油断可相勤事」に書き替えられたことのみである。とくに最終条項の変更は、朝尾直弘氏の「公儀」論において家父長制的「家」ないし「家中」観念の強化といった視点から、前期家綱政権から後期家綱政権への移行における、路線変更を読み取る議論があるが、[30]番・組を媒介とした旗本編成といった側面では、両法度とも若干の語句の異動があるのみで何ら変更点は見られず、家綱政権の旗本支配の論理としては、ほぼ家光政権の踏襲と見てよいものと考えられる。

そして、「家中」観念の強化といった側面でも、その路線変更はなにも家綱の「旗本法度」を待つまでもないこと

は、万治二年（一六五九）六月二十五日に発布された、「番方」の機能そのものの変容をも如実に示す、旗本子弟の自動的な入番を定めた「御番入御大法」と呼ばれる、つぎの史料[31]からも明らかである。

御番入御大法之覚書

一大御番頭ノ子ハ御小姓組へ入、
一親兄弟御書院番ニ在之ハ、御小姓組へ入可申、
一親兄弟御小姓組ニ在之ハ、御書院番へ入、
一跡目之分ハ父御書院番ハ御書院番へ入、父御小姓組ハ御小姓組へ入、
一御書院番ニ而も御小姓組ニ而も無之者の子ハ、鬮取ニ而御書院番・御小姓組へ入、
一遠国之役人之子ハ、御小姓組へ入、
一御目付並御使番之子共ハ、御小姓組へ入、
一大御番組頭之子壱人、御小姓組へ入、
一（親）兄弟大御番在之者、御小姓組へ入、
但、御書院番・御小姓組へ可入筋目之子共之分也、

これによれば、但し書きにあるように「筋目」、すなわち入番に際して旗本の家筋を重視しながらも、たとえば大番頭の子は小姓組番へ入番、親兄弟が書院番の者はやはり小姓組番へ入番、親兄弟が小姓組番の者は書院番に入番、嫡子のばあいは父が書院番のときは書院番へ、小姓組番のときは小姓組番へ入番、父が両番士でないばあいはくじ引きで両番へ入番、遠国役人や目付・使番の子は小姓組番へ入番など、旗本子弟の自動的な入番（ほぼ小姓組番）のコースが定められたのである。ここには家光期まで見られたような、入番に際しての主従間の人的な結びつきといった

要素は、もはやまったく後景に退いていたことは明瞭であろう。かつまたこれは、朝尾氏も指摘するように、ほんらい武士が持つ戦闘者としての力量や、将軍への奉公の意欲といった側面は副次的なものとなった点[32]とともに、寛文五年の役料制の導入[33]とも相俟って、将軍の軍事力を直接かつ日常的に支えるといった番方ほんらいの機能は後退し、幕府官僚制における昇進ルートの一階梯、あるいはそれを支える人的プールへと大きく変容したことを示すものと言えよう。ただし、忘れてはならないことは、そうした変容があったとしても、いっぽうでは大番組が担った大坂城や二条城への在番や書院番の駿府在番は、この後も幕末まで継続されるのであり、江戸幕府直轄軍団の本質的な機能は、こうした将軍の膝下を離れた遠隔地での城郭守衛という任務によって、かろうじて温存されていたということである。

注

（1）いちいち文献を挙げることはしないが、一九六〇年以後、知行制・領主権などの観点から旗本相給知行論や旗本知行形骸化論などが活発に議論され、近年ではその克服がはかられている。その到達点として、関東近世史研究会編『旗本知行と村落』（文献出版、一九八六年）のみ挙げておく。

（2）これも膨大な研究史を抱えているが、近年もっとも活発に議論されている分野として武家官位の問題がある（たとえば藤井譲治「日本近世社会における武家の官位」中村賢二郎編『国家』京都大学人文科学研究所、一九八九年。水林彪「武家官位制論」『講座前近代の天皇』青木書店、一九九三年。堀新「近世武家官位試論」『歴史学研究』七〇三号、一九九七年など）。

（3）これまで旗本の身分的編成の問題は、大名身分の確定すなわち旗本身分の成立という、大名編成の問題と相対的な関係のなかで論じられてきた（たとえば、山口啓二・佐々木潤之介『体系・日本歴史4幕藩体制』日本評論社、一九七一年）が、旗本（集団）自体の分析のなかから、その身分的編成を考える必要もあるのではないだろうか。

（4）「元和寛永小説」（『慶元年記』六、内閣文庫所蔵）。なお、小池進「『慶元年記』所収・元和寛永小説」（本郷学園紀要『塔影』二十五集、一九九二年）参照。

(5) 佐々悦久「幕藩制成立期の幕臣団編成と知行割」（前掲『旗本知行と村落』）第一三表。佐々氏は幕府家臣団の「公的」編成の完了を寛永二年から八年までの、いわゆる「寛永御朱印」に求めている。

(6) 「教令類纂初集」御番之部（『内閣文庫所蔵史籍叢刊』22）。

(7) 『御当家令条』（近世法制史料叢書2）四号文書。

(8) 高木昭作『日本近世国家史の研究』（岩波書店、一九九〇年）三六一頁以下。

(9) 『日本海外関係史料』オランダ商館日記訳文編之一（上）（東京大学史料編纂所編）一二二頁。

(10) 姫路市立図書館所蔵酒井家文書「江戸幕府日記」（東京大学史料編纂所所蔵写真帳）。

(11) 「江戸幕府日記」。

(12) 「江戸幕府日記」寛永十年四月二十三日の条には、

一入御之砌黒書院御料理之間御着座、松平大隅守・牧野内匠頭四千石宛、酒井和泉守三千石（以上留守居）、加々爪民部少・堀式部少（以上町奉行）・松平出雲守・水野備後守・保科弾正・植村帯刀・植村出羽守・堀市正・内藤石見守右九人四千石宛（以上大番頭）、松平伊賀守・本多美作守・高木主水正・大久保右京亮・同主膳・酒井壱岐守・田中主殿頭・三枝土佐守右八人三千石宛（以上書院番頭）、柴田筑後守・水野石見守・水野甲斐守・榊原飛驒守・川窪越前守・山口備前守・長谷川淡路守右八人《マヽ》七百石宛（以上書院番組頭）御加恩被下也、

とある。

(13) 「江戸幕府日記」。

(14) 「江戸幕府日記」寛永十年二月二十五日の条には、

一御書院番衆壱人、御小姓組衆三人、大御番衆十三人、先日御加恩之処、其砌病気付而、今日被下之旨於雁之間、年寄中被申渡之、

とあり、病中の番士にも後日に加増の申渡があるなど、総加増の徹底した様子を窺うことができる。

(15) 藤井譲治『徳川家光』（吉川弘文館、一九九七年）七六頁。

(16) 高木昭作『日本近世国家史の研究』二六〇頁以下。

(17)「教令類纂初集」御役之部（『内閣文庫所蔵史籍叢刊』22）。
(18)高木昭作『日本近世国家史の研究』、根岸茂夫「家光政権成立期の幕臣団」（『国史学』一五三号、一九九四年）。
(19)「江城年録」（『内閣文庫所蔵史籍叢刊』81）。
(20)「江戸幕府日記」寛永十年二月九日の条。
(21)「公儀御書案文」（東京大学史料編纂所所蔵写真帳）。
(22)たとえば水林彪『封建制の再編と日本的社会の確立』（山川出版社、一九八七年）一七八・一七九頁。
(23)『御当家令条』六号文書。
(24)「江戸幕府日記」寛永十五年十一月十七日の条。
(25)ここに「老中」としかなく、三浦正次ら若年寄の名がないのは、対象に大番衆もふくまれていたからであろう。
(26)「寛永録」（内閣文庫所蔵）寛永二十年二月四日の条。
(27)「寛永録」寛永二十年十二月六日の条。
(28)ただし、寛永十二年の「旗本法度」に、たとえば「頭なき者は其並之輩可致談合、若有滞所は、達役者、可請差図事」（第⑫条）とあるように、「頭なき者」すなわち寄合やいわゆる小普請の問題は残るし、捨象するつもりはない。しかし『寛政重修諸家譜』等を通覧しても、寛永当時無役の旗本はきわめて少数である。
(29)『御当家令条』九号文書。
(30)朝尾直弘「将軍政治の権力構造」（岩波講座『日本歴史』近世二、岩波書店、一九七五年）四〇頁。
(31)「万治年録」（『江戸幕府日記』第一編之二、野上出版）。なお第九条のカッコは「憲教類典」で補った。
(32)朝尾直弘「将軍政治の権力構造」三五頁。
(33)このときの役料の規定によれば、大番頭二〇〇〇俵、書院番頭・小姓組番頭一〇〇〇俵、新番頭七〇〇俵、書院番組頭・小姓組番組頭・小十人頭五〇〇俵であり、翌寛文六年には役方を中心にやはり役料が定められており、それには新番組頭三〇〇俵、大番組頭二〇〇俵とある（「憲教類典」）。

第二部　旗本支配機構の形成

第一章　近世初期の将軍近習について

はじめに

近世初期における幕府政治の課題は、ひとつには全領主階級を将軍権力のもとに包摂すること、すなわち諸大名を徳川氏譜代と同質化することであった。そのために将軍上洛や日光社参への供奉、江戸参勤、公儀普請助役など、諸大名を様々な幕府軍役に動員する方策がとられていた。そして、その過程において、将軍または大御所の意志（命令）の諸大名に対する伝達は、将軍や大御所のもっとも信頼する側近（出頭人）によってなされていた。しかし将軍の代替り当初は、なお自己の意のままにならない、前代の遺老ともいうべき人物が存在しており(1)、実はそうした人物を政権の中枢から排除しながら、子飼いの側近をそこに配置して、自らの意志が強力に貫徹する機構を構築することが、将軍自身にとっての課題でもあったのである。

本章では、如上の機構が如何に構築されていったのかを、二代将軍である徳川秀忠政権の時期に焦点を当てて追究してみたい。具体的には、いわゆる将軍近習（「近習出頭人」）に注目し、彼らの幕府政治に果たした役割や政権中枢への登場過程を検証していく。

ところで、「近習出頭人」については辻達也氏によって、将軍の腹心的存在であり、かつ系譜的にあまり遡れない家系の出身で、のちの幕府要職兼親衛隊長などの規定がなされるのみで、(2)従来立ち入った研究はほとんどなされていない。しかし、こうした「近習出頭人」の具体的在り方を追究することは、寛永期における幕府政治機構の形成過程、すなわち行政・裁判等の諸機能が特定の人物に付随していた段階から、特定の機能（官職）に人が対応されるようになる(3)実相を解明するうえでも、何らかの示唆を与えてくれるものと考えられる。

第一節　慶長期（徳川家康死去以前）

慶長十二年（一六〇七）八月、将軍秀忠が大御所家康の居城駿府に赴いた際、秀忠家臣団から家康へ種々の品が献上されていたが、その模様を記した『当代記』(4)には、八月二十五日のこととして、

一百挺　蠟燭　将軍近習小左衛門事　水野監物（忠元）
一百挺　同　同　井上半九郎（正就）

とあり、「将軍近習」(5)の水野忠元と井上正就の両名が、家康に蠟燭一〇〇挺ずつを献上している。本節ではこの水野忠元・井上正就について、後述する「江戸老中」という役職との関連で考察してみたい。

1　将軍近習の政権中枢への登場

この時期に、水野忠元らが史料上に記されることはきわめて少ない。しかし、いくつか活動の痕跡は窺うことができる。たとえば『駿府記』(6)慶長十六年（一六一一）九月二十日の条には、

自江戸為御使井上半九郎正就着府、被進生鮭、則為御料理、来月六日、御鷹野可有出御之旨、半九郎被仰含云々、

とあり、井上正就が秀忠から鮭進上の使者として駿府に派遣されたり、あるいは翌慶長十七年七月七日に「水野監物自江戸為御使参着、為七夕之賀儀、被進御帷子五領及御袷衣御単物等」(7)と、水野忠元が七夕の賀義の使者として、やはり駿府に派遣されるなどしているが、あまり政治的な役割を演じていたとは考えられない。彼らが幕府政治史上最初にクローズアップされるのは、慶長十九年一月十九日の大久保忠隣改易のときである。

このとき秀忠の側近衆から家康・秀忠に提出された、家康・秀忠への忠誠や大久保忠隣父子との絶交などを誓った同年二月十四日付の「公事裁許役人起請文前書」(8)には、

①一奉対　両御所様御後闇き心事毛頭不可存事、
③一今度大久保相模守（忠隣）蒙御勘当間、以来相模守父子と不通可仕事、
⑤一評定所批判相談之時、互ニ心底ニ存候通り、不依善悪毛頭不相残可申事、
⑨一此衆中或背御法度或贔屓偏頗致、就諸事悪事有之由立　御耳候者、御穿鑿之上何様ニも可被　仰付候、
　右条々若於相背者、

　　慶長十九二月十四日　　　　嶋田兵四郎（利正、以下七名略）

とあり、島田利正のほか酒井忠世・酒井忠利・土井利勝・安藤重信・水野忠元・井上正就・米津田政の七名が誓書・血判していた。そして、この模様を記した「慶長年録」には「（慶長十九年）二月十四日、江戸年寄衆並江戸老中、町奉行、御留守居、奉起請文」(9)とあり、血判者の具体的職名が記されているのである。この職名を先の起請文血判者に比定すると、「江戸年寄衆」が酒井忠世・土井利勝・安藤重信、「江戸老中」が水野忠元・井上正就、「町奉行」が米津田政・島田利正、「御留守居（大留守居）」が酒井忠利となり、この比定に関しては諸先学の指摘するところであり(10)、

まず疑問をはさむ余地はない。そして江戸年寄衆については和崎晶氏、町奉行に関しては所理喜夫氏・蒲生真紗雄氏、御（大）留守居に関しては松尾美恵子氏など、それぞれ個別実証研究がある。(11)

そこで問題となるのは、秀忠の近習であった水野忠元・井上正就を構成員とした「江戸老中」という役職である。これに関して北島正元氏は、

慶長十九年の血判誓書にある年寄と老中の職名であるが、延宝元年の『延宝武鑑』は御家老・御年寄衆・若年寄衆と記しており、この場合の御家老は大老、御年寄衆は老中をさしていることは、人名をみてもわかるから、この年寄衆はのちの老中、老中が若年寄につながるものと考えられる。(12)

として、かかる「江戸老中」をのちの若年寄に相当するものと指摘されており、この見解が定説となっている。しかしそれは、『延宝武鑑』という後世の史料による、しかも記載順からの推測でしかなく、慶長期秀忠政権における彼らの業務内容や、大御所政権もふくめた総体としての幕府政治に果たした役割などは、まったく明確にされていない。(13)さらに、「江戸老中」という職名も「慶長年録」にしか見られず、その存在自体にさえ疑問の余地が残っているのである。

まず初めに、とりあえず「江戸老中」という役職の存在を前提として、それ以外の水野忠元・井上正就の役職を検討してみよう。新井白石の『藩翰譜』には、

【水野】監物忠元は右衛門大夫忠政の四男、織部正忠守の次男なり、忠元わかき日より大相国家（台徳院殿の御事）に近侍し、御納戸頭を経て（此頃は小左衛門）御雇従組の番頭に至り、小十人・歩行衆等の頭を兼ねておよそ三職を司りて、大坂両度の軍に従ひまいらせ、(14)（後略）

【井上】正就、初め半九郎と申して、大相国家御幼少の時、天正七年より仕え参らせて常に御側に伺候し、御納戸

の頭を兼ね、御扈従組番頭になされて、小十人・歩行衆等の頭をかね、凡そ三職を掌って大坂の戦に従ひ、[15]（後略）

とあり、水野忠元・井上正就の両名は大坂の陣においては、騎馬の軍団である小姓組番[16]と歩卒部隊の小十人組・歩行（徒）組という三つの部隊の隊長を兼務していたことがわかる。ただ出典である『藩翰譜』の成立が元禄十五年（一七〇二）と、大坂の陣から八〇年以上も後のことなので、全面的に信を置くにはなお慎重を要する。しかし当時の小姓組番頭や書院番頭とされる者で、「三職」の記述があるのは水野・井上以外には、やはり秀忠近習だった板倉重宗のみであるから[17]、水野忠元らを他の小姓組番頭や書院番頭と同じレベルで捉えることはできない。また完成された幕府軍制のもとでは、小姓組番頭が小十人組や徒組の頭を兼ねることはなく、それぞれの頭は若年寄支配に属している。これらのことから、「三職」を兼務した水野忠元らが、ひろく秀忠直轄の家臣団（支配）の上位に存在したことは間違いなく、かつ若年寄という「職」が未成立の段階では、いわゆる「旗本支配」という意味では水野忠元らは、それに近い存在であったと言えるのではないだろうか[18]。実際、大坂の陣においては「慶長見聞書[19]」元和元年四月二十七日の条に、

大御所二条ニ被成御座、諸将を召、本多上野（正純）・安藤帯刀（直次）・成瀬隼人（正成）を以て御手わけ被仰付、将軍様ハ伏見の御城ニ被成御座、諸将を召、御手わけの儀、酒井雅楽頭（忠世）・土井大炊頭（利勝）ニ被仰付、

とあるように、従軍諸大名の「手わけ」（戦闘配置）は、家康付年寄の本多正純や秀忠付年寄の酒井忠世らが行なっていたことが窺える。とすれば水野忠元らは、むしろ旗本以下秀忠直轄家臣団で構成される将軍旗本備の直接的な指揮・命令に大きく関与する存在だったと考えられるのである。この点に関して南和男氏は、大坂の陣という臨戦体制のもとで「戦闘力を強化するために、軍事指揮系統をできるだけ単純化する必要上とられた処置であろう」と指摘さ

れている。[20]しかしこれは、大坂の陣という限定された期間にのみ当てはまるものではない。なぜなら、この後の元和から寛永前半期にかけても、小姓組番頭・書院番頭・小十人頭を兼務した特定の秀忠側近集団が存在するからである。[21]

それでは、水野忠元・井上正就がそうした地位に上昇するのは、いわば「江戸老中」という職制成立の契機は、当時の政治動向の如何なる点に求められるのだろうか。それを解く鍵として、一つには彼らの役職であった小姓組番頭・小十人頭・歩行頭のうちで、最も重職でありかつ側近性の強い小姓組番頭への就任が考えられる。

『寛政重修諸家譜』水野忠元の項には、慶長十年（一六〇五）「従五位下に叙す。のち御小姓組の番頭となり[22]」とあり、また『寛永諸家系図伝』には「大坂御陣前、台徳院殿の仰に依て、御小姓組の番頭となり[23]」とある。これら慶長十年の「のち」と「大坂御陣前」では正確な年代は判然としない。井上正就については、『寛政重修諸家譜』に「元和元年正月二十七日従五位下主計頭に叙任し、加増ありて一万石となり、御小姓組の番頭をつとむ[24]」とあり、元和元年一月ということになる。しかし、先の『藩翰譜』の記述を活かせば、正就は大坂冬の陣（慶長十九年十月勃発）では小姓組番頭であった。なお『寛永諸家系図伝』に関係記事を見出すことはできない。

そこで「諸役人系図」小姓組番頭の項を見ると「大坂御陣以前御小姓組初而相定時之番頭」として、大久保教隆・日下部正冬・板倉重宗・成瀬正武の四名を挙げており、「大坂陣比」として大久保教隆に代わって水野忠元が、日下部正冬に代わって井上正就の名がある。[25]この大久保と日下部は両名とも慶長十七年に小姓組番頭に就任しており、大久保忠隣の改易に連座しているから、[26]このとき小姓組番頭を解任されたことは間違いない。とすれば、大久保忠隣の改易が慶長十九年一月十九日であるから、水野・井上の小姓組番頭就任は同年の二月前後であったと考えられ、かつ、「公事裁許役人起請文前書」の提出が同年二月十四日だったことから、水野忠元・井上正就の両名は、この直前に小姓組番頭に就任したと言うことができよう。

こうした動向から注目されることは、三河以来のいわゆる門閥譜代の重臣である大久保忠隣の改易である。この点について煎本増夫氏は、通説で言う忠隣と本多正信・正純父子との確執・権力抗争の結果ばかりでなく、対豊臣戦を前にして諸大名を公儀の下に強力に結集させるためには、門閥重臣といえども公儀法度違反者に対しては、容赦なく処分するという方針を幕府内外（譜代・外様の区別なく）に確認する必要があったのであり、それ故に大久保忠隣は改易されたとの見解を提示されている。[27]しかし、これを将軍政権内部の人的構成の問題としてみれば、大久保忠隣の改易は、これまで大久保教隆・日下部正冬といった忠隣に連なる門閥的側近を排除して、新たに水野忠元・井上正就、さらには板倉重宗・永井尚政らの秀忠近習層を、政権中枢に登場させる絶好の契機ともなっていたと考えられるのである。したがって当然、水野忠元・井上正就が評定所の出座衆となる契機も、忠隣の改易にあったと言えよう。[28]

2　「江戸老中」の機能

つぎに水野忠元・井上正就が発給した連署状を分析することで、「江戸老中」の別の具体像に迫ってみたい。

【史料1】[29]

尚々、百挺立早舟加子之儀、則御年寄衆へ申候、定而被得御意、御年寄衆中ゟ可被仰入候、

貴札令拝見候、仍木津江被入候船四艘、御留被成候由尤存候、然者、堺表之様子御覧可被成ため船御廻シ候所、敵出候而鉄炮打懸申候由、得其意存候、次ニ堺江火ヲ懸、岸ノ和田近辺江茂煙ヲ上ケ申候由、御紙面之趣則申上候、節々御注進之様子　御機嫌ニ被思食候、弥被入御情尤ニ存候、将又、御出馬之儀未いつとも不相定候、猶重而可申入候条、不能具候、恐惶謹言、

卯月廿九日　　井上主計頭

向井将監（忠勝）様
　御報
水野　監　物

【史料2】[30]

尚々、只今能々御養生被成、先々御奉公肝要ニ存候、以上、

貴札令拝見候、仍昨日於堺表様子御使者口上之趣具ニ承候、然者、右之乳ノ上江鉄炮当り申候由、無御心元存候、併余御痛無之由、得其意存候、不及申候へとも、御用前之事候間、能々御養生被成尤ニ存候、末々ヲ御奉公被成候様ニ御療治可然奉存候、以来之儀者、被　仰付候筋目被入御情、不入所ニ而あやまられ候ハヽ、両御所様御前不可然候間、其御心得尤ニ候、御年寄衆被仰候通、喜大夫・彦大夫方ゟ可被申候、恐惶謹言、

卯月晦日
井上主計頭
水野　監　物

向井将監様
　御報

以上、

【史料3】[31]

御状並御使者口上之趣承届具ニ達　上聞候処ニ、御情入候段　御機嫌ニ御座候、将亦貴殿少手ヲ御負被成候由、何とて左様ニ卒爾成所江御あかり候哉、手御負候段者、未不申上候、時分見斗可申上候間、可御心安候、不及申候得共、万事無御越度様ニ被入御念儀専一ニ候、随而加子之儀得　上意候而、重而可申入候、御手無御油断御養

生肝要候、猶期後音之時候間、不能詳候、恐々謹言、

四月晦日

安藤対馬守（重信）
土居大炊守《（ママ）》（利勝）
酒井雅楽頭（忠世）

向井将監殿
御報

まず、【史料1】と【史料2】で注目すべきは、これらが水野忠元と井上正就との連署状であるということである。一般に連署状は、少なくともそれが私信ではなく公的な内容をもつばあい、連署者各々が同質の業務（同一の職制）を遂行しているか、または同業務の遂行を主君から期待されており、かつその業務遂行に当たって連署者間で一定の合議が存在することを意味している。とすれば、水野忠元と井上正就は同一の役職にあり、かつ両者の間で一定の合議があったと考えられるのである。

その役職とは、一つには小姓組番頭が考えられるが、当時やはり小姓組番頭だった板倉重宗や成瀬正武が加わっていない。もちろん、当時彼らが小姓組番頭として秀忠に近侍し同じ場所にいたか否かという問題もあるが、少なくとも職制上は同役でかつ秀忠側近家臣でもある。したがって水野忠元と井上正就は、同じ小姓組番頭であっても板倉重宗・成瀬正武とは異なる性格をもっていたことになる。「忠元流水野氏家譜略」(32)によれば、

東照宮、人ヲ用ヒタマフニ、二人三人ツヽ、其気質才気ニヨリ、組テ用ヒ給ヒシトナリ、忠元ハ井上正就ト共ニ出身ヲ同クシ、倶ニ御納戸頭、御小姓ヲ歴テ、竟ニ執政職ニ昇ルマテ、始終同シ処ニ召仕ハル、

とあり、水野忠元と井上正就は「気質才気」「出身ヲ同クシ」一貫して同じ役職にあったことが記されている。この

ような史料は相当注意して使用しなければならないが、水野・井上両名の関係という点では、それを端的に物語っているると言うことができる。以上によって、「江戸老中」の存在がその名称は別としても、確定できたものと考えられる。

そこでつぎに、【史料1・2・3】の内容を見ることとしよう。まず【史料1】では、いわゆる大坂夏の陣における、四月二十八日の住吉・堺方面での戦闘に際し、幕府船奉行の向井忠勝（五〇〇〇石）が戦況を報告したのに対して、「御紙面之趣則申上候、節々御注進之様子　御機嫌被思食候」と、その様子を将軍秀忠へ披露したことと、秀忠の意向を伝達したあと、尚々書にあるように「江戸老中」が年寄衆に「百挺立早舟加子之儀」について通知したことと、年寄衆が秀忠の「御意」を得て、彼ら（年寄衆）から新たな指令が出されることなどを通知している。

【史料2】では、向井忠勝が負傷したのに対して、今後も奉公するために「御療治可然」ことと、家康・秀忠の「両御所様」から「被仰付候筋目」に「御情（精）」を出すようにし、もし「不入所」で失態を演じれば「両御所様」の不興を招くので、よくよく「心得」るよう忠告したあと、「御年寄衆被仰候通、喜大夫・彦大夫方ゟ可被申候」と、年寄衆からの命令を再確認している。【史料3】は【史料2】と同日の四月晦日に出された年寄衆の連署状である。内容的には【史料2】とほぼ同じであるが、異なる点は「随而加子之儀、得　上意候而、重而可申入候」とある部分である。これは【史料1】の尚々書の記述が年寄衆によって実際に履行されつつあることを示している。

以上、三つの史料から指摘できることは、「江戸老中」の連署状は、秀忠の指令の直截的な伝達は行ない得ていないが、書状受給者のとるべき行動に忠告を与える、すなわち指南とも言うべき機能を持つとともに、年寄衆からの命令の示唆や確認の記載が見られたように、年寄衆による命令伝達を側面から補佐し、より徹底させるという機能をも有していたと言うことである。

このような「江戸老中」の機能は、かつて山本博文氏が指摘した「諸大名への命令伝達や個々の大名を服属させるといった諸機能を果たし、かつそのような役割を公的に認められ期待される」[33]ところの「取次」と言ってよいであろう。ただし、先の【史料1・2】の宛所は向井忠勝という五〇〇石を知行する、いわゆる旗本にすぎず[34]、この時期において、秀忠近習から諸大名に宛てられた「取次」を示す書状は、管見では元和元年五月二日に山内忠義に宛てた水野忠元の書状があるのみである[35]。ようするにこの時期においては、水野忠元・井上正就らは、秀忠直轄家臣団の統制・支配に関与し得ても、未だ諸大名に対する影響力は殆どなかったと言えるのである。

彼らが本格的に諸大名への「取次」を行なうのは、家康死後の元和期である。そして、秀忠が大御所となる前年、元和八年（一六二二）に秀忠近習のうち井上正就と永井尚政が、たとえば『寛政重修諸家譜』井上正就の項に「（元和八年）このとし加判の列にすゝむ」とあるように、公的な「取次」書状とも言うべき、いわゆる年寄衆連署奉書加判の地位に上昇している（水野忠元は元和六年に死去）。次節では、彼ら秀忠近習が如何なる経緯を経て、奉書加判の地位に上昇していったのかを考察してみたい。

第二節　元和期（徳川秀忠親政期）

元和二年（一六一六）四月十七日、大御所家康が死去し駿府政権は解消した。本節では、これ以後元和八年までの期間において、前述した点を、とくに井上正就を中心として考察してみたい。

1　元和五年の加増

この期の幕府政治が、酒井忠世・土井利勝・安藤重信に加え家康側近であった本多正純、さらには京都所司代の板倉勝重らを中心に運営されていたことは、『大日本史料』十二編収載の諸史料を一覧すればきわめて明瞭である（第二部第二章参照）。その間、井上正就らの秀忠近習は、福島貴美子氏が指摘するように「幕府の重大事に名を連ねているという事はない。彼ら二人（井上正就・永井尚政—筆者注）はどちらかといえば、秀忠の公的な面に参与するというより、秀忠の個人的な面に参与していた」(36)。たしかに秀忠から諸大名への儀礼的な使者となることや、小姓組番頭として秀忠の鷹狩りへの供奉など(37)は、「幕府の重大事」とは言えない。しかし、秀忠は早晩実現するであろう大御所政治に向かって、彼らの地位を着々と向上させ、「公的」な場へと登場させていった。

一、大炊殿・雅楽殿・上野殿（本多正純）・主計殿・喜介殿（伊丹康勝）、御加増之御知行拝領ニ付而、為御祝儀、
　各へ之御音信共何も請取被申候、

この史料(38)は、元和六年一月十日付で豊前小倉藩主細川忠利が父忠興の家臣松井興長に宛てた披露状の一節である。これによれば、土井利勝・酒井忠世・本多正純・伊丹康勝らとともに井上正就も加増を受けていたことが判明する。井上正就の領知高は元和元年に一万石となっていたが、この時の加増については『寛政重修諸家譜』『寛永諸家系図伝』から関係記事を見出すことはできない。では、この加増は何時、どの程度の規模でなされたのであろうか。まず、同五年十二月三日付で細川忠利に宛てた忠興の書状(39)に同じ人名で加増の記載があるから、元和五年十二月からそう離れていない時期であったことは間違いない。『寛政重修諸家譜』酒井忠世の項には、元和「五年五月御上洛の供奉に列し、十月二十日上野国碓氷郡里見領にをいて一万石をくはへたまふ」(40)とあり、また本多正純もこの年に加増されている(41)。さらに井上正就と同じく小姓組番頭として秀忠上洛に供奉していた永井尚政・青山幸成も、やはり元和五年に一万石ずつ加増されているから(42)、先の細川忠利の書状や『寛政重修諸家譜』酒井忠世の記事と考えあわせて、おそら

く元和五年十月頃に井上正就も一万石を加増されたことは疑いないであろう。とすれば、この時点で正就が二万石、永井尚政が一万五〇〇〇石、青山幸成が一万三〇〇〇石となっている。なお水野忠元は、元和三年に五〇〇〇石の加増を受け、三万五〇〇〇石となっており、(43)この時点で秀忠近習小姓組番頭は一様に一万石以上を知行する、いわゆる「大名」となっていたのである。この加増は、元和五年五月から九月にかけて行なわれた、秀忠上洛の供奉に対する恩賞という意味合いが強いが、彼ら秀忠近習にとってはたんなる加増にとどまっていない。

表19は、「年寄」衆の一人、(44)本多正純が改易される元和八年（一六二二）十月以前における、あくまでも管見での井上正就ら秀忠近習と「年寄」衆との連署状を示したものである。わずか一〇例ではあるが、あえてこの表から読み取れることを挙げれば、第一に連署の開始が元和五年十二月であり、それ以前にはおよそ存在しないこと（第二部第二章表20参照）、第二に連署者に注目すると、元和七年十二月二十六日の金地院崇伝への扶持米渡し命令［表19中9以下同じ］を除き、伊丹康勝・松平正綱らの勘定頭が加わっていること、第三に、江戸城御台所への鉄炮の鳥献上命令［7］を除いて、上述の崇伝への扶持米（江戸滞在費用）渡し命令［1・3・9］と、江戸城修築用材や職人の供出命令［2・5・6・10］に集中しており内容的にきわめて限定されること、そして第四に、宛所が浅草御蔵衆や代官［7］など言わば勘定頭配下の役人や、江戸城修築に関してもその範囲が関東内（相模中心）にとどまるか、尾張徳川家の付家老（成瀬正成・竹腰正信）という言わば譜代大名であって、少なくとも外様大名に対して発給されたものはないこと、などである。

これら四点から、つぎのことが指摘できよう。すなわち元和五年十月の知行加増が、これは一面で高木昭作氏の指摘される「側近守衛の体制」の成立でもあるが、(45)他方、秀忠にすれば自身の近習層を一様に一万石以上の大名とし、ほとんどすべてに勘定頭の連署が見られたように、まず将軍（私）財政への関与を手始めとして、限定的にではある

表19　江戸幕府年寄衆・近習出頭人・勘定頭連署状

No	年月日	酒井忠世	本多正純	土井利勝	安藤重信	水野忠元	井上正就	永井尚政	松平正綱	伊丹康勝	宛所	内容	出典
1	元和5.12.10				1	2	3			4	松風助右衛門他1	金地院への扶持米渡	本光国師日記
2	元和6. 6.21				1	2	3	4		5	(欠)	江戸城大手普請石工調達	青木文書
3	元和6.12. 7			1	2	／	3	4	5	6	松風助右衛門他1	金地院への扶持米渡	本光国師日記
4	(元和7) 7. 1			1			2		3	4	成瀬正成他1	流木駿河作事用に見分	竹腰男爵家文書
5	元和7. 8.10		1	2			3	4	5	6	成瀬正成他1	江戸城御殿材木注文裏書	竹腰文書抄
6	元和7. 8.10		1	2			3	4	5	6	成瀬正成他1	江戸城御殿板子注文裏書	竹腰文書抄
7	元和7. 9.15	1		2	／		3	4	5	6	大谷清兵衛他3	赤楯城内鉄砲の鳥献上命令	白石楨彦家文書
8	(元和7) 9.29			1			2	3	4	5	成瀬正成他1	流木桑名まで運搬	竹腰男爵家文書
9	元和7.12.26	1	2	3			4	5			浅草蔵前衆	金地院への扶持米渡	本光国師日記
10	元和8. 4. 5	1	2	3			4	5	6	7	関本最乗寺	江戸城大手門普請松木御用	相州文書

注　／は死去を表す.

が徐々に幕府政治の表舞台に登場させ、幕府内における彼らの地位の相対的な引き上げをはかる契機にもなっていたと言うことである。ただしそれも、およそ幕府内部のみのことであって、彼らは諸大名との個人的な関係によって個別的な「取次」は行ない得ても、(46)この段階においては、徐々に諸大名に対する影響力は増しつつも、いまだ外様大名に対して直接軍役動員するような命令を、公的に出せるまでには至っていない。彼らがそうした地位に上昇するのは、駿府の亡霊とも言うべき本多正純の改易を待たなければならなかったのである。

ところで、近世初期においては、諸大名は自己の「家」存続のために将軍側近とさかんに接触をはかっていた。ここで、秀忠近習がそうした大名側の動きの対象となる過程、換言すれば、彼らの諸大名に対する影響力増大の具体像を見てみたい。

まず、『梅津政景日記』[47]元和七年（一六二一）九月二十四日の条には、

一、朝御数寄有、御客ニハ井上主計殿・長（永）井信濃殿・米津勘兵へ（田政）殿・森川金右衛門（氏信）殿御出被成候、

とあったり、同年十一月八日には「晩、長井信濃殿へ数寄ニて　御出被成候」とあり、さらに翌々十日には「明朝御数寄の為御礼井上主計殿へ御出被成候」とあるなど、井上正就・永井尚政らは、「数寄」（諸大名の茶会）に招待したりされたりしていたことがわかる。『梅津政景日記』において、彼らのこうした傾向は元和七年以後から頻繁に現れるようになっている。このことは、秋田藩家老梅津政景の主君である佐竹義宣が、正就らの地位の向上を察知したからに他ならない。また、元和六年十月六日付の魚住伝左衛門尉に宛てた細川忠利の披露状[48]には、

一、筑前（黒田長政）なに事の才覚ハ不存候、此中節々上州（本多正純）へ其外宿老衆をあるかれ候、又主もむすこ（忠之）も、是につめ可申との被申上様と申候、大炊殿京へ被参候跡にも、又近日も対馬（安藤重信）・監物（水野忠元）同道ニて、筑前御居間へ召候由承候、様子ハ不存候事、

とあり、黒田長政が「宿老衆（「年寄」衆）」とさかんに接触をはかっていること、息子の忠之とともに江戸詰めを申し出ていること、そして近日、秀忠が安藤重信と水野忠元の同席のもと長政を居間に召したことなどが報じられている。ここに登場する水野忠元は、少なくとも細川忠利らの認識では「宿老衆」の範疇に含まれていたのではないだろうか。さらに、土佐山内氏は水野忠元を頼りにしていたようで彼の死去に際して、藩主山内忠義の弟一唯は忠義に元和六年十二月六日付の書状で「監物殿御遠行ニ付、御迷惑被成由御尤ニ奉存候」[49]と書き送っているが、山内氏にしてみれば、忠元の死が「取次」のルートを一本失ったことを意味し、「御迷惑被成」るのは当然であった。

さて、こうしたなかで最も地位の向上の著しかったのが井上正就である。周知のように当時将軍側近との接触に執拗なまでに意を使い、彼らの動向に最も敏感であった大名は細川氏であるが、元和五年の知行加増の際、いちはやく祝儀を贈ったのも細川氏であった。そうした効果があったのか、細川忠利の同六年三月晦日付の父忠興の家臣長舟十右衛門に宛てた披露状(50)には、

一、主計殿一段我等へ御心入ニて、切々預御尋候、忠興様へ御如在無之と見之申候、我等ハ今度はしめて、主計殿へ一度御見廻申候迄にて御座候ニ、無残所御心入にて御座候事、

とあり、井上正就が細川忠興に「如在」のないこと、忠利にとっては初めて「御見廻」する存在であったが、忠利にもきわめて「御心入」であることが報じられている。これなども井上正就の地位向上を如実に示す事例と見ることができよう。

また、同じく元和六年五月十日に豊後日出城主(三万石)木下延俊の家臣丹羽九郎兵衛が幕府に目安(訴状)を提出しているが、それは同年五月十二日付の忠興の家臣長舟十右衛門に宛てた細川忠利の書状案(51)に、

一、昨日十日、木下右衛門(延俊)殿家中之者、公方様へ目安を上申候、其様子ハ、彼者下人を傍輩切申候、其段迷惑仕との儀、右衛門殿へ申候へハ、其らちハあき不申、其上彼者を可有成敗様ニ右衛門殿御沙汰候故、走申候へハ、妻子を被留置候間、無異義妻子を被帰付、か様ニ被仰出被下候様ニとの目安之由ニ御座候、左様ニ候へハ対公儀御事ニてハ無御座候故、御取上無御座候、其折節井上主計殿被出合、公儀之儀ニてハ無御座由被申上候、然故右之分ニ被成候、(後略)

とあるように、丹羽九郎兵衛の下人を傍輩が斬り付けたことに端を発した傷害事件で、これに対して主君延俊は逆に九郎兵衛の「成敗」を命じ、逃走した九郎兵衛が妻子の返還を求めて幕府に訴えた、と言うものであった。これに対

して、幕府は「対公儀御事」ではないという理由でこの訴状を却下している。いち個別藩内の刑事事件に対して幕府が介入しないのは当然と考えられるが、いま注目すべきは「公儀之儀ニてハ無御座由」を秀忠に「申上」げたのが井上正就だったということである。このときの事情を忠利は、六月二十六日に曾我尚祐との連署で、忠興の家臣佐方与左衛門に宛ててより詳細に報じている。(52)

一、右衛門殿目安上之儀、目安御取上無御座候処ニ、嶋田次兵衛（利正）被存候ハ、かやうの目安何事そと　上様思召候へハ、却而如何候とて、後日ニ被懸御目候、弥公儀之儀にて無之故、上様御構無御座由之御諚にて御座候つる由承候、其刻、主計殿尚以御取合之由、次兵衛・喜之介（伊丹康勝）被申候、

初めに訴状を受理した町奉行島田利正は、秀忠を憚って後日に披露したところ、秀忠の判断も「弥公儀之儀」ではないという「御諚」であったが、その場面で「主計殿尚以御取合之由」と島田と伊丹康勝がお話になったと、忠利らがわざわざ記している点に井上正就の発言力の増大を読み取ることができるのである。このとき「年寄」衆のなかで土井利勝・酒井忠世は、秀忠の娘和子の入内に供奉して上洛の途上にあり、(53)本多正純と安藤重信が江戸にのこっていたが、この件にはまったく関与していない。偶然その場に居合わせなかったとも考えられるが、いずれにせよ井上正就の権限の増大を物語るものと言うことができよう。こうしたことからか、やはり六月二十六日の長舟十右衛門に宛てた細川忠利の書状には「万主計殿、忠興様之儀にハ御心入とみえ申候間、可被成其御心得候、弥出頭あかり申候、何も江戸中ほめぬ衆ハ無御座候事」(54)とあり、井上正就の「出頭」がきわめて著しく、在江戸の諸大名から次代の幕閣として声望を集めている状況を窺うことができる。

以上、元和五年十月の加増による秀忠近習の地位の向上・権限の増大の様子を見てきた。これが井上正就・永井尚政らが奉書加判となるうえでの一つ契機であったが、それとともにもう一つの契機が考えられる。

2　大坂城普請

幕府は元和六年（一六二〇）一月十一日から同年十一月にかけて、西国・北国の大名一四〇家を動員して大坂城の大修築を行なっている。[55] この普請は、同年二月二十八日に土佐山内家家老山内吉佐ら四名の連署で、野々村勘七に宛てた書状[56]に、

一今度之御普請太そう成高石垣、其上御代替り之御普請之儀候間、太事ニ被思召、御をくれ被成候而者、御太事之儀ニ御座候間、成程御才覚被成、十五万石之御役ニ成申候、

とあり、また同月二十六日付の山内康豊に宛てた松平定綱の書状に「当年大坂之御普請、相国様（家康）御他界以来初而被仰付候儀候、諸大名衆も殊外被入御情之由承及候[57]」とあるように、「御代替り之御普請」であり、諸大名の力の入れようも並々ならぬものがあった。

そしてこのときの普請に、秀忠近習であり小姓組番頭の井上正就・水野忠元・永井尚政・青山幸成の四名は、

今年（元和六年）大坂御普請有り、（中略）御奉行衆ニハ、日下部五郎八郎（宗好）、長谷川式部少輔（守知）、村田権右衛門（守次）、渡辺筑後守（勝）、花房志摩守（正成）、戸田左門（氏鉄）、御名代衆ハ、一番水野監物、二番井上主計、三番青山大蔵（幸成）、四番永井信濃守、（後略）

とあるように[58]、将軍秀忠の名代として普請視察が決定している。彼らは実際には二名ずつ組になって大坂に出向いていたようであるが[59]、このように水野忠元・井上正就らが、秀忠の名代となったことの意味はきわめて大きいと言うことができる。次に示す史料は、同年三月十八日付で山内一唯が山内忠義に宛てた書状の一節[60]である。

一大坂御普請御役儀ニ付而、日下部五郎八郎此方へ被越候、越中殿（松平定綱）御暇出候而御登候路次ニて、貴

公様御役儀之事御問候へ者、弐拾万石之御書出と相聞候、就其越中殿ゟ水監物殿まで御状被相添参候、前かと拾五万石之御役儀ニ相済候処ニ、今度者右之仕合ニ御座候故、内匠殿（稲葉正成）なと御談合ニて、水監物・御年寄衆へ被仰候へ共、相済不申候、

この史料によれば、土佐山内家（二〇万二六〇〇石）の普請役高が「前かと」（慶長十一年の江戸城修築と思われる）は一五万石であったのに、今回の普請は二〇万石と指定されたために、山内家と関係の深い松平定綱や稲葉正成を仲介として、水野忠元と「御年寄衆」に交渉したが、二〇万石の決定は変わらなかった、と言うものである。実際、このときの普請は二〇万一六〇〇石の役高であった。それは「監物殿被仰候ハヽ、江戸に御女子有之衆者半役、無左候へハ何も本役に当り申御事に候」(61)とあるように、江戸での人質の有無が理由であったが、重要なことは、その交渉相手に「御年寄衆」と共に水野忠元が存在したことである。つまりこのことは、従来の山内氏と水野忠元との「取次」の関係によることもあろうが、同時に忠元が秀忠の名代になっていたために、こうした交渉の対象となっていたとも考えられるのである。

また、実際の普請視察にあたって、諸大名の助役ぶりに目を光らせていたことは、次の史料(62)によって知ることができる。

其元普請入精之旨、井上主計頭書上候、誠感悦此事候、殊南之堀間之由、別而苦労之段察思召候也、

八月十八日　御判

藤堂和泉守（高虎）とのへ

藤堂高虎はこの普請では縄張りも担当していたが、この史料はそれに対する秀忠の感謝の意を示す御内書である。史料中に「井上主計頭書上候」とあるように、高虎の普請の状況を報告したのは井上正就であった。こうしたことは

普請を命じられた諸大名には、およそなされていたに相違なく、逆に言えば、「御代替り之御普請」であり、並々ならぬ勢力を傾けていただけに、より強く将軍名代の存在が、西・北国の諸大名に意識されていたと言うことができる。

したがって、大坂城普請の翌元和七年八月二十八日付で、細川忠利が魚住伝左衛門尉に宛てて、

一、東福寺沅首座かたゟ被申越候ハ、黒筑州子息縁辺も、来年迄延被申候様ニ才覚と申候、主も年内ハ在国之才覚と申来候、安対馬被果候而から、大炊殿・主計殿を頼入才覚ニ、年寄を江戸へ被下候処ニ、主計殿ハ調申候由申来候、大炊殿之儀は不知候由ニ候、此由申上候へと、沅首座我等かた迄申越候事、

と書き送ったように[63]、それまで黒田氏と「取次」の関係にあった「年寄」安藤重信の死（元和七年六月）後、黒田長政は、土井利勝は当然として、井上正就に接近し「取次」関係が成立していたのも（「主計殿ハ調申候」）、正就が諸大名から「頼入」れられるだけの権限を備えていたからに他ならない。そして、元和八年十月一日、出羽最上氏改易にともなう城請取りの上使として、山形に出向中の本多正純が突然改易されると、その後任として井上正就と永井尚政が奉書加判の「年寄」の地位に上昇したのである。

おわりに

以上、二節にわたって考察した点をまとめ本章の結びとしたい。まず、将軍秀忠の近習が最初に政権の中枢に登場する契機となっていたのは、慶長十九年一月の大久保忠隣の改易にあった。水野忠元・井上正就による「江戸老中」は、この事件をきっかけにして成立したと見てよいであろう。そしてその機能は、秀忠政権における評定所出座はもとより、小姓組番頭・小十人頭・徒頭という「三職」を兼帯し、秀忠の親衛隊の統制を核として、ひろく旗本支配の

上位に存在していたと考えられる。とくにそれは、大坂の陣において向井忠勝に宛てた「江戸老中」の連署による、「取次」書状の存在にも示されていよう。将軍秀忠にとって、父家康の死去によって早晩到来するであろう、家康を後ろ盾としない独自の政権を構築するうえで、ともすれば自身の権力を掣肘する可能性のある、一定の門閥譜代勢力を政権の中枢から排除し、幼少から秀忠に仕え共に成長してきた近習層を、政権のなかに明確に位置付ける必要があったのであり、それが「江戸老中」の成立となっていたと考えられる。(64)

さて、秀忠政権にとって家康死後の課題は、高木昭作氏によれば「まったくの自力で政権の基礎をかためなければならなかった」ことであり、その方策の一つとして慶長期家康側近の登用という形での配慮がなされていたが、(65)そうしたなかで秀忠は、自身の大御所政権に向かって自らの近習層も側近としての業務や、あるいは直轄家臣団の支配をさせながら着々と取り立てていった。すなわち、秀忠は家康死去後二度目の上洛が終了した元和五年末に、知行加増によって彼らを一様に一万石以上の「大名」身分とし、外様大名までは対象にできないという限界はあるものの、「年寄」衆との連署によって「公的」な命令伝達を可能にし、徳川家内部における相対的な地位の引き上げをはかっていた。

と同時に元和六年、近習兼小姓組番頭四名を大坂城普請の名代として派遣することで、彼らを外様大名にまで周知させたのである。ただし、彼らが一万石以上となったことと、大坂城普請の名代となったことが、まったく別次元のものとしてあるのではなく、相互に関連しているのは言うまでもない。そして、これらを梃子として、元和八年十月に秀忠は家康最大の遺臣である本多正純を処分し、井上正就と永井尚政を「年寄」に上昇させることで、自らの意志がスムーズにかつ強力に貫徹する機構を築き、翌元和九年七月に将軍職を嗣子家光に譲り、大御所政治を展開したのである。そして、こうした秀忠の近習登用の構造は、その機能もふくめて家光の「六人衆」という形で継承され、寛永十年（一六三三）代における老中・若年寄といった官職の形成につながっていくのである。

注

（1）たとえば秀忠に対する本多正純、家光に対する酒井忠世などを挙げることができる。なお、秀忠と本多正純の関係については、高木昭作「本多正純の改易をめぐって」（『栃木県史研究』八号、一九七四年、のち同氏『日本近世国家史の研究』岩波書店、一九九〇年に収載）を参照。

（2）『国史大辞典』（吉川弘文館）「近習出頭人」の項、および辻達也「近習出頭人について」（『大類伸博士喜寿記念史学論文集』一九六二年）参照。

（3）藤井譲治「幕藩官僚制論」（『講座日本歴史』五近世一、東京大学出版会、一九八五年）三四二頁。

（4）『当代記』（史籍雑纂第二）一三二頁。

（5）ここで言う「近習」とは、たんなる側近ではなく、主君に幼少から仕えともに成長した側近と捉えている。

（6）『駿府記』（史籍雑纂第二）二一七頁。

（7）『駿府記』（史籍雑纂第二）二三五頁。

（8）「教令類纂初集」御役之部（『内閣文庫所蔵史籍叢刊』22）六一頁。ここでは全文は掲載しないが、この史料によって当時の秀忠政権に、評定所や合議制の存在が指摘されている。

（9）「慶長年録」（『内閣文庫所蔵史籍叢刊』65）三七二頁。

（10）北島正元『江戸幕府の権力構造』（岩波書店、一九六四年）四五二頁。藤野保『新訂幕藩体制史の研究』（吉川弘文館、一九七五年）二四七頁など。

（11）和崎晶「慶長期秀忠政権について」（『日本史攷究』文献出版、一九八一年）、所理喜夫「町奉行」（『江戸町人の研究』四、吉川弘文館、一九七五年）、蒲生真紗雄「江戸町奉行の初期形態について」（『史学研究集録』二、一九七三年）、同「江戸町奉行の成立過程について」（『国史学』一〇二号、一九七三年）、松尾美恵子「江戸幕府職制の成立過程」（『幕府制度史の研究』吉川弘文館、一九八三年）。なお江戸幕府初期の側近制度を扱ったものに、福島貴美子「江戸幕府初期の政治制度について」（『史艸』八号、一九六七年、のち論集日本歴史『幕藩体制』Ⅰ、有精堂、一九七三年に収録）がある。

(12) 北島前掲書、四五三頁。なお北島氏は水野忠元・井上正就の小姓組番頭就任を慶長十一年としているが、この点は後述するように誤りである。

(13) 北原章男氏は「その『江戸老中』の実際がいかなるものかは未詳であり、これは今後の研究課題として念頭においておく必要があるものと思う」とされている（「若年寄」『歴史公論』六七号、一九八一年、五六頁）。

(14) 『新編藩翰譜』第一（新人物往来社）二七三頁。

(15) 『新編藩翰譜』第二、四五八頁。

(16) 第一部第一章において、私は小姓組番の成立時期を元和八年十一月とし、それ以前に小姓組番と書院番は明瞭に区別されていないことを試論的に提示した。いまここで井上正就らが大坂の陣において小姓組番頭であったとして議論を展開することは、いささか手前味噌な感を禁じ得ない。しかし井上・水野が、大坂の陣において、後の小姓組番に相当するような秀忠親衛軍の一部隊を指揮していたことは間違いなく、かつ井上は元和八年以後明らかに小姓組番頭であったことから、『藩翰譜』でも彼らを「御扈従組（小姓組）の番頭」と叙述したのであろう。したがって、ここで井上らの大坂の陣前後における役職として、小姓組番頭を挙げることには何ら問題はないと考えられる。

(17) 『新編藩翰譜』第二、四三四頁。

(18) この意味では、「江戸老中」がのちの若年寄に相当するという北島氏の見解は妥当であると言えよう。

(19) 「慶長見聞書」（『大日本史料』十二編之十八）三二三頁。

(20) 南和男「江戸幕府御徒組について」（『日本歴史』二二四号、一九六六年）二六頁。

(21) 井上正就・永井尚政・青山幸成・松平正綱・板倉重昌・秋元泰朝らを挙げることができる。なお第一部第一・二章参照。

(22) 『新訂寛政重修諸家譜』第六（続群書類従完成会編）七一頁。

(23) 『寛永諸家系図伝』第五（続群書類従完成会編）五七頁。

(24) 『新訂寛政重修諸家譜』第四、二九三頁。

(25) 「諸役人系図」二一（東京大学史料編纂所所蔵）。

(26) 『新訂寛政重修諸家譜』第十一、三九二頁（大久保）。『同』第十一、一四九頁（日下部）。

(27) 煎本増夫『幕藩体制成立史の研究』(雄山閣、一九七九年) 一九三頁。
(28) なお、和崎晶氏は前掲「慶長期秀忠政権について」のなかで「江戸老中」の秀忠政権への登場の契機を、土井利勝・安藤重信(「近侍」)が大久保忠隣・本多正信(「重臣」)の職掌を吸収していく過程にもとめている。
(29) 『譜牒余録』(内閣文庫影印叢刊) 下、二二二頁。
(30) 『譜牒余録』下、二三三頁。
(31) 『譜牒余録』下、二二四頁。
(32) 「忠元流水野氏家譜略」(『大日本史料』十二編之三十四) 四四五頁。
(33) 山本博文「家康の『公儀』占拠への一視点」(『歴史学研究』五三〇号、一九八四年) 二頁。
(34) 『寛永諸家系図伝』第二、一〇三頁。
(35) 『山内家史料』忠義公紀第一編、三三九頁参照。
(36) 福島貴美子「江戸幕府初期の政治制度について」一四四頁。
(37) たとえば『本光国師日記』元和四年十一月六日の条には「御鷹場へ松首座遣ス。上様へ蜜柑一折三百進上。井上主計殿。水野監物殿。永井信濃殿状遣ス」とある(『新訂本光国師日記』続群書類従完成会編、第四、二五七頁)。
(38) 『細川家史料』(大日本近世史料) 八―一号。
(39) 『細川家史料』二―一九七号。
(40) 『新訂寛政重修諸家譜』第二、四頁。
(41) 『新訂寛政重修諸家譜』第十一、二九二頁。
(42) 『新訂寛政重修諸家譜』第十、二七一頁(永井)、『同』第十二、九三頁(青山)。
(43) 「不揚録」(『大日本史料』十二編之三十四) 四四七頁。
(44) 「年寄」については、第二部第二章第一節を参照されたい。
(45) 高木昭作「江戸幕府の成立」(岩波講座『日本歴史』九近世一、一九七五年) 一四八頁。
(46) たとえば、『鹿児島県史料』旧記雑録後編四、七三八頁の元和六年十二月七日付の島津家久宛井上正就書状を参照。
(47) 『梅津政景日記』(大日本古記録) 五、八〇頁。

(48)『細川家史料』八―四〇号。
(49)「山内文書」(東京大学史料編纂所所蔵)二。
(50)『細川家史料』八―一五号。
(51)『細川家史料』八―二三号。
(52)『細川家史料』八―二八号。
(53)元和六年五月十九日付の細川忠利宛金地院崇伝の書状には、「女御様御入内、五月八日其地を被成御立、うた殿、大炊殿御供ニ而御上洛ニ候」とある(『新訂本光国師日記』第五、四〇頁)。
(54)『細川家史料』八―二九号。
(55)松尾美恵子「手伝普請一覧表」(『学習院大学研究年報』一五号、一九六九年)。
(56)「山内文書」二。
(57)「山内文書」二。
(58)「鍋島勝茂譜考補」(『大日本史料』十二編之三十三)五三頁。
(59)元和六年七月三日付の細川忠利宛の細川忠興書状には「其上御普請御奉行衆、惣御奉行之戸左門、其外御横目之衆、両人、替〳〵、又其上ニ監物殿・主計殿初御普請為見廻被成御上候」とある(『細川家史料』一―二二五号)。
(60)「山内文書」二。
(61)元和六年三月十八日付野々村勘七宛深尾主水・小沢吉丞連署状(『山内家史料』忠義公紀一)五二〇頁。
(62)「江戸幕府朱黒印内書留」(東京大学史料編纂所所蔵写真帳)。
(63)『細川家史料』八―五一号。
(64)元和期の史料上に「江戸老中」という語句や、諸大名や旗本への「取次」を示す連署状は、管見ではまったくない。しかし、「江戸老中」が慶長末年といううきな臭い政治情勢のなかの臨時的な役職と見ることもできない。なぜなら「江戸老中」という職名は別としても、秀忠近習層は本文で縷々述べたように、同一の業務を果たしていたし、

被仰付候御鉄炮事
一拾挺ハ　御印　百目玉

一拾挺ハ　御印　三拾目玉　かな物台有之、
右つゝ尺其外かつかう以下此已前如被仰付候、念ヲ入はり上可申者也、
元和七年五月朔日　永井信濃守御判
井上主計頭御判
国友寿斎
同　徳左衛門殿
同　善兵衛殿

右の国友寿斎ら近江国友村の鉄炮鍛冶に宛てた文書（「鍛冶記録国友文書」三、東京大学史料編纂所影写本）に見られるように、元和期においても彼らの連署状が確実に存在するからである。

（65）高木昭作「江戸幕府の成立」一四八頁。

第二章　江戸幕府若年寄制の成立過程

はじめに

幕藩制国家の確立期としてきわめて重要な位置を占める寛永期について、佐々木潤之介氏は注意すべき点の一つとして「幕府の権力編成・機構にかかわる問題である。これについては、(イ)国家行政機関と機構とが作られ、(ロ)行政規定が定められ、(ハ)行政官としての家僚形成が進められ、(ニ)それに基づいて領主階級の編成、就中、外様大名の将軍への編成が実現したこと」などの諸点を挙げ、さらに右の(イ)に関して「とくに注目すべきは、幕政監察を任務とする大目付と、執行機関としての六人衆＝若年寄とが設けられたことである」と指摘されている。(1) しかし、佐々木氏の指摘を待つまでもなく、これら上部構造に関する研究は、幕藩制国家の特質解明のために、きわめて重要な課題であると考えられる。ところが、こうした「幕府の権力編成・機構」に関する研究は、必ずしも十分な蓄積がなされていないのが現状であろう。

とくに佐々木氏が、「注目すべきもの」とされた「六人衆」に関しては、諸書に関説されることはまま見られるが、それに比重を置いた研究としては北原章男・辻達也・藤野保の三氏のものがあるにすぎず、(2) また若年寄についても、

その就任者に関する基礎的データを整理した美和信夫氏の研究があるだけである。(3)

江戸幕府若年寄は、「年寄」衆のもつ「旗本」支配の機能が、六人衆に割譲される形で寛永十二年（一六三五）に成立したと言うことができるが、(4)本章では若年寄制形成の歴史的前提を明らかにする意味で、上述の機能が六人衆成立以前に如何なる人々または機構によって、如何に運営されていたのかを明らかにすることを課題とする。そこでまず、元和期における「年寄」制の形成やその具体的在り方について述べ、然るのち寛永前期（いわゆる秀忠大御所期）における「年寄」制の特質と、旗本支配の具体像を提示してみたい。

ところで、藤井讓治氏は「これまでの幕藩官僚制研究は、大きく三つに分けられる。その一つは、制度的分析として、その二は、享保改革の研究として、その三は、近代官僚制形成の前提として行なわれてきた」として、それぞれの分析視角の問題点を指摘されている。本章では制度的分析の問題点の一つとされる、「権力の具体的姿や機構・組織を動態的に捉える」(5)ことに留意して、以下考察してみたい。

第一節　「年寄」制の成立

1　元和期の年寄衆

まず初めに、当時どのような人々が年寄衆と呼ばれていたかを検討してみたい。

一同廿日。（中略）此時御年寄衆各へ書状遣ス。土大炊（利勝）殿。本多上野（正純）殿。酒井うた（忠世）殿。井上主計（正就）殿。阿部備中（正次）殿。酒井備後（忠利）殿。伊丹喜之助（康勝）殿。松右衛門（正綱）殿。板内膳（重昌）殿。青山伯耆（忠俊）殿。右十通之状。永喜へ上包して遣ス。

表 20　元和期江戸幕府年寄衆連署状（徳川家康死去［元和 2. 4. 17］以後）

No	年 月 日	酒井忠世	本多正純	土井利勝	安藤重信	板倉勝重	酒井忠利	松平正綱	伊丹康勝	井上正就	永井尚政	宛 所	内 容	出 典
1	(元和 2) 4. 17	1	2	4	3							鍋島勝茂	家康死去，参府無用	鍋島勝茂譜考補
2	元和 2. 5. 5			2	3		1		4			松風助右衛門・紅林弥右衛門	金地院への扶持米渡	本光国師日記
3	(元和 2) 5. 11	1		3	4		2					板倉勝重	家康死去，仏事停止	荻野由之氏所蔵文書
4	元和 2. 5. 11		1	3	4		2	5	8	*6	*7		撰銭等禁止	東武実録
5	(元和 2) 5. 26		1	2								(伊達政宗)	和久半左衛門召抱許可	伊達政宗記録事跡考
6	元和 2. 5		2	4	5	1	3						大津・矢橋間舟賃	京都御役所向大概覚
7	(元和 2) 6. 25	2	1	4	3							山内忠義	分国黒船着岸	山内家史料
8	元和 2. 7. 3			3	2		1		4			松下善一	北郷長千代への扶持米渡	北郷文書
9	元和 2. 7			2	3		1						升目・口米等「定」	御制法
10	(元和 2) 8. 2			2	3		1					亀井政矩・加藤貞泰	市橋長勝転封跡地仕置	亀井文書
11	(元和 2) 8. 8	1	2	4	5		3					島津家久	外国商船長崎・平戸回送	薩藩旧記増補
12	元和 2. 8. 23	1		4	3		2		5			折井政次	杉浦正友への知行渡	古文書
13	(元和 2) 8. 24	1	2	4	5		3					鍋島直茂	松倉重政への物成渡	鍋島文書
14	元和 2. 8	1	2	4	5		3						「定船場之事」	御触書寛保集成
15	元和 2. 8	1	2	4	5		3						船場「覚」	東武実録
16	(元和 2) 9. 24			1	2				3			亀井政矩	市橋長勝上知行種借	亀井文書
17	(元和 2) 9. 25			1	2							千村良重	ひわだ献上命令	千村文書
18	元和 2. 10. 3		2	4	5	1	3						たばこ栽培等「条々」	東武実録
19	(元和 2) 10. 25	1	2									広橋兼勝・三条実条	織田信良四位侍従成	広橋文書
20	(元和 2) 10. 25	1	2									広橋兼勝・三条実条	織田信雄五位侍従成	広橋文書
21	元和 2. 11. 9			1	2		3					千村良重・宮崎安重他2名	東照宮建立ひわだ献上命令	千村文書
22	元和 2. 11		2	4	5	1	3						伝馬駄賃等「定」(江戸–品川)	細川家記

23	元和2. 11		2	4	5	(1)	3					伝馬駄賃等「定」(岡部−藤枝)	増田文書
24	元和2. 11		2	4	5	(1)	3					伝馬駄賃等「定」(見付−浜松)	成瀬文書
25	元和2. 11		2	4	5	(1)	3					伝馬駄賃等「定」(浜松−舞坂)	浜松宿御役町由来記
26	元和2. 11		2	4	5	1	3					伝馬駄賃等「定」(御岳−伏見)	野呂文書
27	元和2. 11		2	4	5	1	3					伝馬駄賃等「定」(福島−上松)	徳川家道中触書留
28	(元和2) 12. 2		1	3	4		2				本田忠政	撰銭・たばこ売買等禁止	譜牒余録
29	(元和3) 5.20	1	2	3	4							路次筋木銭等定	教令類纂
30	元和3. 5	1		3	4		2		5		天羽景次	長井善左衛門への知行渡	譜牒余録
31	元和3. 5	1		3	4		2		5		天羽景次	長井清左衛門への知行渡	譜牒余録
32	元和3. 7.21	1	2	3	4						服部権大夫・久貝忠三郎	小笠原忠政上知行仕置	憲法編年録
33	元和3. 7.21	1		3	4	2						国替衆への下知	憲法編年録
34	(元和3) 8.19		1	3	4	2			5		北見勝忠	本多忠政女引越伝馬触下	伊達家文書
35	(元和3) 8.23		1	3	4	2					松浦隆信	オランダ船平戸交易許可	和蘭国海牙文書館文書
36	(元和3) 8.24		1	3	4	2					山内忠義	大坂浪人召抱許可	山内家記録
37	元和3. 9. 7		1	3	4	2						春日社僧条目	東武実録
38	(元和3) 9.11		1	(2)	4	3		5	6		北見勝忠	井伊直孝への物成渡	中村不能斎採集文書
39	元和3. 10.28		1	2	3							佐渡国「定」	条令
40	元和4. 1.29	1	2	3	4						水谷九左衛門	伊勢真似勧進禁止	慶禄記
41	元和4. 1.29	1	2	3	4						板倉勝重	伊勢真似勧進禁止	御制法
42	元和4. 1.29	1	2	3	4							伊勢真似勧進禁止	東武実録
43	元和4. 2.12	1	3	4	5		2					撰銭等禁止「覚」	条令
44	元和4. 2.18			2	3		1	(4米津田政)		(5島田利正)		一季居禁止等「条々」	細川家記
45	元和4. 3. 7			2	1			3	4		松風助右衛門・紅林弥右衛門	金地院への扶持米渡	本光国師日記
46	元和4. 3.18			2	3		1	(4米津田政)		(5島田利正)	千村良重	伊奈木師等の目安裏判	千村文書
47	(元和4) 閏3.10	1		2	3						本多忠政	本多甲斐守居城絵図等	譜牒余録
48	元和4. 4. 9	1		2	3						上使中	村上義明改易「条々」	御制法
49	元和4. 4.10	1		2	3							村上義明改易「条々」	武家厳制録

（表20つづき）

No	年　月　日	酒井忠世	本多正純	土井利勝	安藤重信	板倉勝重	酒井忠利	松平正綱	伊丹康勝	井上正就	永井尚政	宛　所	内　容	出　典
50	(元和4) 5. 8		1		2							水野多宮・井上新左衛門	村上義明改易人馬送等	東武実録
51	(元和4) 5. 8		1		2							水野多宮・井上新左衛門	国替「条々」	東武実録
52	元和4 5.15	1	2	3	4							本多忠政	姫路城修築許可	譜牒余録
53	元和4. 5.24		1	2	3			4	5			岡田将監・千村良重	江戸城天主材木奉行派遣	千村文書
54	(元和4) 7.27	1	2	3	4							本多忠政	明石城等普請許可	譜牒余録
55	(元和4) 8.19	1	2	3								広橋兼勝・三条実条	酒井忠重諸大夫成	広橋文書
56	元和4. 8	(1)	(2)	(3)	(4)	(5)						松浦隆信・長谷川藤広	イギリス船等商売	条令
57	元和4. 9.28	1	2	3	4							箱根山衆僧中	箱根山別当	東武実録
58	(元和4) 10.12	1	2	3	4			5	6				猿楽配当米	東武実録
59	(元和4) 10.12	1	2	3	4			5	6			松平忠昌	猿楽配当米	江戸幕府朱黒印内書留
60	(元和4) 10.12	1	2	3	4			5	6			成瀬正成・竹腰正信	猿楽配当米	竹腰文書抄
61	元和4. 10.12		1	2								船本弥七郎	交趾国渡海	異国日記
62	(元和4) 11. 8	1	2	4			3	5				黒鉄頭衆	本丸西丸畳替	楓軒文書纂
63	元和4. 12.23	1	2	3	4			5				松風助右衛門・紅林弥右衛門	金地院への扶持米渡	本光国師日記
64	(元和4) 12.29	1	2	3								大村純頼	諸大夫成	大村家覚書
65	(元和5) 1. 8	1	2	3	4							中井正侶	参府命令	中井家文書
66	(元和5) 2.10	1	2	3	4							佐竹義宣	参勤命令	佐竹文書
67	元和5. 3. 4	1	2	3	4			6	5			千村良重・山村甚兵衛	木曾大鋸扶持米	千村文書
68	(元和5) 4. 1	1		3	4		2					武川衆中	上洛に付上京命令	譜牒余録
69	(元和5) 4.27	1	2	3	4	(5 板倉重宗)						板倉勝重	福島正則の情報	譜牒余録
70	(元和5) 5. 7	1	2	3	4							相良長毎	椎葉山那須衆出入	歴代参考
71	(元和5) 6. 2	1	2	3	5	4						福島正則	広島城普請曲事に付改易	向山誠斎庚戌雑綴
72	(元和5) 6. 9	1	2	3	5	4						福島正則	国替に付上使派遣	御制法

73	(元和5)	6. 9	1	2	3	5	4						牧野忠成・花房正成	福島正則改易「覚」	御制法
74	(元和5)	6. 9			2	1							山内忠義	伏見城登城召	山内家史料
75	(元和5)	6.12	1	2	3								安藤重信・永井直勝	国替「定」	向山誠斎庚戌雑綴
76	(元和5)	6.20	1	2	3								安藤重信・永井直勝	国替「覚」	御制法
77	(元和5)	6.26	1	2	3								山内忠義	広島の様子	山内家史料
78	(元和5)	7. 2	1	2	3								福島正則	津軽遠境に付替地	御制法
79	(元和5)	7. 4	1	2	3								山内忠義	広島城御番	山内家史料
80	(元和5)	7.22	1	2	4		3						福島正則	広島替地	御制法
81	(元和5)	7.22	1	2	4		3						水野守信・間宮光信	国替之面々人馬徴発	御制法
82	(元和5)	7.22	1	2	4		3						北見重恒・渡辺勝	国替之面々人馬徴発	御制法
83	(元和5)	7.22	1	2	4		3						久貝正俊・小堀正一他12名	国替之面々人馬徴発	武家厳制録
84	(元和5)	8.14		1	4	3	2						本多忠政	大あたけの船預け	譜牒余録
85	元和5	8.21			1	2	3						善法寺	石清水八幡宮目安裏判	石清水文書
86	(元和5)	9.14	1	2	4	3							福島忠勝	広島替地	福島文書
87	(元和5)	9.16	1	2	3	4							黒田長政	大坂城普請命令	黒田家譜
88	(元和5)	9.16	1	2	3	4							大村純頼	大坂城普請命令	大村家覚書
89	(元和5)	9.16	1	2	3	4							山内忠義	大坂城普請命令	山内家史料
90	元和5.	9.17	1	2	4	5	3						中坊秀政・春日役者中	春日祭礼	東武実録
91	元和5.	12.10				1	(2水野忠元)			4	3		松風助右衛門・紅林弥右衛門	金地院への扶持米渡	本光国師日記
92	(元和6)	2.10		1	2	3							板倉勝重・板倉重宗	鎌倉光明寺継目	江戸幕府朱黒印内書留
93	(元和6)	2.18			1	2			3	4				「進上石目録」裏書	毛利氏四代実録
94	元和6.	3.12		1	2	3			4	5				「進上石之目録」	集書
95	元和6.	3.16	1	2	3	4							光明院	日光山領目録	東叡山書物之写
96	元和6.	3.16	1	2	3	4							天海大僧正	「東照大権現御神領目録」	東叡山書物之写
97	(元和6)	3.19	1	2	3	4							山内忠義	和子入内に付祝儀使者無用	山内家史料
98	元和6.	3.21	1	2	3	4							加藤貞泰	伊予大洲城修築許可	北藤録
99	(元和6)	5. 1	1	2	3	4							菅沼定芳	和子入内供奉	菅沼家譜

（表 20 つづき）

No	年　月　日	酒井忠世	本多正純	土井利勝	安藤重信	板倉勝重	酒井忠利	松平正綱	伊丹康勝	井上正就	永井尚政	宛　所	内　容	出　典
100	（元和 6） 5. 14		1		2							広橋兼勝・三条実条	和子入内に付在京命令	江戸幕府朱黒印内書留
101	（元和 6） 5. 26	1	2	3								広橋兼勝・三条実条	相良頼寛諸大夫成	広橋文書
102	元和 6. 6. 21				1		（2水野忠元）		4	2	3	（欠）	江戸城大手普請石工調達	青木文書
103	（元和 6） 7. 10	3	1	2								水野忠元	病気見舞い	森文書
104	（元和 6） 8. 6	1	2	3	4							浅野長晟	居城修築許可	江戸幕府朱黒印内書留
105	（元和 6） 8. 22		1	2	3							鍋島勝茂	田中筑後守死去豊前国在番	鍋島勝茂譜考補
106	元和 6. 9. 13		1	2	3			4	5			中村弥右衛門	西郷正員への物成渡	古文書
107	（元和 6） 11. 21	1	2	3	4							池田幸隆	大坂城普請出来	池田文書
108	（元和 6） 11. 21	1	2	3	4							山内忠義	大坂城普請出来	山内家史料
109	（元和 6） 11. 21	1	2	3	4							稲葉典通	大坂城普請出来	稲葉家譜
110	（元和 6） 11. 21	1	2	3	4							片桐孝利	大坂城普請出来	片桐文書
111	（元和 6） 11. 21	1	2	3	4							伊東祐慶	大坂城普請出来	伊東系譜
112	元和 6. 12. 7		1		2			5	6	3	4	松風助右衛門・紅林弥右衛門	金地院への扶持米渡	本光国師日記
113	（元和 6） 12. 12	1	2	3	4							細川忠利	細川忠興病気見舞い	細川家記
114	（元和 7） 1. 16			1	2							相良長次郎	諸大夫成	相良文書
115	（元和 7） 2. 7	1	2	3	4							上杉景勝	火事により参勤延期	歴代古案
116	（元和 7） 4. 4	1	2	3	4							立花宗茂	帰国挨拶への返書	立花文書
117	（元和 7） 5. 27	1	2	3								広橋兼勝・三条実条	戸田氏経諸大夫成	広橋文書
118	（元和 7） 5. 27	1	2	3								広橋兼勝・三条実条	水野成言諸大夫成	広橋文書
119	（元和 7） 5. 27	1	2	3								広橋兼勝・三条実条	小笠原重直諸大夫成	広橋文書
120	（元和 7） 5. 27	1	2	3								広橋兼勝・三条実条	青山宗俊諸大夫成	広橋文書
121	（元和 7） 5. 27	1	2	3								広橋兼勝・三条実条	内藤信之諸大夫成	広橋文書
122	（元和 7） 5. 27	1	2	3								広橋兼勝・三条実条	内藤清政諸大夫成	広橋文書

123	(元和7) 5.27	1	2	3								広橋兼勝・三条実条	水野遠江守諸大夫成	広橋文書
124	(元和7) 5.27	1	2	3								広橋兼勝・三条実条	本多重世諸大夫成	広橋文書
125	(元和7) 5.27	1	2	3								広橋兼勝・三条実条	牧野主水正諸大夫成	広橋文書
126	(元和7) 5.27	1	2	3								広橋兼勝・三条実条	松平日向守諸大夫成	広橋文書
127	(元和7) 6. 2	1	2	3								広橋兼勝・三条実条	酒井勝吉諸大夫成	広橋文書
128	(元和7) 6. 2	1	2	3								広橋兼勝・三条実条	藤堂左兵衛諸大夫成	広橋文書
129	(元和7) 6. 2	1	2	3								広橋兼勝・三条実条	内藤信照諸大夫成	広橋文書
130	(元和7) 6.22	1	2	3	/							金地院	大明人来日に付出頭下知	異国日記
131	(元和7) 7. 1			1				3	4	2		成瀬正成・竹腰正信	流木駿河作事用に見分	竹腰男爵家文書
132	(元和7) 7.27	1	2	3								細川忠利	異国への人身売買等禁止	細川家記
133	(元和7) 7.27	1	2	3								大村純信	異国への人身売買等禁止	大村家公務代々覚
134	元和7. 7.28	1	2	3									国替「覚」	江戸幕府朱黒印内書留
135	(元和7) 8. 5	1	2	3								金地院	シャムより使者	異国日記
136	元和7. 8.10		1	2				5	6	3	4	竹腰正信・成瀬正成	江戸城御殿材木注文裏書	竹腰文書抄
137	元和7. 8.10		1	2				5	6	3	4	竹腰正信・成瀬正成	江戸城御殿板子注文裏書	竹腰文書抄
138	(元和7) 9.11	1		2								坂倉勝重・重宗	九条忠栄下向延期	江戸幕府朱黒印内書留
139	元和7. 9.15	1		2				5	6	3	4	大谷清兵衛・片山吉左衛門・香西夕雲他1名	赤楯城内鉄炮の鳥献上命令	白石禎彦家文書
140	(元和7) 9.29			2				5	6	3	4	成瀬正成・竹腰正信	川流の材木桑名までの運搬	竹腰男爵家文書
141	元和7. 9		1	2								山田仁左衛門尉	山田長政書状への返書	異国日記
142	(元和7) 10.21		1	2								山内忠義	鷹の鶴振舞い	集書
143	(元和7) 11.14	1	2	3								金地院	智蔵主等出入対決	本光国師日記
144	(元和7) 11.19	1	2	3								金地院	寄合に付出頭下知	本光国師日記
145	(元和7) 11.21	1	2	3	(4 金地院崇伝)							板倉勝重	相国寺・豊光寺等訴訟に付	本光国師日記
146	(元和7) 11.21	1	2	3								成瀬正成・竹腰正信	松平忠良縁辺	竹内文平氏所蔵文書
147	元和7. 12.26	1	2	3						4	5	浅草蔵前衆	金地院への扶持米渡	本光国師日記
148	(元和7) 12.28	1	2	3								北条氏信	諸大夫成	北条家文書
149	元和8. 2. 8		1	2									撰銭等「定」	御制法

（表20つづき）

No	年月日	酒井忠世	本多正純	土井利勝	安藤重信	板倉勝重	酒井忠利	松平正綱	伊丹康勝	井上正就	永井尚政	宛所	内容	出典
150	元和8. 4. 5	1	2	3				6	7	4	5	関本最乗寺	江戸城大手門普請松木御用	相州文書
151	(元和8) 6. 4	1	2	3								広橋兼勝・三条実条	松平肥前守諸大夫成	広橋文書
152	(元和8) 7. 7	1	2	3								大光院呑龍	大光院に紫衣許可	壇林誌
153	(元和8) 7.25	1	2	3								山内忠義	家光川越御成	山内家史料
154	(元和8) 7.25	1	2	3								細川忠利	家光川越御成	部分御旧記
155	(元和8) 8.21	1	2	3								永井安盛・渡辺半四郎	最上氏改易に付人馬送	伊達家文書
156	元和8. 9.16	1	／	2									国替「条々」	史料稿本所収文書
157	元和8. 10. 5	1		2								堀三右衛門・牧野清兵衛	国替「条々」	御制法
158	(元和8) 10.10	1		2								成瀬正成・竹腰正信	本多正純改易通知	竹腰文書抄
159	(元和8) 10.11	1		2								本多政重	本多正純改易通知	本多氏古文書
160	元和8. 12. 5	1		2				5	6	3	4	小野貞則	茶屋又四郎への切米渡	茶屋家旧記
161	(元和9) 1.12	1		2								山内忠義	御茶振舞い	山内家史料
162	(元和9) 2.22	1		2				5	6	3	4	長谷川長勝	駿州島田手作分知行給付	竹橋余筆
163	元和9 4.10	1		2								細川忠利	小倉城普請許可	部分御旧記
164	(元和9) 6.22			1		(4 板倉重宗)				2	3	山内忠義	秀忠参内供奉	山内家史料
165	(元和9) 8. 3	1		2								山内忠義	家光将軍宣下参内	山内家史料

注　＊6は板倉重昌，＊7は秋元泰朝．No. 113は閏12月，／は死去または改易を表す．No. 23〜25, 38の（1）ないし（2）は署名のみで花押・（印）なし．またNo. 56の（1）〜（5）は文書中の差出に「右五人衆」とあることによる．

右の史料(6)は、『本光国師日記』元和七年七月二十日の条である。金地院崇伝はこのとき「御年寄衆」として土井利勝・本多正純・酒井忠世・井上正就・阿部正次・酒井忠利・伊丹康勝・松平正綱・板倉重昌・青山忠俊を挙げ、彼らへの書状を林永喜に託していた。これは他の諸史料と突き合わせても、当時の主要なメンバーがほぼ網羅されていると言ってよいが、この他、江戸幕閣の事情に詳しい崇伝の『本光国師日記』や『梅津政景日記』などの記述から付け加えるとすれば、永井直勝・同尚政・板倉勝重・同重宗・秋元泰朝・島田利正・米津田政らであろうか。しかし、崇伝や諸大名の認識において「年寄衆」と一括して捉えられていても、幕府政治において、彼らが必ずしも同じ役割を担っていたわけではない。たとえば、伊丹康勝と松平正綱は勘定頭であり、(7)板倉勝重・重宗は京都所司代として通常は京都におり、島田利正と米津田政は町奉行であった。このように特定の役職に就いていた者が、年寄衆として一括されている点にも、当時の幕府政治の諸機能が未分化であった状況が示されている。

さて、これら年寄衆のなかで、他のメンバーとは同じレベルで捉えられない、特定の政治集団が存在する。たとえば『梅津政景日記』元和五年九月八日の条には、「四人之御年寄衆」(8)として土井利勝・酒井忠世・本多正純・安藤重信の四名を挙げている。表20は家康死後の元和期において、当時の年寄衆が発給した連署状の一覧である。連署者の数字は宛所から近い順を示し、この数字が年寄衆内部の一応の序列を表している。この表20を通覧する限りでは、酒井忠世らの「四人之御年寄衆」が元和期を通じて最も安定的に連署状に加判していることがわかる（ただし、元和七年六月に死去した安藤重信と同八年十月に改易された本多正純は、当然のことながらそれ以後の加判はない）。内容的に見ても、この四名と後述する酒井忠利と板倉勝重の他は、およそ勘定頭や町奉行としての職掌からの連署・加判と見られるばあいが多く、軍役動員などの外様大名を対象とした大名統制に関わることや、対外関係の問題をふくんだ、すなわち「公儀」の権能の中核に絡んだ連署状（奉書）は、ほぼこの四名を中心として発給されていることが一目瞭然となる。

その一例を挙げてみよう。

以上、

姫路之御城、男山之方石垣御上候而、多門作被成度之由承候、右之段申上候処ニ、尤ニ被思食候間、其御心得可

被成候、恐々謹言、

午五月十五日

安藤対馬守書判
土井大炊助書判
本多上野介書判
酒井雅楽頭書判

本多美濃守（忠政）殿
人々御中

右の史料は、加判者と「午」の年紀から元和四年は間違いなく（以下とくに必要のないと思われるものは、その年代比定の根拠は記さない）、その五月十五日に出された、播磨姫路城主本多忠政の居城修築願いに対する、幕府の公式回答を示す年寄衆連署奉書である（表20中［52］以下同じ）。大名の居城修築や修復に関する事項は、元和元年の「武家諸法度」に、「諸国之居城雖為修補、必可言上、況新儀之搆営堅令停止事」[9]と規定されていることからも、手伝い普請や上洛命令などとともに、幕府がもつ「公儀」の権能のもっとも重要なものであった。先述したように、こうした業務に元和期を通じて安定的に加判していたのは、酒井忠世・本多正純・土井利勝・安藤重信の四名だけである。結論から言えば、江戸幕府老中制確立以前の少なくとも元和段階において、その前提となる機構を求めるとすれば、彼ら四名を構成員とする「年寄」制を措定することができるのである。このうち酒井忠世・土井利勝・安藤重信は慶長期秀忠政権のもとで「老職」あるいは「奉行職」となり、奉書加判の地位にあった。いっぽう、本多正純も慶長期には駿府大御所政権の筆頭年寄的存在であり、奉書加判はもとよりあらゆる行政に関与し、家康死後秀忠に仕え酒井忠世らとともに年寄衆と呼ばれていた。以下、彼ら四名を特定の職掌をもち、と言ってもきわめて広範ではあるが[10]、かつ一定の合議による政策決定や、[11] 幕府の公的な命令伝達を行なう政治機構として、他の年寄衆と区別する意味で、「年寄」衆とカッコを付けて表すこととする。

2 酒井忠利

ところで、元和期には前述の四名以外にも奉書加判の一端を担った者が存在している。

追而唐船之儀者、何方へ著候とも船主次第商売可仕之旨、被仰出候、已上、

急度申入候、仍伴天連門徒之儀、堅御停止之旨、先年相国様（家康）被仰出候上者、弥被存其旨、下々百姓已下ニ到迄、彼宗門無之様ニ可被入御念候、将又、黒船いきりす舟之儀者右之宗体ニ候間、到御領分ニ着岸候共、長崎・平戸へ被遣、於御領内売買不仕様ニ尤候、此旨依上意如斯候、恐々謹言、

八月八日

安藤対馬守
重信在判
土井大炊助
利勝在判
酒井備後守
忠利在判
本多上野介
正純在判
酒井雅楽頭

忠世在判

島津陸奥守（家久）殿

この史料［11］は、（元和二年）八月八日付で島津家久に宛てた、キリスト教禁止の再確認と、「黒船いきりす舟」の長崎・平戸への廻送、大名領内における中国船以外の自由貿易の禁止などを命じた年寄衆連署奉書である。これに見られるように、酒井忠世ら四名に加え酒井忠利も加判し、かつ「年寄」衆内部での序列もその署名順から、安藤・土井よりも上位に位置していたことがわかる。このほか、酒井忠利が加判した事例として主なものを挙げると、元和二年五月十一日付の板倉勝重に宛てた家康死去による仏事停止命令［3］、同八月二日付の亀井政矩・加藤貞泰に宛てた市橋長勝転封跡地の仕置き命令［10］、同八月二十四日付の鍋島直茂に宛てた松倉重政への物成渡し命令［13］、同十二月二日付の本多忠政に宛てた撰銭・煙草作の禁止命令［28］などがある。

ただし表20を通覧して注意すべきことは、酒井忠利の加判の事例が元和二年に集中して見られるということである。そしてこれ以後も七例が散見されるだけで、元和五年四月一日付の武川衆中に宛てた秀忠上洛に伴う上京命令［68］を最後に、まったく見られなくなる。

酒井忠利は、雅楽頭系酒井氏の嫡流である酒井忠世の叔父にあたり、家筋としてはいわゆる門閥譜代の系譜をもつ家臣であるが、元和二年六月十一日付の細川忠興に宛てた金地院崇伝の書状案[12]には「若君様へ御守ニ酒井備後殿、青山伯耆殿、内藤若狭（清次）殿被為付由候」とあり、また『寛政重修諸家譜』にも元和「二年五月二十九日大猷院殿に附属せられ[13]」とあるように、元和二年五月二十九日に青山忠俊・内藤清次らとともに家光の守役（家光付年寄）となっていた。さらに『寛永諸家系図伝』によれば、慶長十四年（一六〇九）に「大権現、台徳院殿に仰けるハ、今より後御出馬の時、江戸の常留守たるべきものは備後守なり[14]」とあるように、いわゆる（大）留守居の職にもあったのである。この大留守居については松尾美恵子氏の詳細な研究があるが、松尾氏は酒井忠利と酒井忠世らとの関係について、「当時（慶長末年―筆者注）忠利は留守居であるより前に、忠世・利勝・重信とともに『年寄衆』の一員として存在していた」と指摘されている。[15] たしかに忠利は大坂の陣直前から酒井忠世・土井利勝らとともに連署する傾向にあり、松尾氏の指摘は妥当であると考えられるが、酒井忠利が（大）留守居という役職にあったことも事実である。とすれば、元和期「年寄」制は、他の役職を兼務しない「年寄」のみによって構成されていたのではない、と言うことができる。

3 板倉勝重

元和期には酒井忠利のほかに、もう一名「年寄」とともに連署状に加判していた人物を確認することができる。

今度広嶋普請之事被背御法度之段、曲事被思召候処、彼地可有破却之旨依御訴訟、構置本丸、其外悉可令破却之由被仰出候、然所ニ上石計取除、其上以無人送数日之義、重畳不届之仕合思召候、此上者両国被召上、両国為替地津軽可被下之由被仰出候也、謹言、

六月二日

安藤対馬守
板倉伊賀守
土井大炊助
本多上野介
酒井雅楽頭

福島左衛門大夫（正則）殿

右の史料［71］は、（元和五年）六月二日付で安芸広島城主福島正則に改易を通知した年寄衆連署奉書であるが、板倉勝重の署名が確認でき、しかも、勝重はこの奉書では土井利勝の下位に署名しているが、表20から通常は酒井忠世、本多正純に次いで第三位の序列だったことがわかる。板倉勝重は関ケ原戦後の慶長六年（一六〇一）に京都所司代に就任し、(16)京都の公事・訴訟を管掌すると同時に、慶長期には駿府大御所政権の一員として大坂方の監視、西国大名の動向聴取、朝廷との交渉あるいは寺院統制にあたるなど、京都における幕府の代表者的立場にあったとされている。(17)

板倉勝重の年寄衆連署状加判の状況で注目すべきは、元和三年と同五年に集中的に見られることである。すなわち、元和三年では表20の七月二十一日付の国替による人馬継送規定［33］から、九月十一日付で北見重恒に宛てた井伊直孝への物成渡し命令［38］までの六通の連署状である。

ここではその一例として、（同年）八月二十三日付で松浦隆信に宛てた、平戸におけるオランダ船の交易許可を内容とする、つぎの年寄衆連署奉書［35］を挙げておこう。なお、［22］から［27］の東海道・中山道の伝馬駄賃等の「定」では、一見加判が集中しているようであるが、日付・内容ともにほぼ同一のものであり、そうした状況を見出すことは無理である。

　尚以、京堺商人も其地へ可罷下候間、相対次第商売いたし候様ニ尤候、以上、

急度申入候、仍おらんた舟於平戸ニ、前々之ことくかひたん次第ニ商売いたし候様ニ可被成候、不及申候へ共、伴天連之法ひろめさる様にかたく可被仰付候、恐々謹言、

　八月廿三日

土井大炊頭利勝
安藤対馬守重信
板倉伊賀守勝重

本多上野介正純

松浦肥前守（隆信）殿
人々御中

つぎに元和五年では、前掲した六月二日付の福島正則への改易通知［71］から、八月二十一日付で善法寺に宛てた石清水八幡宮内生津村神人目安への裏判［85］までの九通で、六月九日［74］から七月四日［79］までは加判がなくやや安定性に欠けるとは言うものの、集中した加判の状況は見出せよう。

さて、こうしたなかで注意を要するのは、元和三年・五年の両年がいずれも将軍秀忠の上洛の年に当っており、かつ右に挙げた板倉勝重の連署状は、すべて秀忠が在京中に発給されたものということである。勝重は秀忠の上洛中の公式の場においては、常に秀忠身辺に伺候し、土井利勝ら「年寄」衆と同じ業務を果たしていた(18)。つまり、板倉勝重は将軍秀忠の上洛中という限定はつくものの、また京都所司代職にありながらも、大留守居の酒井忠利と同様に「年寄」制を構成する一人であったと言うことができるのである。

ところが、勝重が「年寄」の一員であるのも元和五年九月半ばまでのことであった。つぎに示す史料は西国諸大名に対して大坂城の石垣修築を命じたときの年寄衆連署奉書（大村純頼宛て［88］）である。

猶以、御自身御上候義者、必無用之通被仰出候、以上、

急度申入候、仍従来年三月朔日、大坂御城石垣御普請被仰付候、可有其御用意候、但御自身御上候事者御無用之由候、右之旨依上意如此候、恐々謹言、

九月十六日

安藤対馬守
重信判

土井大炊助
利勝判
本多上野介
正純判
酒井雅楽頭
忠世判

大村民部少輔（純頼）殿

この奉書が発給された九月十六日は、秀忠は伏見城におり江戸に出発するのは翌々十八日で、板倉勝重も伏見の自邸にいたことが明らかにされている[19]。しかし勝重の加判は見られない。このことは、おそらく彼の京都所司代職退任によるものであろう。板倉勝重の所司代退任時期については諸説あるが、九月十八日付の金地院崇伝宛板倉勝重の書状に「将亦周防守儀、爰元仕置等被仰付候儀、是又忝存候、併先日如申候、拙者気遣可成御察候」[20]とあり、嫡子重宗との交代を秀忠から仰付けられていたことがわかる。横田冬彦氏はこれをこの書状の出された九月十七・十八日頃としているが[21]、「先日如申候」とあることや、連署状加判の状況から九月十四日以前ではなかったろうか。なお、これ以後の勝重と「年寄」衆との連署状は、九月十七日付で奈良奉行中坊秀政と春日役者に宛てて、春日神社祭礼時の大和一国における勤役を命じたもの［90］がある。しかし、連署状中に「如先規毎年為大和一国中相勤候様ニ」とあるように、慶長以来の京都所司代としての職務の延長上にあるもので、むしろこれに上洛中の「年寄」衆が署名を加えたという意味合いが強い。そしてこれ以後、勝重の加判はまったく見られなくなるのである。

後任の板倉重宗の奉書加判も、この後将軍の上洛は元和九年・寛永三年・寛永十一年と繰り返されるが、管見では

（元和九年）六月二十二日付で山内忠義に宛てた、土井利勝・井上正就・永井尚政との連署で秀忠参内への供奉を命じた連署奉書［164］が、わずか一通あるに過ぎない。このことはつまり、板倉重宗を後の京都所司代と同一視することはできないにせよ、少なくとも「年寄」制の人的構成という意味では、主に将軍上洛中とはいえ京都所司代が参加していた段階とは、大きく変容していたと言えるのではないだろうか。なお、この奉書が管見において井上正就・永井尚政が加判する最初のものでもある。

以上のことから、元和期の幕府政治において、「公儀」の権能の中核となる外様大名支配を中心とした、幕府の公的な命令伝達の業務は、元和二年までの段階では大留守居の酒井忠利が、同五年までは京都所司代の板倉勝重が、それに機能していたと指摘できる。したがって、公的な命令伝達機構としての「年寄」制は、他職制の参加が見られなくなる元和五年に、その成立の一応の画期を見出すことができよう。ただし、酒井忠利のばあいは大留守居兼任といっても、松尾美恵子氏の指摘にあったように、年寄衆連署奉書加判の状況からも、留守居という職務は副次的なもので、少なくとも元和二年まではまさに「年寄」衆の一員と見たほうが妥当かもしれない。また、元和五年以後においても、「年寄」衆には後述するように小姓組番頭や書院番頭などの他職を兼任している者が多数存在する。しかし老中など江戸幕府行政職の多くは、本質的には戦陣における役割分担であるから、小姓組番頭などの軍事的な役職を兼任することは、むしろ自然なことであり、京都所司代などと同じレベルで捉えることはできないと考えている。

なお、慶長期にも江戸年寄衆や駿府年寄衆といった、将軍秀忠または大御所家康の意志の公的な命令伝達機構が別々に存在している。もちろんその点を捨象するつもりはない。しかし、いわゆる二元政治が解消する元和期にこそ、後の老中制に直接繋がるような機構が求められるものと考えている。そこで問題となるのは、元和期の「年寄」制が、寛永前期の第二次二元政治ともいうべき政治形態の下で、如何なる存在形態をとっていたかと言うことである。

第二節　寛永前期の「年寄」制

元和九年（一六二三）七月二十七日、秀忠は将軍職を嗣子家光に譲ると自らは大御所となって、翌寛永元年九月二十二日に修築間もない江戸城西丸に移徙し、さらに同年十一月三日に家光が本丸に移ると、ここに幕府政治は再び本丸（将軍家光）と西丸（大御所秀忠）との二元政治が展開することとなった。そしてこの体制は、大御所秀忠が死去する寛永九年（一六三二）一月まで継続されている。

藤井譲治氏は、この期の年寄衆連署奉書を概ねつぎのように分類・整理されている。(22) すなわち、Ⅰ本丸年寄連署奉書――加判開始の時期は異なるものの酒井忠世・酒井忠勝・内藤忠重・稲葉正勝の四名が加判し、その内容は将軍家光の御内書の添状や家光への祝儀の礼、家光病気の際の見舞い停止などで、いずれも「家光一人の意向にもとづいて出された点に特徴がある」。Ⅱ西丸年寄連署奉書――土井利勝・井上正就（寛永五年の死去まで）・永井尚政・青山幸成・森川重俊（以上二名は井上の死去後）の三名ないし四名が加判し、その内容は西丸で開催される能や茶会の招待、鷹の鶴の下賜などで「秀忠自身と諸大名との関係で発給されるという特徴をもっている」。Ⅲ本丸西丸年寄連署奉書――酒井忠世・土井利勝・酒井忠勝・井上正就・永井尚政の四名ないし五名が加判し、その内容は大名居城普請許可、上洛供奉命令、普請役賦課などで「幕府と大名との間で重要な事柄を含むものである」。Ⅳ本丸西丸筆頭年寄連署奉書――酒井忠世・土井利勝を加判者とするも、わずか三例であり「性格を決めることはできない」。

これら藤井氏の整理からも、この期の年寄衆の構成が本丸政権付属の年寄（酒井忠世・同忠勝・内藤忠重・稲葉正勝）と、西丸政権付属の年寄（土井利勝・井上正就・永井尚政・青山幸成・森川重俊）とに分離されており、しかも各政権レベルで諸大名に発給される連署奉書は、いずれも将軍家光や大御所秀忠の個人的要件に関する上意を奉じたものに過ぎなかったことがわかる。したがって、幕府政治上の重要事項に、各政権が単独で処理することはなかったのである。では、どのような形で秀忠・家光の両者をふくめた、総体としての幕府意志は伝達されていたのだろうか。

そこでⅢの本丸西丸年寄連署奉書に注目してみよう。つぎの史料[23]は、寛永二年十一月に肥後人吉城主相良長毎が居城の修復を願ったのに対する、幕府の公式回答を示した年寄衆連署奉書である。

以上、

其方居城破損之所、被致修復度之由、以絵図被申上候、達　上聞候之処、如元早々可申付之旨、被　仰出候之間、可被得其意候、恐々謹言、

寛永二

十一月十日

永井信濃守
尚政（花押）

井上主計頭
正就（花押）

酒井讃岐守
忠勝（花押）

土井大炊頭
利勝（花押）

酒井雅楽頭
忠世（花押）

相良左兵衛佐（長毎）殿

この奉書は、先に示した元和四年五月の本多忠政宛の奉書と同じく、大名の居城修復許可を伝達したもので、本丸政権からは酒井忠世・酒井忠勝が、西丸政権からは土井利勝・井上正就・永井尚政が加判している。そして重要なことは、本丸年寄連署奉書や西丸年寄連署奉書が、たとえば（寛永五年）正月十八日付の山内忠義に宛てた西丸年寄連署奉書に「明十九日之晩、於西丸御茶可給之旨被仰出候間」[24]とあるように、一見して上意の主体が明確に示されているものが多いのに対して、この奉書、と言うよりも本丸西丸年寄連署奉書は、「被　仰出候之間」とか「達　上聞候之処」とあるだけで、上意の主体が秀忠か家光かが明瞭に表現されていない。つまり本丸・西丸両政権をふくめた幕府総体としての意志＝上意が示されているのである。そして、この奉書に加判する者は、両政権の年寄全員ではなく、各政権で上位に加判していた二名ないし三名なのであり、ここに元和期以来の「年寄」制の延長を見ることができるのである。

かかる「年寄」制がその文言は別として、当時の諸大名に認識されていたことは、次の史料によって窺うことができる。

猶以、酒井雅楽頭差当隙入故、不及加判候、以上、

就仙台屋敷構之儀、以絵図被仰上候、則歴　上覧候之処、心之侭可有普請之旨被　仰出候之間、可被成其御心得候、恐々謹言、

寛永四　　　　永井信濃守

二月廿三日　　　　尚政（花押）

井上主計頭

正就（花押）

酒井讃岐守

忠勝（花押）

土井大炊頭

利勝（花押）

仙台中納言（伊達政宗）殿

人々御中

右の史料(25)は、伊達政宗が仙台屋敷の普請を願ったのに対して、幕府が正式に許可したことを示す、寛永四年二月二十三日付の伊達政宗に宛てた本丸西丸年寄奉書である。その加判者は、土井利勝・酒井忠勝・井上正就・永井尚政であり、本丸筆頭年寄の酒井忠世が加判していない。ところが、追而書の部分に「酒井雅楽頭差当隙入故、不及加判候」とあり、忠世が加判しない理由を明言している。このことは、後日の証拠となるこの奉書を受取る側の伊達政宗に、酒井忠世の加判のないこの奉書の効力を危惧する認識と、発給する側の年寄衆にも伊達が危惧するかもしれないという認識が、それぞれにあることを意味し、それ故に土井利勝ら加判者は、「猶以」以下でその理由を述べたと考えられるのである。このように、秀忠と家光との両者の意志をふくんだ総体としての幕府意志は、少なくとも寛永四年当時には、酒井忠世・土井利勝・酒井忠勝・井上正就・永井尚政によって公的に伝達されるという認識が、奉書を受取る諸大名の側にもあったのであり、こうした人々が本章で規定する「年寄」に他ならないのである(26)。

このように考えると、内藤忠重・稲葉正勝、青山幸成・森川重俊らの年寄は、将軍家光や大御所秀忠の個人的な要件に関わる上意を、諸大名に伝達する年寄衆ではあり得ても、将軍・大御所個人を超えた、幕府総体としての意志の伝達に機能する「年寄」衆と同じレベルで捉えることはできない。そこで問題となるのは、内藤忠重や青山幸成らの寛永前期における、それ以外の業務についてである。ただしこの点は次節で考察するとして、ここで秀忠死後の「年寄」制について若干言及しておきたい。

寛永九年（一六三二）一月二十四日、大御所秀忠が死去すると二元政治は解消し、幕府政治は将軍家光の下に一元化された。次の史料[27]は、（寛永九年）六月三日付で鍋島勝茂に宛てて、肥後熊本加藤氏の改易と上使派遣を通知した年寄衆連署奉書である。

今度加藤肥後守（忠広）息豊後守（光広）不届之儀を書廻り候ニ付而、被遊御穿鑿、豊後守ハ飛騨国江御預ニ候、肥後守儀も近年諸事無調法ニ、其上於江戸生子母共ニ御断も不申上、国元江遣候儀曲事ニ付、国被召上羽州庄内江被遣候、就夫肥後国仕置内藤左馬佐（政長）・石川主殿頭（忠総）・稲葉丹後守（正勝）・伊丹播磨守（康勝）近日被指越候、自然人なと入候儀も可有之候間、内々御心懸ニ而、右上使衆差図次第尤ニ候、恐惶謹言、

六月三日　青山大蔵少輔（幸成）
内藤伊賀守（忠重）
永井信濃守
酒井讃岐守
土井大炊頭
酒井雅楽頭

鍋島信濃守（勝茂）殿

この年寄衆連署奉書は、秀忠死去の約四カ月後のものであるが、これに見られるように、内藤忠重らは一様に酒井

忠世らと加判し得る地位にあり、寛永前期の年寄は「年寄」に上昇したと見ることができる。なお、森川重俊は秀忠に殉死しており[28]、稲葉正勝は史料中に見られるように肥後国仕置の上使として派遣されるため、当然のことながらこの奉書には加判していない。

第三節　寛永前期の年寄の特質

寛永九年（一六三二）以前のいわゆる幕府番方の実態や番頭については、史料によってかなり異同が見られ、かならずしも明確にはされていない。これは「江戸幕府日記」[29]の寛永八年より前の分が、欠如していたという事情とも大きく関わっていると思われるが、とくに寛永前期における番方の構造は、二元政治であるにも関わらず、将軍家光の下に一元的に存在していたように捉えられてきた[30]。本節では、第一部ともやや重複することになるが、書院番頭や小姓組番頭など将軍（大御所）親衛隊の隊長を明確にすることで、この時期の旗本（集団）支配の実態を試論的に提示してみたい。

江戸幕府の直轄軍団には、いわゆる「番方」と徒組・百人組などの歩卒常備軍、そして足軽部隊（先手弓組・先手鉄炮組など）とがある。なかでも番方と称されるのは、大番、書院番、小姓組番、新番、小十人組などであり[31]、いずれも旗本によって構成されていた。このうち新番は寛永二十年（一六四三）の成立であるから[32]、当時の番方に相当するものは大番、書院番、小姓組番、小十人組であった。また書院番と小姓組番は「両番」と称され、将軍親衛隊を構成すると同時に、大番を含めて「三番」と言って幕府直轄軍団の中核をなす存在であったとされている。

さて、寛永前期の幕府番方の構造であるが、第一部第二章でも縷々述べたように、「東武実録」[33]の寛永九年二月二十六日の条の後には、秀忠死去にともなう遺産分配の記事があり、当時の番方に編成された江戸幕府全家臣団の姓名と領知高とが判明する。それによれば、この段階で大番組が一一組・四七二名、本丸書院番が四組・九三名、西丸書院番が六組・一二六名、本丸小姓組番が六組・一二二名、西丸小姓組番が六組・一六三名、小十人組が四組・一〇三名存在していたが、いま注目したいことは、書院番・小姓組番が本丸と西丸とに分離して存在していたことである。つまりこの構造は、近世前期における個別人格的な主従関係の特質と、当該期の二元政治という政治構造を反映した結果と見ることができるのである。そして、こうした構造が、組数や番士数の変遷は当然あるものの、二元政治開始当初からあったものと考えられる。

そこで問題となるのは、各組の隊長たる番頭であるが、ここでは書院番・小姓組番の両番と小十人組について確定してみたい。

まず西丸では、「元和年録」(34)元和八年十一月三日の条に、

一、同十一月三日、被仰付候御役人、御小姓組之組頭、
一、一井上主計頭（正就）組　組頭　本多美作守（忠相）
一、二永井信濃守（尚政）組　組頭　酒井下総守（忠正）
一、三青山大蔵少輔（幸成）組　組頭　秋田長門守（季次）
一、四松平右衛門大夫（正綱）組　組頭　太田采女正（資宗）
一、五板倉内膳正（重昌）組　組頭　鳥居讃岐守（忠頼）
一、六秋元但馬守（泰朝）組　組頭　三浦作十郎（重次）
右小十人衆迄当番きりに支配仕候、

とあり、この日、小姓組番の番頭と組頭が仰付けられている。これにより当時小姓組番が六組あり、その番頭は一番井上正就、二番永井尚政、三番青山幸成、四番松平正綱、五番板倉重昌、六番秋元泰朝だったことが判明する。さらに「東武実録」に見られる寛永三年五月の秀忠上洛時の軍団編成では、井上正就以下右の五名が書院番・小姓組番・小十人組の頭を兼任して秀忠に供奉している。このうち板倉重昌を除く五名は、『寛政重修諸家譜』によっても小姓組番や書院番の番頭となったことが確認でき、また板倉重昌も『柳営補任』両番頭の項にその名が見える。これらを総合的に判断すれば、寛永前期全体を通じて、井上正就・永井尚政・青山幸成・松平正綱・板倉重昌・秋元泰朝の六名が、書院番・小姓組番・小十人組の隊長を兼任していたと考えてよいであろう。

なお、寛永五年八月に江戸城中において、豊島正次（目付）に殺害された井上正就の後任であるが、『藩翰譜』森川重俊の項には「大相国家（秀忠）に仕へ奉り（中略）、西城に徒らせ玉ひしにも従ひ参らせ、御書院番の番頭を兼ぬ」とある。『寛永諸家系図伝』や『寛政重修諸家譜』からは関連記事を見出すことはできないが、『柳営補任』の両番頭の項にもその名が確認できることから、森川重俊が井上正就の後任として浮上してこよう。森川重俊は『寛政重修諸家譜』によれば、慶長二年（一五九七）に十四歳で秀忠に勤仕しており、井上正就らと同じく秀忠の近習であったが、同十九年の大久保忠隣改易の際、忠隣の子忠常の病気見舞いのため秀忠に無断で忠隣の城地小田原に赴いたのを咎められ、一時酒井家次（その後真田信之に預け替え）に召し預けとなっていた。しかし、寛永四年六月二十日付の真田信之に宛てた西丸年寄連署奉書に「森川内膳（重俊）事、大僧正（天海）御訴訟ニて被召出候間、早々江戸江参候様ニ尤候」とあるように、天海の取成しで赦免され江戸に召喚されており、かつ同五年十月十八日付細川忠利宛忠興書状には、「森川内膳名をかへ、出羽守と申、大い殿・信の殿・大蔵殿同前ニ被召遣、連判仕候へと被仰出候由候」とあり、官途を出羽守に変え土井利勝らと同前に奉書加判を命じられていた。そして実際、森川重俊の奉書加判例を

(35) (36) (37) (38) (39) (40) (41)

いくつか見出すことができるのである。[42] これは、まさに井上正就死去後の後任人事に他ならない。とすれば、重俊は年寄職だけでなく、井上正就が支配していた書院番・小姓組番・小十人組も、そのまま番頭として引き継いだと見て間違いないであろう。

つぎに、本丸の書院番頭である。「諸役人系図」[43] 書院番頭の項には「台徳院様御在世之時、大猷院様江勤仕之番頭」とあって、「初四組」としてその番頭に酒井忠重・内藤忠重・稲葉正勝を挙げている。『寛永諸家系図伝』からこの時期に書院番頭就任の記事を見出せるのは、上記三名に加えて酒井忠勝・阿部正次・酒井忠重・安藤重長を、「後六組」として挙げている。これらのうち、内藤忠重・安藤重長が「同（寛永）二年、御書院番の頭となる」[44] とあるだけである。いっぽう『寛政重修諸家譜』では、酒井忠勝・阿部正次・酒井忠重に当時番頭となった記事は確認できず、内藤忠重が元和九年に小姓組番頭、寛永二年に書院番頭に、稲葉正勝が元和七年以前に小姓組番頭に、同年から書院番頭に就任した記事がそれぞれ確認できる。[45] このほかの人々に『寛政重修諸家譜』等から書院番頭就任の記事を見出すことはできない。したがって少なくとも寛永二年以後の書院番頭には内藤忠重・稲葉正勝・安藤重長の三名を確定することができる。ただし、酒井忠勝については、先の「諸役人系図」書院番頭の項にその名が見えること、また寛永三年の秀忠と家光の上洛における供奉の編成では、秀忠に対する井上正就らの位置と家光に対する酒井忠勝の位置が同じであることなどから、[46] 酒井忠勝は書院番頭に加えてもよいのではないだろうか。こう考えれば、寛永九年一月の秀忠死去時点での書院番の組数（四組）と番頭の数とが一致する。

小姓組番頭は、「諸役人系図」[47] に「大猷院様小姓組番頭」として、内藤忠重と稲葉正勝を挙げており、『柳営補任』にも「台徳院様御次（治）世二組勤之番頭」[48] として、やはり内藤・稲葉の両名を載せている。このほか『寛政重修諸家譜』によって、小姓組番頭就任が確認できるものを挙げると、松平信綱が元和九年六月に、阿部忠秋が元和九年に、堀田正盛が寛永三年に、永井直貞が元和九年から寛永五年まで、三浦正次が寛永五年十月に、それぞれ就任している。(49)内藤忠重と稲葉正勝は、右に述べたように、少なくとも寛永二年以後は明らかに書院番頭であるから、秀忠死去の直前においては、松平信綱・阿部忠秋・堀田正盛・三浦正次の四名が本丸の小姓組番頭として確定できよう。この時点で本丸小姓組番は六組であったから、組数と番頭の人数とが符合していないが、この点は第一部第一章でも述べたように、小姓組番頭の誰かが複数の組を預かっていたか、あるいは西丸のように書院番頭が小姓組番頭を兼任していたのかも知れない。

これら番頭が、将軍や大御所の上洛や日光社参、鷹狩りなど出向時はもとより、一般に書院番や小姓組番の通常の職務とされる、諸儀式の周旋や市中の巡回、諸門の警備などに配下の家臣団を指揮し、さらに彼らの訴訟や諸々の伺い・届けなどの受理を行なったものと思われる。それでは、番頭自身や大番をふくむその他旗本集団の総体的な支配は、どのようになされていたのであろうか。まず留意したいのは、西丸の番頭六名のうち井上正就・永井尚政・青山幸成・森川重俊の四名と、本丸の番頭のうち酒井忠勝・内藤忠重・稲葉正勝の三名が、奉書加判の年寄だったということである。この点は、たとえば同じ書院番頭でも松平正綱・安藤重長らや、また大番頭とも決定的に異なる特徴を示している。つぎの史料は、先に挙げた寛永九年六月三日付の鍋島勝茂宛の年寄衆連署奉書発給に先立って、江戸城内において肥後熊本五二万石加藤氏の改易を、諸大名や「惣番頭衆」以下に申渡したときの様子を記した、「江戸幕府日記」寛永九年（一六三二）六月一日の条である。

一今朝出仕之諸大名留置、巳刻於黒書院、加藤肥後守（忠広）・松平豊後守（光広）不届之仕合付而、肥後守者肥後国被召上庄内江被遣、於彼地為堪忍分壱万石被下之、豊後守者飛騨之国へ被遣、百人扶持被下之、右之旨雅楽頭（酒井忠世）・大炊頭（土井利勝）・讃岐守（酒井忠勝）・信濃守（永井尚政）・丹後守（稲葉正勝）・伊賀守

（内藤忠重）・大蔵少輔（青山幸成）被申渡之云々、

一未下刻於御白書院、惣番頭衆・物頭衆・御使番衆・御目付衆、其外諸奉行衆へ肥後守・豊後守父子之仕合ニ付而、仰出之覚書年寄衆被申渡畢、

この史料に見られるように、加藤氏の改易を諸大名に申渡したのは、酒井忠世・土井利勝・酒井忠勝・永井尚政に加え、秀忠死後幕府意志を伝達する奉書に加判していた稲葉正勝・内藤忠重・青山幸成らの「年寄」衆であった。これによって、対大名支配の面において、文書による命令伝達だけでなく、口頭による幕府意志の通達という役割を担なっていたのも、稲葉正勝以下を含む「年寄」衆だったことが確認できる。と同時に、惣番頭や物頭・使番・目付・諸奉行人らに対しては、「仰出之覚書年寄衆被申渡畢」とあり、この「年寄衆」は記載の重複を避けるためのもので、酒井忠世ら七名を指すことは明らかであろう。したがって、こうした番頭や物頭等への申渡し、より端的に言えば彼らの支配も、やはり「年寄」衆によってなされていたのである。そしてこのことは、つぎの史料によっても裏付けられる。

日光御社参御下知条々

③一於町中火事有之刻者、御目付衆・御使番並火之番、御弓鉄炮頭之面々任差図、其近辺之者火を消すへき事、

⑥一御目付・番頭・諸奉行之儀者勿論、如何様之人ニ而茂、御法度之旨申断之処令違背輩之事、依其科可言上、又者可為過料事、

⑱一御目付・番頭・諸奉行御法度之旨、見のかし聞のかし於令用捨者可為曲事、

右可相守此旨也、仍執達如件、

寛永九年申三月十六日　　　　大蔵少輔

丹後守
伊豆(賀)守
信濃守
讃岐守
大炊頭
雅楽頭

右の史料[50]は、寛永九年四月に行なわれた家光の日光社参に際して、供奉の面々に出された「下知状」である。ここでは全一八カ条のうち関連のある三カ条のみの引用であるが、その対象には、諸番頭はもとより目付、使番、諸奉行人、御弓鉄炮頭といった物頭もふくまれている。通常こうした法度は将軍の黒印状のみで出されるが、この史料には、酒井忠世以下の「年寄」衆が連署しており、ここでも「年寄」衆が番頭・物頭などの諸役職を支配していたことを読み取ることができる。そして、これら申渡しや下知状の対象に、とくに「番頭」がふくまれていたことは、間接的にではあるが、少なくとも各番頭支配下の番・組に編成された旗本集団を総体的に支配していたのも、「年寄」衆だったことが指摘できるのである。

ただし、注意を要するのは右に挙げた二つの史料が、いずれも秀忠死後のものと言うことである。とくに江戸城内における申渡しの記事は、「江戸幕府日記」が寛永八年より前が欠如しているので具体像を検証することは不可能であるが、しかし、秀忠生前の寛永前期においても、以下のことが指摘できるものと考えられる。すなわち、こうした江戸城内における諸大名への公的かつ口頭による幕府意志の伝達は、酒井忠世・土井利勝らの「年寄」衆が行ない、本丸・西丸各々に出仕した旗本集団へのそれは、各政権付属の年寄衆が行ない、大番頭も含めた「惣御番頭衆」以下への伝達は、両政権の年寄衆が合同列座して行なったのではないかと言うことである。青山幸成や内藤忠重らの年寄が、自己の所属する政権のみの列座に止まらず、総体的な旗本集団への申渡しに機能し得たのは、まさに彼らが奉書加判の年寄という地位に存在していたからである。

以上のことから、寛永前期における年寄制は、将軍や大御所の個人的要件にのみ諸大名に対する上意伝達に機能した年寄と、その機能も含めて幕府政治上「公儀」の権能に関わる重要事項に関与し、幕府意志の伝達に機能した「年寄」とに明確に分離されていたが、前者はとくに番頭兼任という特質から、書院番や小姓組番といった親衛隊の統制を核としつつ、総体的な旗本支配が主要な業務だったと言えるのではないだろうか。このように考えると、寛永前期は図

図2

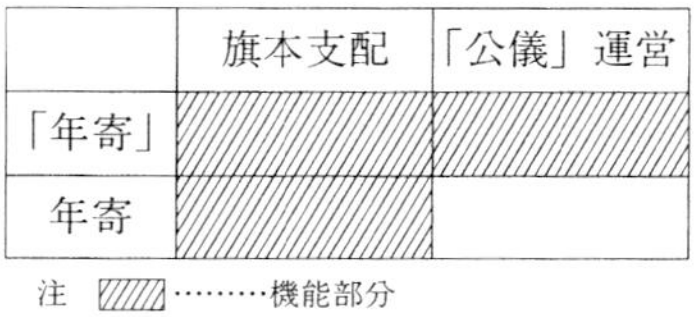

2に示したように、幕府政治における大名支配を中核とした「公儀」運営の機能と旗本支配の機能とは、「年寄」と年寄を媒介として重複しつつも分離化の傾向にあったと言うことができよう。そして、かかる二つの機能が分離しつつあった要因は、まさに二元政治という形式的であっても幕府権力が二分された特殊な政治構造にあったと言える。つまり、従来の「年寄」制の延長だけでは、将軍権力確立途上の幕府にあって、一般行政や裁判業務の質的かつ量的な肥大化のために、上述の二つの機能をスムーズに運営することが困難になり、そこに将軍や大御所の側近番頭が、かれらの個人的な要件のみではあるが上意を伝達するという地位＝年寄に上昇する余地が生じていたのであり、かつ年寄の番頭兼任という特質は、「年寄」がこれまで有していた旗本支配の役割を遂行させるのに、必要にして十分な条件だったのである。

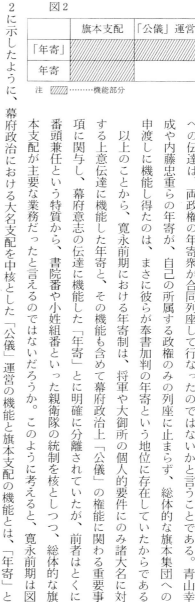

おわりに

寛永九年一月二十四日の大御所秀忠死去による二元政治の解消以後、本丸・西丸付属の年寄衆は一様に幕府政治上重要事項の公的な命令伝達に機能し、「年寄」制を構成していた。これによって、寛永前期において分離しつつあった大名支配と旗本支配の二つの機能は、一時的にではあるが、ふたたび同一の機構によって運営されることとなった。しかし、同十年三月二十三日、松平信綱・阿部忠秋・堀田正盛・三浦正次らかつての本丸小姓組番頭に加え、新たに小姓組番頭となった太田資宗・阿部重次らによる「六人衆」が成立し、翌十一年三月三日の「年寄衆宛法度」「六人衆宛法度」の制定を経て、寛永十二年十一月、土井利隆・酒井忠朝・三浦正次・太田資宗・阿部重次・朽木稙綱らの新たな六人衆が構成され、ここに寛永前期に分離しつつあった二つの機能は、その機能と執行機関とが明確に一致し江戸幕府若年寄制は成立する。ようするに、寛永前期の稲葉正勝や青山幸成ら年寄の延長上に、六人衆を位置付けることができるのである。

藤井譲治氏は、寛永前期の年寄制の意義について「大御所秀忠・将軍家光という二元政治のもつ本来的な矛盾を緩和し、かつ秀忠政権から家光政権への権力移譲を円滑にしたところに、その歴史的役割があったといえよう」と指摘されている。(51) また藤野保氏は、松平信綱ら「家光側近グループ」の「政治中枢への進出を約束するものであった」点に『寛永初期政治』の特徴」を求められているが、(52) 旗本支配機構である若年寄制の形成過程という政治史・制度史的観点から寛永前期をみるならば、寛永十年以後の幕府政治中枢機構の急速な形成・整備を可能にした条件を醸成した点にも、この期の歴史的意義を見出すことができるのではないだろうか。

注

（1）佐々木潤之介「序説幕藩制国家論」（『大系日本国家史』3近世、東京大学出版会、一九七五年）七九頁。

（2）北原章男「家光政権の確立をめぐって」（『歴史地理』九一巻二・三号、一九六五・六六年）、藤野保「寛永期の幕府政治に関する考察」（北島正元編『幕藩制国家成立過程の研究』吉川弘文館、一九七八年）、辻達也「寛永期の幕府政治に関する若干の考察」（『横浜市立大学論叢』二四巻三号、一九七三年）。この他、本章に関わってこの期を対象とした研究に、荻原勝「二元政治にみる幕政の動向」（『武蔵野女子大学紀要』一一、一九七九年）、藤井讓治「秀忠大御所時代の『上意』と年寄制」（岸俊男教授退官記念会編『日本政治社会史研究』下、塙書房、一九八五年）、煎本増夫「家光政権の一考察」（『日本歴史』二九二号、一九七二年）などがある。

（3）美和信夫「江戸幕府若年寄就任者の数量的分析」（『名古屋大学日本史論集』下、吉川弘文館、一九七五年）。

（4）第二部第三章参照。

（5）藤井讓治「幕藩官僚制論」（『講座日本歴史』五、近世一、東京大学出版会、一九八五年）三三八頁。

（6）『新訂本光国師日記』第五（続群書類従完成会編）一二二頁。

（7）大野瑞男『江戸幕府財政史論』（吉川弘文館、一九九六年）一〇五頁以下。

（8）『梅津政景日記』（大日本古記録）四、一〇二頁。

（9）「御当家令条」（石井良助編『近世法制史料叢書』2、創文社、三号）。

（10）城郭普請許可、上洛命令、城郭普請命令、参勤命令等の大名支配に関わることはもとより、代官や蔵奉行に対する扶持米・物成米・知行渡しといった幕領支配、一季居・煙草作の禁止、諸街道の伝馬駄賃・渡船場船賃などの民政、諸大夫成奉書に見られるような朝廷との交渉、寺院訴訟や諸目安への裏判といった訴訟業務などのほか、外国との対応など、その業務範囲はきわめて多岐に及んでおり、のちの勘定奉行・町奉行・寺社奉行・道中奉行・作事奉行などの職掌をもふくむものである。

（11）ここで元和期における、「年寄」衆を中心とした合議制の展開について、金地院崇伝の「異国日記」（『大日本史料』十二編之三十八）を素材に見ておきたい。

元和七年三月、明の総鎮浙直地方総兵官である王某が単鳳翔を日本に派遣し、沿海の奸徒が掠奪や殺人を行なうことを告げ、商船の査検や盗賊の懲治を願った書を幕府に提出した。これを受けた幕府は「三月二日、長谷川権六・永喜両人来臨、唐人捧書之遂一覧、権六口上ヲモ可承由、御年寄衆被仰由也、内々上意モ其趣也」とあり、崇伝は年寄衆から「唐人捧書」の一覧と長崎代官長谷川藤正の意見の聴取を命じられた。これを一覧した崇伝は「日本ノ将軍、如此書、甚以無礼也、様ト書候事、是又非書法、殊ニ権六ヘノ書ト同文言、弥無礼、不足信用」と述べ、「無礼ノ条々七ケ条」の覚書を認めている。翌三日、登城の命を受けた崇伝らは「雅楽殿・大炊殿・上野殿・対馬殿対談、永喜・権六在座□□、右書出テ双談、昨日ノ七ケ条ノ覚書ヲ永喜読、猶其趣ヲ申渡ス、一段尤ト、各被仰候也」とあるように、酒井忠世ら年寄衆と協議し、崇伝らの意見書「七ケ条ノ覚書」を披露した。そして、年寄衆の意見も「一段尤」というものであった。

三月十八日には「同十八日、一位殿ニテ振舞、御年寄衆各御出、大炊殿・上野殿・御申候ハ、先日之書如何可有落着哉、唐人モ京ヘ五十人計上候、其追返様、又ハ上様無御存知分ニテ、年寄衆ノサバキ様、又ハ権六仕様ナト、長老ヘ談合申セトノ上意ノ由也」とあるように、阿茶局の振舞に呼ばれた崇伝は、同席した年寄衆から「唐人」の「追返様」を秀忠自身が「御存知」ないことにして、「年寄衆ノサバキ様」と「権六仕様」とを年寄衆と協議せよとの秀忠の「上意」を受けている。

さて翌十九日、登城した崇伝は秀忠から明書についての諮問を受けたのち、「其後次之間ニテ、四人ノ年寄衆ト又双談」し、このとき「寺志摩殿、此以前長崎代官ニテ、カヤウノ事ヲモ鍛練アルヘキ間、尋候ヘ」と命じられ、「其晩志州ヘ参候て」寺沢広高の意見、すなわち日本と明との交渉は「高麗口ヨリ対馬ノ取次ニ候、日本ハ法度ニテ、脇ヨリ不取次ト申候て、書ヲモ返し候」を徴し、崇伝はその旨を「廿二日ニ、御城ニテ、四人ノ御年寄衆ヘ申」したのである。その後、五月七日に登城した崇伝は「御年寄衆大炊殿、次之間ニテ、唐人之義可有御談合候間、明日之昼又登城可申」との命を受け、「同八日、午旼登城、御年寄衆、権六・永喜・各対談」し、この協議のなかで「唐人之書出テ読之、講尺スル、弥不及御報、彼在京之使者可被皈」との内定が出され、翌九日「寺志州同道登城、志州、先年長崎代官之時唐船来朝之旼之様子共、覚書ヲして、持参」したのを「御年寄衆一覧、口上共具ニ被聞」たのち、「兎角今度之使書ハ偽ニ必定ト聞ヘ候ヘ共、異国之義ナレハ、如此御念入候」との旨を秀忠に報告し、この段階にいたって「唐人捧書」が偽書であり、王某の嘆願は却下するという幕府意志が決定したのである。

この決定が如何に明側に伝達されたかは省略するとして、以上見てきたように、外国（明）との対応に関する幕府の政策決定過程は、金地院崇伝・林永喜・長谷川藤正・寺沢広高などをブレーンとしながら、一貫して酒井忠世・本多正純・土井利勝・安藤重信らの年寄衆との合議という形をとっている。とくに三月十九日の記事に「年寄衆ノサバキ様」とあったように、固定されたメンバーによる職制としての対応の仕方が求められており、合議に基づく一つの政治機構の存在が当時も十分に認識されていたのである。

(12)『新訂本光国師日記』第四、三三三頁。
(13)『新訂寛政重修諸家譜』第二（続群書類従完成会編）二〇頁。
(14)『寛永諸家系図伝』第一（続群書類従完成会編）二二二頁。
(15)松尾美恵子「江戸幕府職制の成立過程」（児玉幸多先生古希記念会編『幕府制度史の研究』吉川弘文館、一九八三年）一六六頁。
(16)『寛永諸家系図伝』第二、一一〇頁。
(17)福島貴美子「江戸幕府初期の政治制度について」（『史艸』八号、一九六七年、のち論集日本歴史『幕藩体制』Ⅰ、有精堂、一九七三年に再録）一三三頁。
(18)『徳川実紀』（新訂増補国史大系）第二篇参照。
(19)横田冬彦「板倉勝重」（藤井譲治編『近世前期政治的主要人物の居所と行動』京都大学人文科学研究所調査報告、第三十七号、一九九四年）。
(20)「金地院文書」（東京大学史料編纂所写真帳）。
(21)注(19)に同じ。
(22)藤井譲治「秀忠大御所時代の『上意』と年寄制」。なお藤井氏は、この期の上意が必ずしも秀忠の意志のみではなく、家光の意志も形式的には対等なものとして、決定され表明されていたことを明らかにされている。
(23)『大日本古文書』相良家文書二―九二八号。
(24)『山内家史料』忠義公紀第二編、二〇八頁。
(25)『大日本古文書』伊達家文書二―九〇五号。
(26)（寛永二年）七月十日付の久貝正俊に宛てた土井利勝・井上正就連署による西丸年寄連署奉書にも「猶々、永信州一所不被罷有候間、加判無之候」とある（高橋正彦編『大工頭中井家文書』慶応通信、一九八三年）二三一頁。

(27)「鍋島勝茂公譜」(東京大学史料編纂所所蔵)。
(28)『寛永諸家系図伝』第十三、一六四頁。
(29)姫路市立図書館所蔵酒井家文書「江戸幕府日記」(東京大学史料編纂所写真帳)。
(30)北島正元『江戸幕府の権力構造』や藤野保『新訂幕藩体制史の研究』においても、本丸の小姓組番頭に触れているにすぎない。
(31)横山則孝「江戸幕府番方の範囲をめぐって」(『日本大学史学科五十周年記念歴史論文集』一九七八年)。
(32)横山則孝「江戸幕府新番成立考」(『日本歴史』三〇二号、一九七三年)。
(33)「東武実録」(2)(『内閣文庫所蔵史籍叢刊』2)七七八~八三〇頁。
(34)「元和年録」(『内閣文庫所蔵史籍叢刊』65)。
(35)『新訂寛政重修諸家譜』第四、二九三頁(井上正就)、『同』第十、二七一頁(永井尚政)、『同』十二、九三頁(青山幸成)、『同』第四、三九五頁(松平正綱)、『同』第十五、一八九頁(秋元泰朝)。
(36)『柳営補任』(大日本近世史料)一、二二四・二八四頁。
(37)『新編藩翰譜』第二巻(新人物往来社)四七三頁。
(38)『柳営補任』一、二二四・二八三頁。
(39)『新訂寛政重修諸家譜』第七、九四頁。
(40)『真田家文書』(米山一政編、長野市)上、一五五号。
(41)『細川家史料』(大日本近世史料)三―七〇〇号。
(42)たとえば、(寛永五年)九月十三日付島津家久宛西丸年寄連署奉書(「薩藩旧記増補」十一)、(寛永五年)霜月十一日付島津家久宛西丸年寄連署奉書(「薩藩旧記増補」十)、(寛永六年)閏二月二十七日付伊達政宗宛西丸年寄連署奉書(『伊達家文書』二)など。
なお、寛永五年十月四日付で山内備後・野中玄蕃らに宛てた山内忠義の書状には「一、森川内膳を森川出羽守ニ被為成、御年寄並ニ被召加候、青山大蔵をも御年寄並ニ被召加候」(「土佐山内家御手許文書」)とあり、管見では「御年寄並」という語が使われた最初のものである。

(43)「諸役人系図」二（東京大学史料編纂所所蔵）。
(44)『寛永諸家系図伝』第三、二〇六頁。
(45)『新訂寛政重修諸家譜』第十三、二三〇頁（内藤忠重）、『同』第十、一八八頁（稲葉正勝）。
(46)『大日本古文書』伊達家文書二、五一六頁参照。
(47)「諸役人系図」二。
(48)『柳営補任』一、二八四頁。
(49)『新訂寛政重修諸家譜』第四、四〇一頁（松平信綱）、『同』第十、三六一頁（阿部忠秋）、『同』第十、四一一頁（堀田正盛）、『同』第九、三九頁（三浦正次）。
(50)「東武実録」(2)（『内閣文庫所蔵史籍叢刊』2）八六五頁。
(51)藤井譲治「秀忠大御所時代の『上意』と年寄制」四三五頁。
(52)藤野保「寛永期の幕府政治に関する考察」五九頁。

第三章　江戸幕府若年寄の成立をめぐって

はじめに

「江戸幕府日記」[1]寛永十年（一六三三）三月二十三日の条には、

一午下刻、松平伊豆守（信綱）・阿部豊後守（忠秋）・堀田加賀守（正盛）・三浦志摩守（正次）・太田備中守（資宗）・阿部対馬守（重次）御前江被召出、少々御用之儀者、右六人之衆令相談、相調可申之旨被　仰出云々、

とあり、このとき松平伊豆守信綱・阿部豊後守忠秋・堀田加賀守正盛・三浦志摩守正次・太田備中守資宗・阿部対馬守重次の六名が、「少々御用之儀者、右六人之衆令相談、相調可申之」との台命を受けている。これが、いわゆる「六人衆」の成立であり、一般に江戸幕府若年寄の起源とされるものである。[2]

北原章男氏は、この六人衆の成立を若年寄の起源とすることには「疑問がある」として、「門閥宿老対策に大きな役割をはたし、寛永一五年以後早急に解消する」ことから、「六人衆は、家光が政治中枢を掌握するための一つの足掛り」として成立させたものであり、若年寄の一般的な職掌である最高政務の分担や「老中補佐ではなく、老中牽制の意味を読みとるべきで」あると指摘されている。[3]

これに対して藤野保氏は、「当時の老職と『六人衆』との間には根本的に矛盾・対立する要素はな」かったとし、『六人衆』という新しい政治機構を設置してまで、『門閥宿老に対置・牽制』せしめる必要は」なく、六人衆は当時の「政治中枢機構の整備と職務分掌の一環として設置された」のであり、とくに「直属家臣団の整備・強化を意図した家光にとって、彼らを統制・掌握するための政治機関の創設が必要」となり、「その職制こそ『六人衆』(=若年寄)」であったとされている。(4)

このように、六人衆の歴史的評価をめぐっては、まっこうから見解の対立が見られるのである。(5)ところが、北原・藤野両氏とも、多くは『徳川実紀』などの二次史料に拠りながら政治史の表面事象の考察に終始し、本来なすべき六人衆に関する具体的な業務内容の分析を、殆ど行わないまま立論されているのである。したがって六人衆の歴史的評価や、若年寄制の形成をめぐる問題は、再検討の余地が十分に残されていると考えられる。そこで本章では、できるだけ良質な史料を使用し、六人衆についての具体的な業務分析を行なうことで右の問題に考察を加え、かつ寛永十年代という幕藩制国家確立過程における重要な時期にあって、六人衆の成立や若年寄制の成立が、幕府政治史上如何なる意味を有していたのかについても言及してみたい。

第一節　六人衆成立の歴史的前提

まず本節では六人衆成立の歴史的前提として、大御所秀忠死後における幕府政治中枢の変化を見るとともに、六人衆成立以後いわゆる「六人衆宛法度」制定までの彼らの動向を概観しておく。

1　政治中枢の変化

寛永九年一月二十四日、これまで大御所として幕政の実権を掌握していた秀忠が死去すると、寛永元年以来行なわれてきた本丸―西丸の二元政治は解消し、これ以後の幕府政治は将軍家光による強力な路線のうえに展開されることとなる。しかし、将軍家光に課せられた当面する課題は、大御所秀忠の西丸に付属していた書院番・小姓組番士の処遇であった。詳細は第一部第三章にゆずるが、家光は秀忠の生前に存在した西丸の書院番六組と小姓組番六組を本丸の両番に吸収・合併させ、寛永十年七月の時点で書院番一〇組、小姓組番八組という形で再編に成功していた。それでは秀忠死の直後において、再編なった書院番・小姓組番やその他大番も含めた旗本集団を支配していたのは、如何なる機構であろうか。これは前章でも若干述べたことではあるが、ここでもう一度詳細に検討してみたい。

表21は寛永九年六月から同十二年までにおける、江戸城内における旗本を主な対象とした、種々の命令や人事、加増、家光の仰せ等の「申渡」「伝」「仰渡」を表したものである。以下すべて「申渡し」と呼ぶこととするが、この表に見られるように、寛永九年の段階では加藤忠広の改易（表21中［1・2］以下同じ）や徳川忠長高崎逼塞の諸大名・惣番頭・物頭・使番・目付・諸奉行人に対する申渡し［11］、あるいは「御番外之面々、御小姓組・御書院番・大御番数輩被仰付、於萩之間大炊頭・讃岐守・伊賀守仰之旨伝之」とあるような、小姓組番、書院番、大番への入番と言った人事［12］、書院番士の知行所出入究明の申渡し［8］、増上寺普請奉行の任命［9］などは、常に全員が揃ってはいないが、酒井忠世・土井利勝・酒井忠勝・永井尚政・稲葉正勝・内藤忠重・青山幸成ら「年寄」衆が行なっている。彼らは、奉書加判に示されるように、当時諸大名に対する公的な命令伝達機構たる「年寄」制の構成員であった。したがって、秀忠死後の寛永九年段階での「年寄」制は大名支配はもとより、右の種々の申渡しを支配と捉えるなら

表21 「申渡し」①

No	年月日(寛永)	場所	井伊直孝	松平忠明	酒井忠世	土井利勝	酒井忠勝	永井尚政	稲葉正勝	内藤忠重	青山幸成	松平信綱	阿部忠秋	堀田正盛	三浦正次	太田資宗	阿部重次	申渡	対象者	内容
1	9. 6. 1	黒書院			○	○	○	○	○	○	○							申渡	諸大名	加藤肥後守・豊後守改易
2	6. 1	白書院			○	○	○	○	○	○	○							申渡	惣番頭・物頭・使番・目付・諸奉行	加藤肥後守・豊後守改易
3	6. 4	黒書院			○	○												申渡	有馬直純	熊本城在番
4	6. 4	黒書院						○		○	○	○	○	○				申渡	神尾元珍（小姓組番）他4名	中奥ニテ召仕
5	6. 9	白書院			○	○	○	○		○	○							申渡	惣番頭衆・物頭衆	知行所取箇書付提出
6	6. 14	白書院			「年寄中」													申渡	組頭・物頭・諸役人	領知物成書付提出
7	6. 16						○											申渡	能勢四郎左衛門・諸星清左衛門	黄金下賜
8	7. 22	焼火之間			○	○	○	○			○							申渡	小澤牛右衛門・同次郎右衛門	知行所出入り究明
9	9. 2	萩之間				○	○											仰渡	梶川四郎二郎他2名（小普請奉行）	増上寺普請奉行
10	9. 25				「年寄衆」													仰渡	番頭衆	書院番・進物番当番切
11	10. 20	小広間			「年寄中」													申渡	在府の諸大名	徳川忠長高崎逼塞
12	11. 19	萩之間				○	○			○								伝	番外の面々	小姓組・書院番・大番入番
13	10. 2. 19	土圭之間						○	○			○						仰渡	朽木与五郎他3名（徒頭）	宇治御茶詰番
14	2. 25	雁之間			「年寄中」													申渡	書院番・小姓組・大番士17名	加恩
15	4. 19	酒井忠世本屋敷					○											申渡	六人衆・稲葉正勝	諸職人の肝煎
16	5. 13	白書院	○			○	○											申渡	惣番頭・物頭	酒井山城守切腹
17	6. 14	花畑縁通											○	○	○			申渡	高井左兵衛他9名（書院番・小姓組番）	進物番
18	8. 8						○					○	○		○			申渡	頭・組中	書院番・小姓組新規入番
19	8. 11	萩之間					○					○	○	○	○			申渡	桜井庄之助	駿河目付派遣黄金等下賜
20	8. 25					○							○					申渡	石谷十蔵・曾根源左衛門	上方洪水検使
21	8. 27					○							○					伝	船手之衆・御膳奉行等	上洛供奉用意
22	9. 27		○		○	○	○											伝	在江戸国持の面々	堀尾山城守改易
23	12. 15				○	○	○											申渡	大坂帰参の大番衆	知行加増
24	11. 1. 9				「年寄中」													申渡	諸物頭	上洛供奉人数半役

25	1.19	白書院	「年寄衆」		伝	諸物頭	上洛供奉人数
26	1.29	萩之間	○○	○	申渡	驢庵・言治他5名(医師)	家光看病銀子等下賜
27	1.29		○○	○	申渡	伊奈半十郎・大河内金兵衛他	秀忠法事詰黄金等下賜
28	2.26			○○○○○	申渡	松平九郎左衛門他5名（大番）	切米支給
29	3. 9			○	伝仰	畠山民部少輔	家光上洛以前上京
30	3.13		○○○		伝	諸大名	上洛中進物等停止
31	3.29	焼火之間		○	申渡	伏見勘七郎他5名	造営奉行
32	5.21	焼火之間		○○	申渡	上洛供奉の諸役人	金子下賜
33	6.14		「宿老衆」	「六人衆」	伝	惣御番衆	大坂替番銀子下賜
34	12. 3.14			○	伝	譜代大名	宗対馬守赦免
35	6.20	焼火之間		○○○○○○	伝	小姓組入番衆	家光仰せの旨
36	6.21	大広間	○○ ○○○		伝	諸大名・譜代大名	武家諸法度
37	8.16		○○	○	尋問	二条在番明大番衆	善悪の儀
38	9. 6	白書院	「年寄中」		申渡	(各頭)	キリシタン穿鑿
39	9.16			○○ ○○○	伝	大久保彦十郎(中奥番)他2名	御膳奉行
40	10.10		○○	○○○	伝	諸大夫・布衣・無官の3000石以上	玄猪の餅下賜
41	10.25	萩之間	「年寄衆」		申渡	船手頭	在江戸水主扶持米倍増

注　「江戸幕府日記」等により作成．「江戸幕府日記」は寛永11年8月4日以降12月末までは欠けている．○は申渡しへの列座を示す．

ば、大番頭も含めた惣番頭以下の旗本集団の総体的な支配にも機能していたのである。

ところが、寛永九年末から幕閣内部に変動が生じてくる。その第一は、「江戸幕府日記」寛永九年十一月十八日の条に「松平伊豆守宿老衆並ニ御奉公可仕旨被仰付之」とあり、また同年十二月十日付で細川忠興の家臣松野織部ら三名に宛てた細川忠利の書状に「松平伊豆殿御年寄なミニ被成候由」[6]とあるように、小姓組番頭である松平信綱が「宿老衆並」＝「年寄なミ」となったことである。以下これを「年寄」衆に準ずるという意味で「年寄」並とするが、この「年寄」並の具体像については後述するとして、第二は「江城年録」[7]寛永九年十二月十四日の条に「太田釆女正

(資宗)・阿部山城守(重次)可昵近旨、其上小姓組番頭被仰付」とあり、また「御当家紀年録」[8]同日の条に、

松平伊豆守信綱・阿部豊後守忠秋・三浦志摩守正次・堀田加賀守正盛・太田備中守資宗・阿部対馬守重次、各六人定近臣為合判、

とあるように、松平信綱らこれまでの小姓組番頭に加え、新たに太田資宗・阿部重次が小姓組番頭となったことであり、かつ彼らに「昵近」あるいは明確な六名の「近臣」としての位置が与えられたことである。いわば六人衆はこのとき確定したと言ってよいであろう。第三は、同年十二月十八日に水野守信・柳生宗矩・秋山正重・井上政重をメンバーとし、年寄衆の監察までも任務とした大目付の設置である。[9]

そして第四は、「年寄」衆の加増をともなった転封である。すなわち、寛永九年十一月二十三日に稲葉正勝が四万五〇〇〇石の加増うけ八万五〇〇〇石となって相模小田原に入封し、[10]同十年二月三日には青山幸成が一万石の加増をうけ二万六〇〇〇石で遠江掛川城主となり、[11]同年三月十八日には内藤忠重が一万五〇〇〇石の加増をうけ三万五〇〇〇石で志摩鳥羽城主となり、[12]さらに同年三月二十五日には永井尚政が下総古河から山城淀一〇万石の城主に転封されている。[13]これらの加増は稲葉正勝のほかは、秀忠大御所時代の奉公に対する恩賞であり、稲葉のばあいは肥後加藤氏の改易による城請取りの上使となりその任務完遂への恩賞という意味があった。[14]そして、この転封によって稲葉正勝を除く三名は、これ以後奉書に加判することはなく、「年寄」制の構成員からは離脱することとなり、各々の転封地において譜代大名としての役割を負うこととなった。とくに永井尚政は転封以後、京都所司代の板倉重宗や堺奉行・大坂町奉行などの合議による、上方民政機構としての「八人衆」体制を構成し、上方の支配に重きをなしていた。[15]こうして寛永十年四月以後の「年寄」衆は、酒井忠世・土井利勝・酒井忠勝・稲葉正勝の四名となったのである。

最後に第五として注意しておきたいことは、井伊直孝と松平忠明のいわゆる「大政参与」である。[16]この両名は秀忠

死去の直前から在府し、武家諸法度の申渡しの列座［36］や、とくに直孝は寛永十六年七月のいわゆる「鎖国令」への加判[17]など、幕府政治の最重要事項には関与していた。しかし一般の年寄衆連署奉書への加判はなく、まさに大政参与であって「年寄」と同一視することはできない。何故井伊直孝らが幕政に参加したかは判然とせず、この点に関しては今後の課題とするほかないが[18]、いずれにしても井伊直孝・松平忠明が、家光政権の政治中枢に参画するようになっていた。

2　六人衆成立の動向

以上述べたことが、六人衆成立の前提である。そして、六人衆は永井尚政が山城淀に転封される二日前の寛永十年三月二十三日に設置されたのである。この後、六人衆の職掌の一端が明らかとなっている。まず「江戸幕府日記」寛永十年四月十九日の条には、

一猿楽舞々、稲葉丹後守（正勝）・太田備中守万事之儀可申付旨被仰出云々、

一御数寄屋方職人、松平伊豆守・堀田加賀守、

一御腰物方職人、阿部豊後守・三浦志摩守、

右之通職人方之儀肝煎可申旨、去十六日被仰出、今日酒井雅楽頭於本屋敷、上意之通酒井讃岐守被申渡之、

とあるように、この日、酒井忠世の本屋敷において酒井忠勝から、稲葉正勝と太田資宗が「猿楽舞々」を、松平信綱と堀田正盛が「御数寄屋方職人」を、阿部忠秋と三浦正次が「御腰物方職人」をそれぞれ「肝煎」ようにと申渡されている。『徳川実紀』では、このときの模様を「六人衆所属制定」と頭注しているが[19]、これは「所属」ではなく「肝煎」＝支配であり、阿部重次の名がなくかつ稲葉正勝がふくまれてはいるが[20]、この時点で江戸城に出仕する諸職人の

六人衆による支配が規定されたのである。なお、同月十六日の「江戸幕府日記」には「御持弓・御持筒之儀ニ付、万事太田備中・阿部対馬守肝煎可申旨被仰出」とあり、このとき太田資宗と阿部重次が持弓・持筒組の支配も命じられている。

翌寛永十年五月五日になると、阿部忠秋と堀田正盛が家光の「御前江被召出、松平伊豆守並ニ御年寄被仰付之」[21]れており、これによって六人衆のうち松平信綱・阿部忠秋・堀田正盛の三名が「年寄」並となったのである。この三名は前掲表21で、早くも寛永九年六月四日の神尾元珍以下四名の小姓組番士に中奥番を命じた申渡し［4］に、永井尚政・内藤忠重・青山幸成とともに列座している。小姓組番士への申渡しに番頭が列座するのは、当然のことのように思われるが、他の番士、たとえば表中［8］の小澤牛右衛門忠秋（書院番）・同重長兄弟の知行所の出入究明では「於御前相究其様子両人江於焼火之間、雅楽頭・大炊頭・讃岐守・信濃守・大蔵被申渡云々」[22]とあるように、「年寄」衆のみで書院番頭が列座していないことから、松平信綱ら三名は寛永九年当時すでに他の番頭とは別格であり、単なる番頭からは一段上昇した地位にあったことを窺うことができる。このように見ると、家光が寛永十年五月の段階で松平信綱らを「年寄」並としたことは当然のことと考えられるが、注意する必要があるのは、六人衆という一定の機構が存在しても、その内部には「年寄」並がふくまれており、それぞれがフラットな関係にはなく、権力構成において二分されていたと言うことである。

寛永十一年三月三日になると、「年寄」衆と六人衆との職掌が明確に定められている。

【史料1】[23]

定

①一禁中方並公家門跡衆之事、

②一国持衆・惣大名壱万石以上御用並訴訟之事、
③一同奉書判形之事、
④一御蔵入代官方御用之事、
⑤一金銀納方並大方（分）御遣方之事、
⑥一大造之御普請並御作事、堂塔御建之事、
⑦一知行割之事、
⑧一寺社方之事、
⑨一異国之事、
⑩一諸国絵図之事、
右条々御用之儀並訴訟之事、承届可致言上也、
御朱印
寛永十一年戌三月三日
酒井雅楽頭とのへ
土井大炊頭とのへ
酒井讃岐守とのへ

【史料2】[24]

定

①一御旗本相詰候輩、万事御用並御訴訟之事、

②一諸職人御目見並御暇之事、
③一医師方御用之事、
④一常々御普請並御作事方之事、
⑤一常々被下物之事、
⑥一京・大坂・駿河其外所々御番衆並諸役人御用之事、
⑦一壱万石以上（下）組はつれの者御用並御訴訟之事、

御朱印

寛永十一年戌三月三日

松平伊豆守とのへ
阿部豊後守とのへ
堀田加賀守とのへ
三浦志摩守とのへ
阿部対馬守とのへ
太田備中守とのへ

右に挙げた二つの史料は、これまで『徳川禁令考』の文書名から無批判に「老中職務定則」「若年寄職務定則」と呼ばれてきたが、この段階ではいまだ老中や若年寄という「職」自体が形成されていないこと、また藤井譲治氏も指摘されるように、これらは将軍家光から年寄衆や六人衆と呼ばれた人物に宛てられた「法度」であり、職掌が客体化されたと言っても依然個別人格的色彩が強いことなどから、ここでは藤井氏の見解に一応したがい【史料1】を「年

寄衆宛法度」、【史料2】を「六人衆宛法度」と呼ぶことにする。(25)

「六人衆宛法度」に示された六人衆の職務は、「年寄衆宛法度」と比較すると一層明瞭となる。すなわち、「年寄」衆の職務が朝廷や「国持衆・惣大名壱万石以上」の大名支配、あるいは諸外国との対応をふくんだ、江戸幕府がもつ「公儀」としての側面を管掌するものだったのに対して、六人衆の職務は、①⑥⑦条に見られるように京都や大坂に在番する大番衆や、寄合衆（「組はつれの者」）・遠国役人等をふくめた旗本集団の「御用並御訴訟」の取次、すなわち支配を初めとして、②③条目の諸職人や医師衆（いわゆる御殿医）の支配、④条目の通常（小規模な）の普請・作事、⑤条目の将軍家光からの下賜品など、およそ一個別大名としての徳川氏家政面を管掌するものであった。そして、これによって幕府政務の中枢は、年寄衆と六人衆という執行機関を媒介にして、その実態はともかく、少なくとも「法」のうえでは二分されることとなったのである。なお、「六人衆宛法度」制定以前に、六人衆の職務として明確に規定されていたのは、前述したように②条目の諸職人支配だけである。

第二節　六人衆設置の歴史的意義

本節では、六人衆・「年寄」並・「年寄」衆に関して、寛永十から同十二年の間におけるそれぞれの幕府政治に果たした役割を具体的に検討することで、そこから六人衆設置の歴史的意義を考えてみたい。

1　六人衆をめぐって

表21を見ると、江戸城内における旗本や諸大名に対する申渡しは、寛永九年（一六三二）の段階までは、主に酒井

忠世から青山幸成までの「年寄」衆によって行なわれており、この点は前述したとおりである。ところが、酒井忠世・土井利勝・酒井忠勝以外の「年寄」衆は、「江戸幕府日記」寛永十年二月十九日の条に「朽木与五郎（三名略）、右四輩宇治御茶詰番替ニ仕可罷上旨被仰出之、丹後・信濃・伊豆於土圭之間被仰渡云々」とあるように、永井尚政・稲葉正勝・松平信綱の列座で、朽木友綱ほか三名の徒頭に対して宇治御茶詰番を命じた［13］のを最後に、まったく列座しなくなっている。このことは永井尚政・青山幸成らが転封されたためで当然の結果であるが、問題となるのは、それ以後の旗本集団に対する申渡しである。

それは表21に見られるように、永井尚政らの転封以後は松平信綱以下の六人衆が登場するようになっている。したがって旗本の統制・掌握は、一見六人衆の職掌として確定されたかのようである。しかし、注意して見ると「六人衆宛法度」制定（寛永十一年三月三日）以前において、六人衆の側が単独で機能しているのは、寛永十年六月十四日に阿部忠秋・堀田正盛・三浦正次の列座で、書院番・小姓組番の両番士に対して進物番となることを命じたもの［17］と、同十一年二月二十六日に阿部重次を除く六人衆の列座で、松平九郎左衛門ほか五名の大番士に対して切米支給の旨を申渡したもの［28］だけである。しかも六人衆全員で列座した事例はなく、多くは松平信綱と阿部忠秋となっており、かつ上述の二例以外は、かならず「年寄」衆の側から一名ないし二名が列座しているのである。つぎの史料は「江戸幕府日記」寛永十年五月十三日の条である。

一惣番頭・物頭不残被為召出御白書院、酒井山城守（重澄）常々御奉公不仕、重畳不届成儀共被聞召候間、切腹可被仰付候へとも、頃之様子無紛付而、御改易被仰付候旨、掃部頭（井伊直孝）・大炊頭・讃岐守申渡之畢、

この史料に見られるように、「惣番頭・物頭」に対する申渡しは井伊直孝・土井利勝・酒井忠勝が行なっており、六人衆はもちろん、このとき「年寄」並であった松平信綱・阿部忠秋・堀田正盛でさえも列座し得ていないのである。

むしろ六人衆がみな小姓組番頭だったことから、申渡される側にあったとさえ考えることができる。

一諸物頭被為召、今度　御上洛供奉召列人数之儀、弐千石以下ハ本役、弐千石以上ハ可為半役、雖然、役人ハ御用之足次第可召列之旨被　仰出之、於御白書院御年寄衆被伝仰之旨云々、

また、右の「江戸幕府日記」寛永十一年一月十九日の条にあるように、「諸物頭」クラスに対する申渡しも「年寄」衆が行なっていたことがわかる。

このように見ると、六人衆成立以後においても旗本集団を総体的に支配したのは、依然として「年寄」衆だったと言うことができる。そして、六人衆は永井尚政・内藤忠重・青山幸成らが「年寄」を離脱したその穴を埋める形で、旗本支配に関与しており、とくに「年寄」衆が一名ないし二名のときに六人衆の側からの参加が多いことから、「年寄」衆の業務の補佐的な役割を果たしていたと見ることができる。また、さらに付け加えるならば、六人衆全員の列座がまったくないことから、「年寄」衆の業務補佐という側面でも、六人衆は一つの機構としての機能を全うしてはおらず、むしろ旗本支配という中枢政務に関与し得たのは、松平信綱・阿部忠秋・堀田正盛らの「年寄」並であったということが指摘できるのである。こう考えれば、六人衆が成立時に命じられた「少々御用之儀」は、少なくとも旗本支配ではなかったと言うことができよう。

2　「年寄衆宛法度」「六人衆宛法度」をめぐって

ところで、北原章男氏はこれに関して、「少々御用之儀」の極まったところが「六人衆宛法度」であったとされている。[26]この点をもう少し見てみよう。つぎの史料[27]は（寛永十一年）三月五日付の細川忠利の書状案である。

一、爰元何もかも年寄衆迄ニ而ハ事つかへ候、其上何事も三人無相談而者成不申候故、はか不参候ニ付而、御用

之事をわけられ、御法度書三ツ出申候、写を進上申候、年寄衆へ物を申候事、人を頼候而不申、直ニ申候へ、又少之事ハ使ニ而申候へとの様ニ承候、左候へハ、わき〳〵の衆いせい被仕候事成間敷かと存候事、（中略）

三月五日

魚住伝左衛門尉殿

追而、三人之御年寄衆御用之御番、十五日替にて御さ候、三月一日ゟ十五日迄雅楽殿、三月十六日ゟ晦日迄大炊殿、四月一日ゟ十五日まて讃岐殿、か様ニ御番にて御用被調候、以上、

この細川忠利の書状に見られるように、寛永十一年三月当時、幕府政治は閉塞的な状況にあり、加えて酒井忠世・土井利勝・酒井忠勝ら三人の年寄衆による合議が将軍家光によって強要されたため、政務はきわめて停滞していた（「はか不参候」）ことが窺え、そこで年寄衆の業務が分割されることとなり、三つの「御法度書」が出されたのである。[28]また、諸大名から年寄衆への種々の願い・伺いと言ったものは、今後は人を介さずに直接申し出ることとし、かつ簡便なことは使者にて済ますことが規定されており、忠利はこれによって「わき〳〵の衆」が威勢を張ることはできなくなるだろうとの感想を述べている。[29]さて、こうした政務の停滞状況を払拭するために、家光がとった手段は、一つには追而書に見られるように、老中月番制の原型ともいうべき「年寄」衆半月番制の導入である。そしてもう一つが、書状本文にあった年寄衆業務の分割である。では、分割された年寄衆の業務、または三つの「御法度書」とは何であろうか。それはつぎの史料によって知ることができる。

一、御年寄衆御三人迄にてハ事つかへ候ニ付、六人之若御出頭衆・御町奉行衆事をわけ可被執行由被　仰出、御一ツ書写給候、又状之おくニ被書候御年寄衆御用被　仰付御番之次第、三月朔日ゟ十五日ツヽ雅楽殿・大炊殿・讃岐殿と次第ニ廻候由、得其意候事、

この史料[30]は、前掲細川忠利の書状に対する、国元の細川忠興からの四月十二日付の返書の一節である。この書状に見られるように、「御年寄衆御三人迄にてハ事つかへ」るため、彼らの業務は「六人之若御出頭衆」と「御町奉行衆」とに分割されていたのである。ここまでくれば、「六人之若御出頭衆」が六人衆を指し、「三ツ出申」した「御法度書」とは、一つは「年寄衆宛法度」であり、いま一つが「六人衆宛法度」だったことは、あまりにも明瞭であろう。ただし「御町奉行衆」のそれは、残念ながら現在まで発見されていない。

ここで、これ以後、幕府政務の状況がどのように変化していたかを見ておこう。

一、上様御機嫌能被成御座候、事之外爰元万事御用はか参候、年寄衆御番ニ成候而、少も御用つかへ不申候、若つかへ候ハヽ、此上ハ急度御機嫌あしさうに御座候、其上様々起請被仰付候故、存之外はか参候、かくしなく物を被申上候間、可被成其御心得候事、

右の史料[31]は、「年寄衆宛法度」制定の十八日後、三月二十一日付で魚住伝左衛門尉に宛てた細川忠利の書状案の一節である。これによれば、政務処理の様子がきわめて良好であることと、「年寄」衆の半月番制が導入されたことで、「少も御用つかへ」ていない状況だったことがわかる。つまり、「年寄」衆の業務を分割し彼らの負担を軽減したこと、そして半月番制の導入によって諸大名からの願い・伺いなどの担当者が明確化したことなどにより[32]、少なくともこの時点において、幕府政務の停滞状況はおよそ払拭されていたのである。なお、ここで「若つかへ候ハヽ、此上ハ急度御機嫌あしさうに御座候」とあったように、政務の停滞を最も嫌ったのが家光であったことは、注意しておく必要がある。

以上のことから、寛永十一年三月三日まで「年寄衆宛法度」や「六人衆宛法度」の職掌さらには町奉行の職掌までを統括していたのは「年寄」衆であり、北原氏のようにこれまでの六人衆の業務が「極まった」と言えるものは、多

くみても「六人衆宛法度」第②③⑤条の諸職人、医師方、下賜物くらいなもので、①⑥⑦条目にあった旗本支配を示すような部分は、「年寄」衆の業務から分化し割譲されたものと言うことができるのである。

ところで、「年寄」衆の業務分割がなされた直接の理由は、当時の幕府政務の停滞という状況にあったわけであるが、何故それが寛永十一年三月だったのだろうか。この点について、まず第一に考えられることは稲葉正勝の死去である。正勝は、たとえば寛永十年六月十日付の細川忠利宛の細川忠興書状に「稲葉丹後殿吐血御煩之由、上様事之外被成御気遣、小田原ゟ被　召寄候由」[33]とあり、この前後の忠興らの書状にもたびたびその病状について触れられるなど[34]、じつは寛永九年から病気がちであった。そして永井直清に宛てた寛永十年四月二十六日付の年寄衆連署奉書[35]と、前述した同年四月十九日に「猿楽舞々（中略）万事之儀可申付旨」を命じられたのを最後に、正勝は幕府政治の表舞台から消え、寛永十一年一月二十五日に死去したのである。稲葉正勝は、右の細川忠興の書状にもあったように、吐血の際には家光がわざわざ江戸に呼び寄せるなど、家光の寵愛もあつく生きていれば当然土井利勝らと同じ役割を期待される存在であった。その稲葉正勝が死去した、つまり「年寄」衆業務への復活の可能性が断たれたために、家光はなおさら政務の停滞状況を払拭する必要性を感じ、寛永十一年三月という時点での業務分割＝「法度」制定となっていたのではないだろうか。

そして第二には、寛永十一年六月の家光の上洛が考えられる。これは一般に供奉人数三〇万人と言われているが、こうしたかつてない大規模な上洛に対して、旗本集団の統一的な掌握・統制を「年寄」衆のみで行なうことは不可能であり、まして酒井忠世は留守居として家光上洛中は江戸城の統轄を命じられており[36]、上洛には供奉していなかったのである。それ故に、直轄家臣団を統制する機構の創出は必須のものとなり、これまで「年寄」衆の業務の補佐的な役割を果たし、かつ旗本への申渡しにも列座していた六人衆が、「年寄」衆の持っていた旗本支配の機能を割譲され、明確な旗本支配機構として位置付けられたのではないだろうか。

一旅館並於其町中、自然火事出来之時者、兼日定置之輩其外当番之者、殿中江可参上、其余者宿所ニ有之而、番頭・組頭・目付之輩之指図ニまかすへし、下々ニ至る迄一切火元江不可懸集事、

（中略）

右之条々可相守之、万一違犯之輩於有之ハ、六人之内当番並目付之当番可言上之、随科之軽重、或死罪流罪改易、或ハ可為過怠もの也

寛永十一年甲戌六月八日

御黒印

この史料[37]は、このときの上洛供奉法度の一部である。たとえば右に挙げた条文で、火事の時、兼ねて定め置いた者たち[38]や当番以外は「宿所ニ有之而、番頭・組頭・目付之輩之指図ニまかすへし」とあるように、個々の場面においては番頭以下の統制下にあったが、末尾傍点部分に見られるように、「右之条々」に対して「万一違犯之輩」は「六人之内当番並目付之当番」が「言上」するよう定められており、この「六人」が六人衆を指すことは明らかであるから、六人衆の旗本統制がここでも規定されていることが窺えるのである。なお、ここに「目付之当番」が含まれているのは、目付が家臣団の監察を通常の業務としていたためで、本章で問題としている旗本支配とは、直接的には無関係であったと考えられる。

それでは、寛永十一年三月三日の「六人衆宛法度」によって職掌が明確に規定された以後における、六人衆の業務はどうなったであろうか。ふたたび表21を見てみよう。「六人衆宛法度」制定以後、後述する寛永十二年十一月十日の「寛永十二年条々」制定までの期間で、旗本集団に対する申渡しは、「江戸幕府日記」が八月四日以後十二月末ま

で欠けていることもあり、わずか九例しか見出し得ないが、第一に指摘できることは、たとえば寛永十一年六月十四日の大坂替番大番衆への銀子下賜［33］や、十二年八月十六日の二条在番明大番衆の勤務状況査問［37］、あるいは同年十月二十五日の幕府船手頭に対する在江戸水主（夫）の扶持米倍増［41］など、業務を割譲したと言っても、「年寄」衆が依然として旗本支配に機能していることである。しかし第二は、同じく［33］の事項や、十二年六月二十日の新規入番の小姓組番士に対する家光御意の申渡し［35］、さらには同年九月十六日の大久保忠貞らの中奥番士三名への御膳奉行任命［39］など、六人衆全員で列座するようになっていることで（ただし［39］には堀田正盛のみ不参加）、これは「六人衆宛法度」制定以前には、まったく見出せなかったことである。そして第三は、「年寄」並だった松平信綱・阿部忠秋・堀田正盛が、たとえば寛永十一年三月九日の畠山政信への上京命令［29］や、同五月二十一日には「御上洛供奉之諸役人金子被下之旨、於焼火之間豊後・加賀申渡之」と、上洛供奉の諸役人に対する金子下賜の申渡し［32］等に見えるように、これまで「年寄」衆とともに列座していたのが、これも「年寄」並の面々のみで列座し得るようになったことである。

以上の三点であるが、私は第二の点を重視したい。すなわち、依然として「年寄」衆が旗本への申渡しに列座した事例があると言うものの（これは大番に関するものが多い）、六人衆も一つの機構として単独で機能していることから、「六人衆宛法度」制定以後は、その箇条に見られたように、六人衆は一応旗本支配機構となったと見てよいのではないか、と言うことである。

3　「年寄」並をめぐって

藤野保氏は、寛永十年五月五日の阿部忠秋・堀田正盛の「年寄」並就任をもって、「ここにおいて『六人衆』のうち信綱・忠秋・正盛の三名は酒井忠世・土井利勝・酒井忠勝らの諸老職と同じように加判の列」となったとされ[39]、また北原章男氏は「宿老並・奉書加判とは実質的な宿老とみて差支えなく」、同時に「六人衆宛法度」によって「新参勢力（六人衆―筆者）は全ての重要政務にたずさわ」るようになったと指摘されている[40]。

ここでは、これらの見解について検証してみたい。まず、寛永九年十一月に「年寄」並を命じられた松平信綱について見てみよう。つぎに挙げる史料[41]は、寛永十年一月二十九日付で豊後日出城主木下延俊に宛てた細川忠利の書状の一節である。

一江戸にて御用被仰候儀、先度以笠（三）斎被仰聞候、丹後殿者不可然候、播州（伊丹康勝）弥御頼可然候、扠又当出頭松平伊豆事、貴様ハ右衛門殿（松平正綱）と御間能候間、伊豆を御頼候而可然と申候つる、新敷出頭人に候条、門派すくなく取入能候而、扠又埒明申人故、上様御取立之人、其上無病にて年若、二代まてハ御用を可被叶候間、成ほと御才覚尤候、（後略）

この書状によれば、三斎（細川忠興）からの忠告をもとに、秀忠死後幕府との交渉の窓口（「取次」）になり得る人物として、稲葉正勝は（病弱のため）頼みにならず、伊丹康勝は今後も「御頼可然」としながらも、細川氏は、木下延俊との関係が良好な松平正綱の養子である松平信綱を推薦している。「当出頭」の信綱は、「新敷出頭人」ゆえに派閥も少なく、また「埒明申人」であり、家光の「取立之人」で、かつ健康で二代の将軍にわたって「御用を可被叶」存在と観察されており、家光の近習のなかでは稲葉正勝に次ぐ「出頭人」であった。

表22は寛永十年から同十三年までの年寄衆連署奉書を示したものであるが、これによれば、寛永十一年八月以前では国持クラスの外様大名宛ての松平信綱の加判は一例［14］しかないなど格差はあるものの、寛永十年四月以後、土井利勝ら「年寄」衆とともに連署する例がかなり見られ、六人衆成立以後はある程度「年寄」衆と同様と見られなく

表 22　江戸幕府年寄衆連署奉書

No	年　月　日	酒井忠世	土井利勝	酒井忠勝	永井尚政	稲葉正勝	内藤忠重	松平信綱	阿部忠秋	堀田正盛	内　容	宛　所	出　典
1	寛永 10.　2.10		1	2	3	4	5				宇都宮城詰め米	奥平　信昌	奥平家文書
2	寛永 10.　2.10		1	2	3	4	5				飯田城詰め米	脇坂　安元	脇坂文書
3	寛永 10.　2.10		1	2	3	4	5				膳所城詰め米	菅沼定芳他 1	菅沼家譜
4	(寛永 10)　4.26		1	2		3		4			加藤肥後守伏見屋敷拝借許可	永井　直清	永井家文書
5	(寛永 10)　7.　7		1	2				3			知行所水損により銀子下賜	菅沼　定芳	菅沼家譜
6	(寛永 10)　7.　8		1	2				3			古城北望の所に屋敷許可	永井　直清	永井家文書
7	(寛永 10)　7.22			1				2			山崎八幡社大破，造営許可	板倉重宗他 2	永井家文書
8	(寛永 10)　8.　5			1				2			山崎八幡社造営奉行	永井　直清	永井家文書
9	(寛永 10)　9.11	1	2	3							鉄炮の鶴料理	山内　忠義	山内家史料
10	(寛永 10)　9.24	1	2	3				4			参勤許可	永井　直清	永井家文書
11	(寛永 10)　11.15	1	2	3							島津家久領分明石掃部尋出し	板倉　重宗	後編旧記雑録
12	(寛永 10)　11.23	1	2	3				4			知恩院造営に付	片桐　貞昌	片桐家御内書御朱印等写
13	寛永 10.　12.　9	1	2	3							山崎八幡社造営に付入用銀等	久貝正俊他 3	永井家文書
14	(寛永 11)　2.　1	1	2					3			秀忠 3 回忌能招待	山内　忠義	山内家史料
15	(寛永 11)　3.　5	1	2	3				4	5	6	上洛供奉	仙石　政俊	改撰仙石家譜
16	寛永 11.　3.18	1	2	3							信州に越す女人手形加判衆	竹腰正信他 1	岐蘇古今沿革志
17	(寛永 11)　5.21	1	2	3							上洛に付出立用意	伊達　政宗	伊達家文書
18	(寛永 11)　7.14		1	2							参内により四足門迄出頭	島津　家久	後編旧記雑録
19	(寛永 11)閏 7.　8		1	2							琉球国主目見得	島津　家久	後編旧記雑録
20	寛永 11.　8.　2		1	2				3	4	5	山崎八幡社造営入用銀	久貝正俊他 4	永井家文書
21	寛永 11.　8.12		1					2	3	4	小浜城石垣等修復許可	酒井　忠勝	酒井家文書
22	(寛永 11)　8.27		1					2	3	4	松山城在番	加藤　泰興	北藤録
23	寛永 11.　9.27		1					2	3	4	参勤 1 月 15 日以前出立無用	前田　利常	古文書
24	(寛永 11)　9.27		1					2	3	4	参勤 1 月 15 日以前出立無用	島津　家久	後編旧記雑録

25	(寛永11) 9.28		1					2	3	4	山崎八幡社遷宮下行米	永井　直清	永井家文書
26	(寛永11)9.晦日		1					2	3	4	鉄炮の白鶴下賜	島津　家久	後編旧記雑録
27	(寛永11) 10.13		1					2	3	4	上洛還御祝儀の礼	島津　家久	後編旧記雑録
28	(寛永11) 11. 7		1					2			山崎八幡社の鐘銘	永井　直清	永井家文書
29	寛永12. 2.11		1					2	3		小浜城殿主等造営許可	酒井　忠勝	酒井家文書
30	(寛永12) 7.20		2	1							細川光尚元服の儀	細川　忠利	部分御旧記
31	(寛永12) 8. 2		1	2				3	4	5	大船見物命令	細川　忠利	部分御旧記
32	(寛永12) 8. 2		1	2				3	4	5	大船見物命令	山内　忠義	山内家史料
33	寛永12. 8.23		1	2				3	4	5	白川城修復許可	丹羽　長重	譜牒余録
34	(寛永12) 8.27		1	2				3	4	5	キリスト教禁止	伊達　政宗	伊達家文書
35	(寛永12) 8.27		1	2				3	4	5	キリスト教禁止	片桐貞昌他3	片桐家御内書御朱印等写
36	寛永12. 9. 7		1	2				3	4		五畿内・近江国大工田畠高役	小堀政一他1	大工頭中井家文書
37	(寛永12) 9.12		1	2				3	4	(5)	山崎八幡社造営入用銀	永井　直清	永井家文書
38	(寛永12) 10. 8		1	2				3	4	5	狩の鹿下賜	島津　家久	後編旧記雑録
39	(寛永13) 1. 8		1	2				3	4		普請始め家光上意	細川　忠利	部分御旧記
40	寛永13. 2.晦日		1	2					3	4	信濃より上方へ越す女手形	真田　信之	真田家文書
41	寛永13. 3.14		1	2					3	4	国府城作事許可	島津　家久	後編旧記雑録
42	(寛永13) 5. 9			1						2	能見物	山内　忠義	山内家史料
43	(寛永13) 6.23		1	2				3	4	5	江戸城殿主修復の人足	永井　直清	永井家文書
44	(寛永13) 10. 6		1					2	3		鷹の鶴下賜	島津　家久	後編旧記雑録

もない。

ところが、寛永十年五月五日に「年寄」並となった阿部忠秋と堀田正盛のばあいは、事情がきわめて異なっている。表22を見ると、阿部忠秋・堀田正盛が初めて奉書に加判するのは、「年寄」並就任約一年後の（寛永十一年）三月五日付で、信濃上田城主仙石政俊に宛てた、

今度御上洛ニ付供奉之儀、信州通、牧野右馬亮（忠成）一所ニ可罷上旨被仰出候、将又先日如申候、可為半役候

間、可被得其意候、恐々謹言、

三月五日

堀田加賀守正盛
阿部豊後守忠秋
松平伊豆守信綱
酒井讃岐守忠勝
土井大炊頭利勝
酒井雅楽頭忠世

仙石兵介（政俊）殿

という連署奉書［15］からであり、「年寄」並三名が安定的に奉書に加判するようになるのは、寛永十一年八月二日付で久貝正俊や曽我古祐ら幕府上方役人に宛てた、山崎八幡社の造営に関する奉書［20］からである。このことは、家光の上洛に際して留守居として江戸に残った酒井忠世が、閏七月二十三日に起こった江戸城西丸火災事件の不手際を家光に咎められ(42)、事実上「年寄」を解任されたことと(43)、やはり閏七月二十九日に、松平信綱・阿部忠秋・堀田正盛が一様に従四位下に昇進したことによるものであろう(44)。

つぎに、江戸城内での申渡しはどうであろうか。まず旗本を対象としたものでは、松平信綱といえども、「六人衆宛法度」制定以前に惣番頭・物頭クラスへの申渡しには列座しておらず、まして諸大名への申渡しは、寛永十二年三月十四日に対馬宗氏の家中紛争（いわゆる柳川事件）に関して、譜代大名に裁許の旨を伝えた［表21の34］のが初見である。また、同年六月二十一日の「武家諸法度」発布の申渡しの際には、

一午上剋井伊掃部・松平下総守（忠明）・酒井雅楽頭・土井大炊頭・酒井讃岐守伝仰之旨、次武家諸法度之御朱

印大広間於中央、道春法印（林羅山）読之、

とあるように、[45] 井伊直孝・松平忠明ら門閥譜代の重鎮が厳然と伝えており、「新敷出頭人」の松平信綱は列座し得ていないのである。まして阿部忠秋・堀田正盛にいたっては、諸大名に対する申渡しは、寛永十二年までの段階ではまったく行ない得ていない。

右のことから、年寄衆連署奉書の加判については、寛永十一年八月以降「年寄」並は「年寄」衆と同様に機能していたと指摘できるが、江戸城内での申渡しについては、「年寄」並と「年寄」衆とを同一視することはできない。したがって、藤野氏の指摘には時期的な疑問が残るし、まして北原氏のように「年寄」並を「実質的な宿老とみ」ることはできず、「新参勢力は全ての重要政務にたずさわ」ったとは言えないのである。

4　六人衆設置の意義

さて、以上のことから六人衆設置の意義について考えてみたい。まず北原章男氏の「門閥宿老」（「前代の遺老」）に「対置・牽制」させ「家光が政治中枢を掌握するための一つの足掛かり」として成立させたという見解であるが、藤野保氏はこれに対して①「前代の遺老」は酒井忠世・土井利勝だけで、酒井忠勝・稲葉正勝は家光に忠実な側近であること、②土井利勝は「前代の遺老」ではあるが門閥譜代ではなく、「寛永政治」を強化するために老職に止まっていたこと、などの理由から、六人衆と当時の老職との間には「矛盾・対立」する要素はなく、「門閥・宿老に対置・牽制」する必要はなかったと指摘されている。[46]

たしかに家光にとっては、酒井忠世・土井利勝よりも家光の近習として共に成長してきた六人衆[47]の方が、自身の意志を貫徹させやすかったに違いない。しかし藤野氏の指摘されるように、稲葉正勝は松平信綱らと同様、家光の近習

という性格をもっていたし、酒井忠勝も当時家光の「股肱の臣」であった。[48]また、土井利勝とて死の直前まで家光から政治に関する諮問を受けるなど、[49]家光政権にとって彼の行政手腕は必要不可欠のものであったと考えられる。まして北原氏のように捉えてしまうと、井伊直孝・松平忠明といった土井利勝らと比肩し得る門閥譜代層の、「大政参与」の理由が解けなくなってしまうのではないだろうか。もし家光が、政治中枢から遮断しなければならない人物がいるとすれば酒井忠世だけである。それは西丸失火事件の後、ついに年寄衆連署奉書に加判することがなかったことに示されている。

また、北原氏は「年寄衆・六人衆宛法度」によって、「宿老の権限は縮小されるとともに、六人衆は職掌的な裏付けをもって、宿老を牽制」でき、かつ「門閥側は縮小された一方のみ担当することになった」とされている。[50]しかし、これまで見てきたように「六人衆宛法度」は、あくまでも政務停滞の結果分離されたものであり、六人衆への「法度」は、上洛を意識したものでもあった。しかも「年寄」衆の業務は三分されていたのである。したがって、一見「宿老の権限は縮小され」たかの如く見えるが、じつは「年寄」衆業務の円満的な割譲であり、これによって「宿老を牽制」できたとは考えられない。まして「門閥側」が、「縮小された一方のみ」を担当したわけではないことは、「六人衆宛法度」制定以後における、江戸城内での旗本集団への申渡しで見たとおりである。

それでは、六人衆は何故設置されたのであろうか。藤野氏は「整備・強化された直属家臣団に対する統制の役として設置された」と指摘されている。結果的に六人衆は旗本支配機構となっているが、「統制の役として設置された」と見ることはできない。何故なら六人衆成立当初は、かならずしも旗本支配に機能しておらず、とくに松平信綱・阿部忠秋・堀田正盛らの「年寄」並が、「年寄」衆を補佐する形で政治中枢（旗本支配）に参画したばあいが多く、六人衆はあくまでも「少々御用之儀」を合議・執行する機構として成立していたからである。

ところが、たんなる「少々御用之儀」を合議・執行する機構で終わらなかったことは、その後の状況が明示している。六人衆の設置というだけでなく寛永九年から同十一年までの政治動向は、およそ上洛に収斂させて説明できるのではないだろうか。すなわち幕府直轄軍団の増強・整備[51]といい、十年二月の軍役改定[52]といい、稲葉正勝の相模小田原・内藤忠重の志摩鳥羽・青山幸成の遠江掛川といった（元）「年寄」衆の上洛途上への転封配置といい、さらに六人衆の設置、「六人衆宛法度」の制定といい、すべてが寛永十一年の家光の上洛に結びつけることができる。つまり、領主階級の統一に成功しつつある将軍家光にとって、それを天下に明示する必要から上洛は避けて通れぬ道筋であり、それ故に上洛の障害となる政務の停滞をもっとも嫌ったのが家光だったのである。そして六人衆設置はその一環としてなされたのであり、まさに旗本支配機構を創設するためのステップとして成立したものと考えられるのである。

第三節　幕政中枢機構の整備

本節では六人衆・「年寄」衆の業務内容を中心に、寛永十二年（一六三五）以後の幕政中枢機構の整備状況を見るとともに、六人衆解消の理由についても考察してみたい。

1　六人衆の再編

六人衆は「六人衆宛法度」制定以後、旗本支配に機能していたが、その六名のうちの三名、すなわち松平信綱・阿部忠秋・堀田正盛は「年寄」並であり、家光の上洛以降は安定的に連署奉書に加判する地位にあった。したがって、六人衆は旗本支配という側面では一つの機構を構成していても、その内部には権力的に異なる二つのグループが存在していたことになる。こうした六人衆機構内部の矛盾は、上洛の翌年、寛永十二年十月二十九日に解消している。すなわち「江戸幕府日記」の同日の条に「松平伊豆守・阿部豊後守・堀田加賀守御番頭御赦免」とあるように、松平信綱らが小姓組番頭赦免となり、また「御当家紀年録」同日の条には、

同月（十月）廿九日、有　命、松平伊豆守信綱・阿部豊後守忠秋・堀田加賀守正盛、各加土井大炊頭利勝・酒井讃岐守忠勝、為奉書合判、但、先是伊豆守加連署ヲ云々、

とあり、土井利勝・酒井忠勝らに加わり「奉書合判」となったのである。これによって「年寄」並は、土井利勝ら「年寄」衆と同列となり、「年寄」の地位に上昇したと言うことができる。(53)「年寄」並が江戸城内の申渡しでも、土井利勝らと同様に機能するようになったことは後述する。

松平信綱ら三名が小姓組番頭を赦免されると、彼らに代わって小姓組番頭に就任したのが、土井利隆・酒井忠朝(54)・朽木稙綱である。朽木稙綱は土井利隆らより一カ月就任が遅れるが、「江戸幕府日記」寛永十二年十一月二十日の条には、

一朽木民部少（稙綱）、御小姓与番頭被　仰付之堀田加賀守元組也、剰、志摩守・備中守・対馬守・備後守（酒井忠朝）・遠江守（土井利隆）並ニ御奉公可仕旨也ト云々、

とあり、朽木稙綱は小姓組番の堀田加賀守組を引継ぎ、三浦正次ら「並」の奉公を命じられ、ここに新たな六人衆が成立したのである。このように六人衆に欠員が生じた直後に、新たな小姓組番頭が補任され六人衆を構成するところに、六人衆が旗本支配機構として定着していたことを物語っている。なお、土井利隆・酒井忠朝は土井利勝・酒井忠勝のそれぞれ嫡子であり、また朽木稙綱は元和四年（一六一八）に十四歳で家光に近侍し、寛永八年に小姓組番組頭、同十年には書院番頭となっており、(55)松平信綱らと同様家光の近習出頭人である。

ところで、朽木稙綱が小姓組番頭に就任する十日前、寛永十二年十一月十日、家光は幕府政治機構の改革に着手している。それは、いわゆる「老中並諸役人月番ノ始及分職庶務取扱日定則」(56)の制定であるが（以下、ここでも「六人衆宛法度」と同様の理由で、藤井氏にしたがい「寛永十二年条々」と呼ぶ）、ここでは「教令類纂」(57)に収載されたものを挙げてみよう。

①一国持大名御用並訴詔之事、土井大炊・酒井讃岐・松平伊豆・阿部豊後・堀田加賀五人して一月番ニ致可承候、

②一御籏本・諸奉公人御用並訴詔之事、土井遠江・備後・志摩・備中・対馬五人して一月ツヽ、可致候事、

③一金銀納方、雅楽頭・大隅（松平重則）・内匠（牧野信成）・和泉（酒井忠吉）・内蔵丞（杉浦正友）右五人可致候事、

④一證人御用並訴訟、雅楽頭・紀伊守（松平家信）・大隅守・内匠・和泉・内蔵丞右六人可致事、

⑤一寺社方御用並遠国訴詔人之事、右京（安藤重長）・出雲（松平勝隆）・市正（堀利重）右三人一月可致番事、

⑥一町方御用並訴詔人之事、民部（加々爪忠澄）・式部（堀直之）一月宛番被致可承事、

⑦一関東中御代官方並百姓等御用・訴詔、右衛門大夫（松平正綱）・播磨（伊丹康勝）・半十郎（伊奈忠治）・金兵衛（大河内久綱）・源左衛門（曾根吉次）右五人一月ツヽ、弐番ニ致可承事、

⑧一御作事方ニ付御用並御訴詔、将監（佐久間実勝）・因幡（酒井忠知）・内記（神尾元勝）三人ニ而一月ツヽ、番ニ可致事

⑨一萬事證人、河内（水野守信）・但馬（柳生宗矩）・修理（秋山正重）・筑後（井上政重）右四人可承事、

⑩一日安裏判之儀、其役々可仕事、

⑪一御普請奉行・小普請奉行・道奉行御用儀者、松平伊豆・阿部豊後・堀田加賀可承之、但、大造之御普請並大成屋敷わり之儀者土井大炊・讃岐可致相談事、

⑫一国持大名御用並訴詔之儀可承候日、
　三日　九日　十八日
⑬一御籏本諸奉公人並訴詔承候日、
　右同
⑭一町方公事承候日、
　九日　十九日　廿七日
⑮一寄合日
　二日　十二日　廿二日

これによれば、「国持大名御用並訴詔」が土井利勝・酒井忠勝・松平信綱・阿部忠秋・堀田正盛の五人が一月番で管掌し、「御籏本・諸奉公人御用並訴詔」が土井利隆・酒井忠朝・三浦正次・太田資宗・阿部重次の五人が、やはり一月番で管掌すべきことを命じられている。このほか後の留守居（③④）、寺社奉行（⑤）、町奉行（⑥）、勘定奉行（⑦）、作事奉行（⑧）、大目付（⑨）の職掌と担当者が定められたが、これら諸職のうち町奉行と大目付のそれ以外は、ほぼ「年寄衆宛法度」に規定があり、したがって寺社奉行以下の諸役職は、「年寄」衆の業務が分化し改めて職掌を成文化し、職制として成立したものと考えられる。同時に、町奉行や六人衆の職掌とても、「六人衆宛法度」の段階で「年寄」衆の業務から分化・割譲されたことを考え合わせれば、これ以前の幕府政治の諸機能は、およそ「年寄」衆によって統轄されていたと言えるのである。また注目すべきは、このとき「年寄」衆や六人衆だけでなく、各職に月番制が採用されたことである。これは「年寄衆宛法度」の段階で採られていた、半月番制による行政能率向上の結果に対応したものであろう。

つぎに、「六人衆宛法度」との関連で見ると、その①⑥⑦条が一括して「寛永十二年条々」の第②条に対応し、土井利隆・三浦正次らの新たな六人衆が担当することとなっている。このほか、「法度」第④条の「常々御普請並御作事方之事」が六人衆の業務から離れ、松平信綱・阿部忠秋・堀田正盛の「年寄」就任とともに、彼らがそのまま保持し「年寄」衆の業務となって「条々」第⑪条に確定されたものと考えられる。

こうして「年寄」衆の統轄下から分化・独立した諸役職は、一般行政においてはすべて並列的な存在となり、将軍家光に直属することとなったのである。このことは、それまで幕政運営のための諸機能を統一的に保持していた「年寄」衆から、諸役職をそれら諸機能の専門的な運営機関として定置し、かつ月番制の採用により行政能率の飛躍的な向上をはかり、さらには将軍に直属させることで中間に介入する者（「わき〳〵の衆」）を排除して、家光の意思がスムーズに行政に反映するというシステムの成立を意味している[58]。そして、かかるシステム成立の背景には、寛永十一年の上洛や翌寛永十二年六月の「武家諸法度」発布により、将軍権力の確立を認識した家光にとって、そうした権力を強力な機構として維持・推進する必要があったからに他ならず、それ故の「寛永十二年条々」の制定となっていたと考えることができる。なお「年寄」衆の業務が分化したと言っても、すべてが分化したわけではなく、「年寄衆宛法度」の第①条「禁中方並公家門跡衆事」を初めとして、第⑥⑦⑨⑩条については「寛永十二年条々」に規定がなく、「年寄」衆がそのまま保持し、同様に六人衆の業務であった「六人衆宛法度」の第②③⑤条も、新たな六人衆に受継がれたものと考えられる。

さて、こうした機構改革を経て、新たなメンバーで再出発することとなった六人衆であるが、これ以後の六人衆の業務はどうなったであろう。表23は前掲表21の続きで、寛永十五年までの申渡しを示したものであり、つぎの史料は、「江戸幕府日記」寛永十二年十一月二十一日の条である（表23中［1］）。

一物頭・番頭其組並同心御用之儀、前廉如被仰出御直ニ頭々可申上、其身之訴訟之儀ハ、六人之者を以可申上、
但御用承日毎月三日・九日・十八日此三ケ日ニ被仰定之間、右之日御用当番之方江参可申、指当御用之儀ハ常ニも当番之方へ可申之旨、諸番頭・物頭之面々諸役人江、於御白書院、大炊・讃岐・豊後・加賀・備中・志摩・対馬・遠江守・備後被申渡訖、

この史料によれば、番や組に編成された旗本を直接かつ日常的に掌握していたのは、番頭や物頭であったことがわかる。しかし、「其身之訴訟之儀ハ、六人之者を以可申上」とあるように、番頭や物頭など隊長クラスの「訴訟」の家光への直接言上は否定され、六人衆を介さねばならないこと、しかも、こうした番頭・物頭・諸役人を対象とした申渡しに土井利勝ら「年寄」衆と共に、朽木稙綱を除いた六人衆が列座していること自体に、六人衆が旗本支配を統轄する役職であったことを確認することができる。[59]

これ以降の六人衆の業務について、表23から指摘できることを挙げてみたい。第一は、寛永十四年八月十九日の大番・両番士四名に関東・上方見分を、松平信綱・酒井忠朝・太田資宗の列座で申渡したもの［15］以外、「年寄」衆と六人衆が合同で申渡した事例は、寛永十五年十一月以前にはまったくないことである。第二は、内容的に見ても「従二条罷下御番衆不残登営、御白書院廊下列座、在番中善悪之儀、大炊・讃岐・伊豆・豊後・加賀被尋聞云々」とあるような、在番明大番衆の勤務状況の査問［6］以外、通常の申渡し、たとえば大番・両番・小十人組などの人事［3・10・13・14・21］や、跡目相続の許可［11］、屋敷の下げ渡し［12］など、すべて六人衆の側で行なっていることである。また「江戸幕府日記」寛永十三年六月六日の条には［7・8］、

一於評定之席、御旗本、惣物頭並惣番組中・諸役人不残彼地参候、被　仰渡之通謹承之、是今度美濃部権兵衛・青木太郎兵衛・松下清兵衛・戸張半兵衛・嶋権左衛門、右五人之者背　御法度、致不形儀候故、昨日斬罪被

表23 「申渡し」②

No	年月日(寛永)	場所	井伊直孝	土井利勝	酒井忠勝	松平信綱	阿部忠秋	堀田正盛	土井利隆	酒井忠朝	三浦正次	太田資宗	阿部重次	朽木稙綱	申渡	対象者	内容
1	12.11.21	白書院		○	○		○	○	○	○	○	○	○		申渡	諸番頭・物頭の面々・諸役人	組・同心御用，頭の訴訟等
2	12. 5			○	○		○								伝	上田主殿助	知行5000石支給
3	13. 2.23	焼火之間									○	○			申渡	桜井六兵衛他7名（小十人組）	納戸衆
4	2.29			○	○	○	○								伝	京極修理大夫・織田辰之助他32名	江戸城石垣普請出来家光仰
5	4.12	右筆部屋縁			○	○	○								申渡	杉田九郎兵衛（勘定組頭）	石見銀山派遣黄金下賜
6	5.29	白書院廊下		○	○	○	○	○							尋聞	二条在番明大番衆	在番中善悪
7	6. 6	評定之席							○	○	○	○	○	○	伝	御旗本惣物頭・惣番組中・諸役人	美濃部権兵衛等斬罪
8	6. 6	評定之席									「六人衆」				申渡	美濃部権兵衛親兄弟叔父等	以前通り奉公
9	7.13	萩之間		○	○	○	○	○							唱	秋田河内守・大久保主膳亮他6名	大坂加番等任命黄金等下賜
10	10.28								○	○	○	○		○	申渡	高木三左衛門他16名	進物番
11	11.24								○	○	○	○	○	○	申渡	安達九右衛門他2名	跡目許可
12	12. 8									○		○	○	○	申渡	渡辺図書（百人組頭）	渉井半兵衛上り屋敷下渡し
13	12.27								○	○	○	○	○	○	申渡	山崎権八郎他26名	書院番入番
14	12.27										「六人衆」				申渡	間宮八蔵・石谷兵四郎他74名	大番入番
15	14. 8.19					○				○		○			申渡	与田内蔵助・石丸権六郎他2名	上方・関東作毛検分
16	15. 1. 4	白書院	○	○	○		○								申渡	立花飛騨守・細川越中守他2名	井上筑後守島原派遣
17	9.19	土井利勝宅			「老中」										伝	在江戸大小名	キリシタン訴人褒美
18	9.20								○				○		申渡	御旗本の面々	キリシタン訴人褒美
19	9.20								○				○		申渡	（御旗本の面々）	関東中野山境争論
20	9.27	殿中									「若年寄衆」				申渡	物頭の面々	津戸左次兵衛切腹
21	10.24								○	○	○				申渡	酒井半左衛門他27名	書院番・大番・小十人組入番
22	11. 9					○	○						◎		伝	松平右衛大夫・秋元但馬守	板倉重昌元組寄合の衆組分け
23	11. 9													○	伝	酒井忠朝元組小姓組番衆	上意の趣
24	11.17	大広間				○	○				○		◎	○	伝	番頭・組頭・組中	屋敷・知行所境・召使者等争論
25	11.21													○	申渡	松平新五左衛門他15名	二番子召出し
26	12. 1	大広間			「老中」										申渡	諸大名	キリスト教禁止
27	12. 4					○	○						◎		申渡	大番衆三年以上無足の面々	切米支給

注　阿部重次の◎は老中就任以後.「江戸幕府日記」は寛永14年1月から6月までは欠けている.

仰付也、件之趣土井遠江守・酒井備後守・三浦志摩守・太田備中守・阿部対馬守・朽木民部少輔伝　仰之旨畢、一右之権兵衛・半兵衛・太郎兵衛・清兵衛・権右衛門五人之親兄弟・叔父、是又評定之席江被召寄、無異儀如前々御奉公可仕之旨、六人之衆被申渡也、

とあるように、「評定之席」における美濃部権兵衛らの「不形儀」に対する処分の申渡しも、六人衆のみの列座でなされていたことが確認できる。以上のことから、「寛永十二年条々」制定以後、新たな六人衆は「年寄」衆の補佐的な役割は消え、むしろ独立した旗本支配機構として十分定着していたと見ることができるのである。

「年寄」衆についても言及しておきたい。まず連署奉書加判については、前節で述べたように「年寄」並だった松平信綱・阿部忠秋・堀田正盛も、寛永十一年八月以降は土井利勝・酒井忠勝と同じように機能していた。そして江戸城内の申渡しにおいても、「寛永十二年条々」の制定以後は、表23に見られるように、松平信綱らは明らかに六人衆からは分離しており、たとえば寛永十三年二月二十九日の京極高三や織田信勝ら三二名の大名に対する、江戸城石垣普請出来による家光の御意の申渡し［4］や、同年七月十三日の秋田俊季・土屋利直への大坂加番役等の申渡し［9］、さらに同十五年一月四日の立花宗茂ら九州諸大名に対する、島原の乱に際しての大目付井上政重派遣の申渡し［16］（これ以前に松平信綱は上使として九州に派遣されたため、当然のことながら列座していない）など、かつての「年寄」並は、「寛永十二年条々」制定以前には列座し得ていなかった諸大名への申渡しにも列座しており、土井利勝・酒井忠勝らと同じ業務を遂行していたと言うことができる。諸大名に対する政治的な影響力などは別として、松平信綱ら三名と土井利勝・酒井忠勝との間で業務上の格差を求めるとすれば、「寛永十二年条々」の第⑪条にあった「大造之御普請並大成屋敷わり」に、松平信綱らが関与し得たか否かぐらいのものであろう。

2　六人衆解消の意味

「江戸幕府日記」寛永十五年（一六三八）十一月七日の条には、

一午上刻御黒書院出御、掃部頭・加賀守・大炊頭・讃岐守・伊豆守・豊後守・遠江守・備後守・志摩守・対馬守・民部少輔被召出、大炊頭・讃岐守義唯今迄被仰付細成御役御赦免、朔日十五日可致出仕、其間ニも御用等之時分罷出、何茂致相談油断仕間敷候之由被仰付之、遠江守・備後守義御役御免、酒井与四郎（忠清）儀当暮ヨリ如父阿波守（忠行）可被召仕之、幼少之内ハ備後守差加可申旨被仰出之也、

一阿部対馬守義、伊豆守・豊後守並ニ御用可奉之旨被仰付之、

とあり、この日、井伊直孝以下幕閣の面々が黒書院に召出され、土井利勝・酒井忠勝がこれまでの些細な「御役」を赦免となり、毎月朔日・十五日のみ出仕し、その間にも「御用等」があれば相談に与ることとなった。これが、一般に大老の起源とされるものである。同時に、彼らの嫡子だった土井利隆・酒井忠朝が六人衆の「御役」を赦免され、また酒井忠世の孫である酒井忠清が、父忠行と同じように召仕えること、そして六人衆だった阿部重次が松平信綱・阿部忠秋「並」に「御用可奉之旨」を命じられている。これより先、寛永十五年三月には堀田正盛が奉書加判を免ぜられ(60)、同年四月には太田資宗がやはり六人衆から奏者番に転出していた(61)。ここに「年寄」が松平信綱・阿部忠秋・阿部重次の三名となり、六人衆は三浦正次・朽木稙綱の二名を残すのみとなったのである。

丹後鰤壱ツ、当町にて申付候、並みそれ両樽進上申候、次、大炊殿・讃岐殿、御年寄役者被成　御免、御用之時計被出、又、土井遠江殿・酒井備後殿も若年寄役仕、越度も候てハ親之迷惑可被仕とて、是も此中之役御赦免と中来候、阿部対馬殿大年寄衆之跡へ被加之由候、此等之趣宜有披露候、恐々謹言、

この史料は、十一月七日の人事移動の様子を報じた、寛永十五年十一月二十五日付で細川忠興の家臣中沢一楽に宛てた細川忠利の書状案である。事実としてはほぼ正確に報じられているが、注目すべきは土井利隆・酒井忠朝らの六人衆解任を「若年寄役仕（中略）此中之役御赦免」と表現していることである。北島正元氏は「若年寄」という職名が使用されるのは、延宝元年（一六七三）からそう遠く遡らない時期とされているが、管見で若年寄文言の初見は、寛永十一年七月二十三日付の細川忠利書状の「若年寄衆六人、湯も水も取不申候」であり、その後の細川氏の書状にもたびたび見出すことができる。この段階での「若年寄衆」は、「年寄衆」に比較して松平信綱らが年少のために「若年寄衆」と表現されたのであろうが、しかし前掲の細川忠利の書状では、「御年寄役」に対して「若年寄役」とあり、「役」という語からも、六人衆は職制としても十分に認識されていたことが窺える。よって今後は、人数的にも相応しくないので、六人衆を若年寄と呼ぶこととする。

三浦正次・朽木稙綱を残すのみとなった若年寄は、前に掲げた「江戸幕府日記」寛永十五年十一月七日の条に続いて、

一御旗本於殿中御番仕面々者、三浦志摩守・朽木民部少輔万事御用可奉之旨　上意也、
一大御番並寄合者、伊豆守・豊後守・対馬守御用可奉之旨被　仰付之、

とあるように、土井利勝らが「年寄」役を赦免されたその日、江戸城中勤番の旗本の「御用可奉之旨」を命じられ、それにともなって寄合衆と在番を任務の中核とする大番衆は、松平信綱・阿部忠秋・阿部重次ら「年寄」衆の支配とされた。ついで、その二日後の寛永十五年十一月九日の「江戸幕府日記」には、

一大御番衆・御留守居衆・寺社奉行・奏者番衆・町奉行・大目付衆・御作事奉行・御鑓奉行・御勘定奉行・小堀遠江守（政一）・大坂町奉行・駿府町奉行・堺政所・船手之衆・川船奉行・井上外記・吉田久米助、今日依召

登城、此面々御用並訴訟之儀、自今以後、伊豆守・豊後守・対馬守を以可申上之旨、仰之趣右三人被伝之、

とあり、大番・留守居・寺社奉行・奏者番・町奉行・大目付・作事奉行・鑓奉行・勘定奉行・小堀遠江守(伏見町奉行)・大坂町奉行・駿府町奉行・堺政所・船手之衆・川船奉行・井上外記(鉄炮役)・吉田久米助(弓役)等の諸役職の「御用並訴訟」を松平信綱ら「年寄」衆が管掌することとなり、これまで「年寄」衆とともに並列に存在し家光に直結していた多くの役職は、「年寄」の支配下に組み込まれ、幕府政治機構はタテ型に再編成されることとなり、以後この機構は、基本的には変化なく幕末まで継続する。かつ「老中」という言葉も、この頃から「江戸幕府日記」や諸大名の書状などにも使用され始めており、この寛永十五年十一月の機構改革が、老中制確立の大きな契機と見ることができよう。

若年寄職にあった三浦正次と朽木稙綱は、「江戸幕府日記」寛永十五年十二月五日の条に「三浦志摩守・朽木民部少御小姓組之番頭御赦免之」とあり、小姓組番頭兼任が解かれ行政専管となった。しかし三浦正次が寛永十八年十月に死去すると[66]、若年寄は朽木稙綱一名を残すのみとなり、稙綱も慶安二年(一六四九)に辞任し[67]、以降寛文二年(一六六二)に土屋数直・久世広之が若年寄を命じられるまでその補任者はなく、その職掌も老中に吸収されたのである。

ところで、第二次機構改革とも言うべき寛永十五年十一月の諸職制の再編成や、若年寄の欠員に補充がなされなかったこと、あるいは慶安二年からの一時消滅は、如何なる理由によるものだろうか。第一に考えられることは、将軍家光自身の病気である。辻達也氏によれば、家光は寛永十四年一月から翌十五年三月にかけて連日のように病気であり、そのため政務にも関与していなかったとされている[68]。第二は、この期に顕著になるいわゆる構造的な矛盾の露呈であり、具体的には寛永十四年十月に勃発した島原の乱や、寛永飢饉に示される幕府が最初に迎えた体制的危機のためである[69]。つまり、こうした危機的な状況下にあって、その対応にせまられた「年寄」以下幕閣首脳部にとって、将

軍家光の政務からの離脱が、いっそう深刻な状況を招いたことは十分に推測できよう。それ故に、これまで家光の下に直属し、並列的に存在した諸役職は「年寄」の指揮を仰がねばならなくなり、そして家光も、今後も起こり得るかもしれない危機的状況に対処するためには、「年寄」に幕府政治の諸機能を集中した方がよいと判断して、政治機構のタテ型再編成を行い、かつ大老設置という二段構えでこの難局を打破しようとしたのではないだろうか。

と同時に、こうした危機的状況は、幕府の軍事的存立基盤たる直轄家臣団＝旗本層の財政を圧迫したのは当然のことであった。そして旗本層の財政基盤たる関東農村の荒廃は、寛永十八年から二十年にかけて極限にたっしていたとされている。(70)こうした状況下にあって、旗本支配機構（若年寄）と「年寄」との分立は、ともすれば旗本の混乱を招くこととなり、彼らへの指揮・命令系統を一本化する必要に迫られたのではないだろうか。それ故に、若年寄の人員を減らすことはあっても、(71)補充するようなことはなかったと考えられるのである。そしてこれ以後、たとえば「江戸幕府日記」寛永十九年五月二日の条に、

一大御番頭・御小姓組頭・御書院番頭・小十人組頭・御歩行頭・御旗奉行・御鑓奉行・御弓御鉄炮之頭、其外諸役人依召登城、是在々所々土民之困窮之旨達　御耳、右之面々並組中共御知行被下置族者、交替ニ考遠近在所江相越仕置等可申付之旨、仰之趣伊豆守・豊後守・対馬守・民部少輔伝之、

とあり、寛永飢饉による旗本知行所荒廃への対処を、松平信綱・阿部忠秋・阿部重次らと朽木稙綱が合同して申渡すなど、老中と若年寄との列座で旗本に申渡すことが多くなっている。そして、慶安二年の朽木稙綱の辞任を機に、若年寄の職掌は老中に吸収され、若年寄の職は一時中断することとなったのである。なお、この間の寛永二十年八月八日、家光は知行所経営のため江戸不在の旗本が多くなると、親衛隊を増強すべく大番と小十人組のなかから三四名を選抜して新たに新番四組を創設し、(72)この時点で大番・両番・小十人組をふくめた、幕府のいわゆる「五番方」が形成

されたのである。

そして、寛文二年（一六六二）二月晦日、徳川家綱によって改めて老中と久世広之・土屋数直（若年寄）の支配分掌が明確に規定された。「江戸幕府日記」[73]同日の条には、「老中支配」の諸役職として、高家・留守居・大番頭・大目付・町奉行・旗奉行・鑓奉行・作事奉行・勘定頭・普請奉行・遠国奉行・遠国役人・鷹方を挙げ、いっぽう若年寄については、

御書院番頭・御小姓組番頭・新御番頭・御小姓衆・中奥衆・百人組之頭・御持弓御持筒頭・御目付衆・御使番衆・惣弓御鉄炮頭・火消役人・歩行頭・小十人組之頭・西丸表門番頭・御納戸頭・御船手衆・二丸御留守居衆・中川御番衆・九千石以下交替無之寄合・御賄奉行・御右筆衆・小普請奉行・道奉行・医師・儒者・御書物奉行・御細工頭・御賄頭・御台所頭・御同朋・黒鍬頭・御中間頭・御小人頭、

右ハ久世大和守（広之）・土屋但馬守（数直）支配、

とあるように、大番頭や交替寄合は老中支配とされ、江戸城勤番の旗本や諸役人が久世広之らの支配となったのである[74]。しかも、この段階ではもはや「御用」や「訴訟」という文言は消え、明確に「支配」という語が使われている。ここに江戸時代を通じた幕府統治機構の定型が完成し、旗本支配の「職」としての若年寄も確立したのである。ただし、これが老中松平信綱の病気による政治中枢からの離脱を契機としていたことは、幕府統治機構の形成を考えるうえで、留意されねばならない点である。

おわりに

最後に、政治制度（職制）としての江戸幕府若年寄の形成について言及しておこう。まず、最初の松平信綱らをふくめた六人衆のばあい、「六人衆宛法度」制定によって初めてその職務内容が成文・客体化され、かつ旗本支配機構として機能していたが、その内部には「年寄」並という業務内容の明らかに異なる者達がふくまれていた。しかし、寛永十二年十一月に「年寄」並だった松平信綱・阿部忠秋・堀田正盛らが抜け、土井利隆・酒井忠朝・朽木稙綱が加わった新たな六人衆になると、いずれも小姓組番頭という軍事職制を兼任しており、それが解かれ行政専門職（いわゆる役方）となるのは寛永十五年を待たねばならないが、旗本支配という職掌の面では一様に機能しており、一つの政治機構として定着していた。このことから、江戸幕府若年寄は寛永十二年十一月の新たな六人衆の段階で成立したと見てよいだろう。ただし、それが確立するのはやはり寛文二年であろう。このとき老中と若年寄の支配分掌がふたたび明瞭に定められており、幕府政治中枢を二分した老中・若年寄体制ともいうべき支配機構が確立している。

いっぽう、老中についても若干言及しておこう。元和期に存在した「公儀」運営機構たる「年寄」制は、その後いくどかの人的変遷を経たが、寛永十二年十一月に「年寄」衆が保持していた諸機能の分化により諸職制が成立し、かつそれらは将軍権力を支える下部機関として並列的に存在していた。これが将軍家光の、ある意味では「理想」とする支配機構であったろう。しかし、このシステムはトップの家光が政務から離脱すると、機能麻痺に陥るという欠陥を内包しており、そのため寛永十五年十一月、「年寄」から分立した諸職制を「年寄」の下部組織として再編成するという機構改革がなされた。そして、これがその後の幕府支配機構の定型ともなっている。この段階を以て老中制は確立したと言うことができよう。

幕府直轄家臣団たる旗本支配を業務の核とし、いわゆる徳川氏家政運営の頂点に存在した若年寄は、「年寄」衆の持つ機能が分化して成立したものであった。こうした機能分化の過程は、秀吉以来の「公儀」を掌握した徳川氏が、名実ともにその権力を確立させる過程に照応したものと捉えることができる。つまり、その過程において幕府政務の質的・量的な肥大化は当然のことと考えられるが、幕府徳川氏が必然的に内包するところの、統一的権力としての公的側面と一大名としての私的側面とが、こうした状況下にあって行政のうえで統一的かつスムーズに運営されるためには、かかる両側面が「公儀」運営機構と家政運営機構という執行機関の形で、どうしても分離されなければならず、その分離こそが若年寄の成立に他ならないのである。その意味において、江戸幕府若年寄の成立がじつは徳川氏「公儀」権力確立の一つのメルクマールとなるのではないだろうか。

注

(1) 姫路市立図書館所蔵酒井家文書「江戸幕府日記」(東京大学史料編纂所写真帳)。
(2) 松平太郎『江戸時代制度の研究』(武家制度研究会、一九一九年)七二二頁。北島正元『江戸幕府の権力構造』(岩波書店、一九六四年)四五九頁など。
(3) 北原章男「家光政権の確立をめぐって」(『歴史地理』九一巻二・三号、一九六五・六六年、同論文は論集日本歴史7『幕藩体制』Ⅰ、有精堂、一九七三年に再録)一一七頁。
(4) 藤野保「寛永期の幕府政治に関する考察」(北島正元編『幕藩制国家成立過程の研究』吉川弘文館、一九七八年、同論文は同氏『日本封建制と幕藩体制』塙書房、一九八三年に再録)二七八頁。
(5) 『日本史辞典』第二版(角川書店)若年寄の項には「初期には老中に対抗する勢いであったが、のちには劣るようになった」とあり、北原氏の説が有力である。

(6)『熊本県史料』近世篇二、一一四頁。

(7)「江城年録」(『内閣文庫所蔵史蹟叢刊』81、汲古書院)四二七頁。

(8)「御当家紀年録」(内閣文庫所蔵)。

(9)大目付の設置は年寄衆にもかなりの緊張を強いていたが、こうした状況については山本博文『寛永時代』(吉川弘文館、一九八九年)一二一頁参照。

(10)『新訂寛政重修諸家譜』第十(続群書類従完成会編)一八八頁。

(11)『新訂寛政重修諸家譜』第十二、九三頁。

(12)『新訂寛政重修諸家譜』第十三、二三〇頁。

(13)『新訂寛政重修諸家譜』第十、二七一頁。

(14)「江戸幕府日記」寛永九年六月三日条には「肥後国へ為上使稲葉丹後守被差遣之旨被仰出」とある。なお、藤井譲治『江戸幕府老中制形成過程の研究』(校倉書房、一九九〇年)七七～八二頁参照。

(15)朝尾直弘『近世封建社会の基礎構造』(御茶の水書房、一九六七年)。

(16)新訂増補国史大系『徳川実紀』第二篇(吉川弘文館)五三五頁参照。

(17)『御触書寛保集成』(吉川弘文館)一二二八号。

(18)藤野保氏は前掲論文のなかで、井伊直孝を「元老」とされ、彼の「大政参与」の理由を「徳川政治の基調」である「譜代尊重」からとされているが、少なくとも近世前期における「徳川政治の基調」は、家康の出頭人政治や秀忠の井上正就・永井尚政・青山幸成らの重用を見ると、「譜代尊重」よりもむしろ側近重視にあったのではないかという見通しがたつ。また藤井譲治氏は『江戸幕府老中制形成過程の研究』のなかで、井伊直孝・松平忠明の出自と、彼らの軍団が当時もっとも勝れたものとみなされていた点から、二人の「大政参与」を家光による「幕政運営の強化を計るとともに、秀忠死後の諸大名との軍事的緊張に対処し、かつ幕府の軍事力の面での動揺を押さえ、補強する役割を担っていた」と説明されている(一一七頁)。

(19)『徳川実紀』第二篇、五九六頁。

(20)藤井譲治氏はこうした稲葉正勝の立場を、家光と六人衆とを繋ぐ「飛石的存在」とされている。

(21)「江戸幕府日記」寛永十年五月五日の条。
(22)「江戸幕府日記」寛永九年七月二十二日の条。
(23)「憲教類典」二之五(『内閣文庫所蔵史蹟叢刊』38)。実際には黒印状だったことが藤井譲治氏によって明らかにされている。
(24)「憲教類典」二之五(『内閣文庫所蔵史蹟叢刊』38)。
(25)藤井譲治『江戸幕府老中制形成過程の研究』一八〇頁。藤井氏は【史料1】を「老中宛法度」としているが、当時の幕府や諸大名の間では、いまだ「老中」という言葉が定着していないことから、ここでは「年寄衆宛法度」とする。また藤井氏はこの「法度」自体の持つ意義を「近代の官僚制における官職と比較すれば多くの限界を持つとはいえ、成文法である法度によって『職』が確定し、人ではなく『職』が、幕政運営の原理となった」とされ、そして「法度」制定の政治的な意義を「年寄衆に集中した幕政運営のあり方を改め、それまで年寄の持っていた権限を分掌させ、それぞれ将軍に直結することでこれまでの年寄のもった力をそぎ、結果として将軍親裁を強化する役割の一端を担ったのである」(一八〇～一八一頁)とされている。また、この点に関して山本博文氏は『幕藩制の成立と近世の国制』(校倉書房、一九九〇年)のなかで、「これはまさに幕府中枢機構への権力の集中と言うことができよう。しかし、この法度は、『年寄制』の制度的発展の上に立った規範の成立ではなく、将軍家光の強力なイニシアチブの下で制定されたものであった」(九七頁)とされている。
(26)北原章男「家光政権の確立をめぐって」一二〇頁。
(27)『細川家史料』(大日本近世史料)十一―七一二号。
(28)この状況については、山本博文『寛永時代』一九頁以下、同『幕藩制の成立と近世の国制』九四頁以下を参照。
(29)「わきくの衆」の実態については、山本博文『寛永時代』九頁以下に詳しい。
(30)『細川家史料』五―一一七七号。
(31)『細川家史料』十一―七一七号。
(32)藤井譲治『江戸幕府老中制形成過程の研究』一八一～一八二頁、山本博文『寛永時代』二〇頁以下参照。
(33)『細川家史料』五―一一一一号。
(34)たとえば、早くも寛永九年三月十日付の榊原職直宛細川忠利書状には「稲丹州御煩如何候哉、是のミ心にかゝり申候」とある（『細川家史料』十六―一五四〇号）。この他『細川家史料』五―一一一四・一一一五・一一二〇・一一四七・一一五二号など参照。

(35)「永井家文書」『高槻市史』第四巻(1)。
(36)『新訂寛政重修諸家譜』第二、五頁。
(37)「教令類纂初集」御上洛之部（『内閣文庫所蔵史蹟叢刊』21）。
(38)「部分御旧記」法度部には「年月不知御道中御法度」として、

御定覚書

一御殿ニ火事出来之時、殿中可致参上之衆、

年寄衆、六人衆、奥之御小姓衆、小納戸衆、大目付衆、御目付衆、御使番之衆、御腰物奉行衆、御納戸衆、

とある（『熊本県史料』近世篇三、四四三頁）。
(39)藤野保「寛永期の幕府政治に関する考察」二七三頁。
(40)北原章男「家光政権の確立をめぐって」一二一頁。
(41)『熊本県史料』近世篇一、二六五頁。
(42)この事件の真相については、藤井譲治『江戸幕府老中制形成過程の研究』一八九頁以下参照。
(43)酒井忠世が赦免された後の役職については、金奉行（三上参次『江戸時代史』冨山房、一九四三年）、老職復帰（北島正元前掲書）、留守居（北原章男前掲論文・大野瑞男『江戸幕府財政史論』吉川弘文館、一九九六年）、勘定頭（藤野保前掲論文）等諸説あるが、年寄衆連署奉書への加判はまったく見られない。
(44)『徳川実紀』第二篇、六五六頁。
(45)「江戸幕府日記」寛永十二年六月二十一日の条。
(46)藤野保「寛永期の幕府政治に関する考察」二七七～二七八頁。
(47)ただし、太田資宗は「同（慶長）十七年四月、鈞命によって台徳院殿につかへ奉り、御前に近仕す」（『寛永諸家系図伝』第三、四二頁）とあり、また阿部重次は「幼少より台徳院殿につかへたてまつり、御近習となり」（『寛永諸家系図伝』第十二、二四一頁）とあるように、この二人は家光の近習と言うことはできない。

(48)『徳川実紀』第三篇、七三二頁。また、寛永十八年と推定される家光自筆の御内書には「(前略) 其方(酒井忠勝)の義ハ、へやすミのおりより人おゝき中ニへつしてふた心なく、ためを第一とおもひ候心さしミつけ候付、万事おもて内證ともニゐんていをのこさすいまゝていひきかせ候事、其方ニも覚可有之、しんちつにためを思ひ候心さしをミつけ候付、代替になり、くにをもつかハしくわんいにもあけ万事とりたて候義にて候(後略)」とある(山本博文「新発見の小浜酒井家文書」『東京大学史料編纂所研究紀要』第七号、一九九七年)。

(49)『新訂寛政重修諸家譜』第五(続群書類従完成会編)二五〇頁。

(50)北原章男「家光政権の確立をめぐって」一二一頁。

(51)第一部第三章参照。

(52)「教令類纂初集」軍令之部(『内閣文庫所蔵史蹟叢刊』21)。

(53)しかしこの段階での領知高・城地などを比較すると、土井利勝が一六万石(下総古河城主)、酒井忠勝が一一万三五〇〇石(若狭小浜城主)だったのに対して、松平信綱が三万石(武蔵川越城主)、阿部忠秋が二万五〇〇〇石(武蔵忍城主)、堀田正盛が三万五〇〇〇石(下野壬生城主)と一様に城主にはなっているが、領知高の面ではかなりの格差があり、各々が保持する軍事力や諸大名に対する政治的影響力の面では、大きな違いがあったことは否定できない。なお、六人衆成立以前から松平信綱・阿部忠秋・堀田正盛の三名は、他の三人とは異質な存在であり、家光にすれば彼らに「年寄」並を命じたことで早晩「年寄」に就任させることは既定の方針だったに違いない。しかし、もし六人衆が「門閥宿老」対策を果たすのであれば、むしろ「三人衆」でもよかったのではないだろうか。「年寄」並が六人衆に含まれていたのは、あくまでも上洛が企図されていたからであり、上洛を無事に遂行するためには旗本支配機構の創設が必要だったのである。そして上洛後にそれが解消しなかったのは、その背景に政務の停滞という状況があり、かつ今後も予想されたからである。

(54)「江戸幕府日記」寛永十二年十月二十九日の条には「土井遠江守・酒井備後守御小姓組番頭被仰付之」とある。

(55)『新訂寛政重修諸家譜』第七、一四九頁。

(56)『徳川禁令考』前集二帙、二一六号。

(57)「教令類纂初集」御役之部(『内閣文庫所蔵史蹟叢刊』22)。なお、この史料は本来担当職務ごとに別々に出されていたこと、また諸大名家に残されたものは、土井利勝の屋敷で各大名留守居に通達された際、必要に応じて取捨して写されていたことなどが、藤井譲治氏によって明らかにされている（『江戸幕府老中制形成過程の研究』二一二〜二一八頁）。

(58) 藤井譲治氏はこのシステムを「将軍諸職直轄制」とし、その評価について「寛永十一年三月の法度で家光が意図した老中職務の限定という戦略を今一歩前進させ、老中の権限を分割し、他のものに分掌させることによって年寄衆の持った強大な幕府内での力を削減し、同時に増加してきた御用・訴訟の処理に対処しようとしたものであった」とされている（『江戸幕府老中制形成過程の研究』二一七頁）。

(59) 藤井譲治氏はこの条文の意義を「寛永十二年の規定で『御旗本・諸奉公人御用訴訟之事』がふたたび『六人衆』の掌握するところと規定されたことに対して、再度これまでの各番頭の番士支配が確認されたのであり、六人衆が頭をかねる小姓組番以外の各番の番頭からの『六人衆』による旗本一括掌握への反撃を見ることができ、寛永十二年条々で意図したところの『六人衆』による旗本支配という課題は、大きく限定されたものとなった」とされている（『江戸幕府老中制形成過程の研究』二一九頁）。

たしかにこの条文の規定では、物頭や番頭が抱える各組の番士旗本や同心の「御用」は、その頭自身が直接家光に言上することになっている。そして、こうしたことは、たとえば寛永九年五月七日の殿中勤番の旗本に宛てた七カ条の「条々」の⑤・⑥条目にも、

一番頭之面々、善悪之儀無依怙贔屓有様ニ可致言上事、
一不中上して不叶御用之儀者、時節を不斗可言上事、

とあり、まさに以前からの一貫した体制でもあった。しかし、諸番士旗本の勤番上のことは番・組に編成されている以上、番頭・組頭の指揮のもと組内部で処理させるのが原則であり、その任を六人衆に担当させるような意図は、家光にはもともとなかったのであって、まして特定人物への権限の集中や政務の停滞を極端に嫌った家光にしてみれば、年寄衆の職務を細分化し各々の職を直轄したように、諸番頭や物頭と自身（家光）とのあいだに六人衆を介在させないのはむしろ当然であったと考えられる。それは「御用」の迅速な処理を妨げる結果となるからである。しかも、これによって「各番の番頭からの『六人衆』による旗本一括掌握への反撃」とか「『六人衆』による旗本支配という課題は、大きく限定されたものとなった」と言うことはできないのではないか。何故なら、第一に家光の強権が遺憾なく発揮されていた当時において、六人衆や「六人衆宛法度」は家光の意図の下に創出・制定されたのであって、そうした家光（の意図）に対して、「各番の番頭」の「反

撃」といった状況を想定することは、きわめて困難であると考えられるからである。また繰り返しになるが、第二には番頭・物頭を対象とした申渡しに六人衆が列座していることが挙げられる。こうした行為は家光の「御用」を取次ぐことでもあり、何よりも六人衆が番頭や物頭の上位に存在したことを物語っているからであり、第三には、「其身之訴訟之儀ハ、六人之者を以可申上」とあり、この「六人之者」は六人衆以外には考えられず、頭自身の「訴訟」の家光への直接言上が否定され、六人衆を介在させなければならなかったからである。たとえば、寛永十一年十月に前々年から駿府に在番していた大番頭松平勝政組の大番衆四二名が、改易・切腹に処せられる事件がおきていたが（第一部第四章参照）、これは前年の番士総加増に浴しなかった組の面々が、「以連判御訴訟」したのを家光が激怒した結果であった。つまり、番士旗本層の支配強化を意図する家光にとっては、頭クラスの「訴訟」の直接言上を許せば、こうした事態の再発も予想され、むしろ「訴訟」の内容を取捨選択できるような腹芸の効く者を、番頭や組頭のあいだに取次ぎとして介在させた方が、かえって機構の柔軟さを生み、旗本支配には好都合だったからと考えられるのである。

(60)『新訂寛政重修諸家譜』第十、四一一頁には「三月八日職をゆるさるといへども、天下の大事政務の枢要にをいては、正盛評定所に候すべきむね仰下さる」とあり、「年寄」は赦免されたが、なお重要事項には関与している。

(61)『新訂寛政重修諸家譜』第四、三七六頁。

(62)『細川家史料』十二―九五七号。

(63) 北島正元『江戸幕府の権力構造』四五九頁。

(64)『熊本県史料』近世篇一、一六頁。

(65)『熊本県史料』近世篇一、二八七頁、『同』近世篇二、一頁など。

(66)『新訂寛政重修諸家譜』第九、四一頁。

(67)『新訂寛政重修諸家譜』第七、一五〇頁。

(68) 辻達也「寛永期の幕府政治に関する若干の考察」（『横浜市大論叢』第二四巻人文系列第三号、一九七三年）五三頁。家光の病気中の政務の様子と病状の詳細については、藤井讓治『江戸幕府老中制形成過程の研究』二九一頁以下。また山本博文氏は家光の病気を「不安神経症」とされている（『寛永時代』六四頁）。

(69) 佐々木潤之介「序説幕藩制国家論」（『大系日本国家史』3近世、東京大学出版、一九七五年）五八頁以下。

(70) 同右、五九頁。
(71) 酒井忠朝と土井利隆の若年寄赦免は、これまで父忠勝・利勝の大老職タナ上げに対応する処置とみられてきた。しかし、この両名は当時二十歳という年齢であり、彼らの行政能力はいまだ未熟であったと思われる。そこで前掲寛永十五年十一月二十五日付の細川忠利書状をもう一度見てみると、「若年寄仕越度も候而ハ、親之迷惑」とあったが、単に彼らの「越度」が「親之迷惑」となっただけでなく、むしろかかる危機的状況下だったからこそ、なおさら彼らの政務上の「越度」が懸念されたのである。それ故に、若年寄を赦免されたとも考えられないだろうか。なお、土井利勝・酒井忠勝の大老就任については、第三部第二章参照。
(72) 横山則孝「江戸幕府新番成立考」(『日本歴史』三〇二号、一九七三年)。
(73) 「寛文年録」(『江戸幕府日記』第一編、野上出版)寛文二年二月晦日条。
(74) 交替寄合については、同日の老中支配の条文のなかに「一、国持大名壱万石以上並九千石以下交替之面々事」とある。

付論　近世前期の史料用語に関する一考察

はじめに

江戸幕府初期の政治史研究は、近年格段の進展をみせている。とくに一次史料の広範な発掘ときわめて緻密な分析がすすみ、従来見過ごされてきたような歴史的事実に光があてられ、それらが統一的な論理で再構成されるなど、これまで構築されてきた歴史像は、大きな転換が迫られる段階にきている。なかでもこうした動向は、三代将軍徳川家光の時代を対象とした研究に著しい(1)。藤井讓治氏は、江戸幕府統治機構の中核をなす老中制の形成過程をきわめて実証的に明らかにされ(2)、山本博文氏は、当該期の対外関係と幕府政治動向とを有機的に関連させることで、新たな寛永時代像を描いている(3)。

そのいっぽうで、高木昭作氏により「史料を正確に読むためにも、近世史に固有の古文書学が必要な時期にきているのではないだろうか」という提言がなされ(4)、これに即応するように加藤秀幸氏を代表として江戸幕府「老中奉書」に関する共同研究がなされるなど(5)、歴史研究の基本ともいうべき史料それ自体の様式や機能などが本格的に分析されだしている。

こうした動向のなかにあって「史料を正確に読むため」には、史料中の一字一句にもきわめて細心の注意を払う必要のあることは言を俟たない。(6) ところがその一字一句をめぐる解釈には、必ずしも共通の認識がなされていない用語もある。たとえばその一つの例として「御用」と「訴訟」を挙げることができる。この語義については、従来あまりにも自明のものと受けとめられていたゆえか、この語自体が明確に解釈されたのは意外に新しく、高木昭作氏が『日本歴史大系』(一九八八年) のなかで、「ここで『御用』というのは、家光からの意思の伝達 (命令) の意味であり、『訴訟』というのは下からの家光に対する陳情・お願い (現代でいう訴訟もその一部である) の意味である」(7) とされたのが初めてである。山本博文氏もこの理解のうえにたって、家光期の老中制を家光の「御用」や家光への「訴訟」を取り次ぐ合議機関とされた。(8)

ところがかかる理解に対して、藤井譲治氏は家光の「御用日」制の析出のなかから、大筋では高木氏の見解を認めながらも、「『御用』の意味はそれだけではなく、(中略) 将軍が聞くがわに立つ『御用』の意もあり」(9) として、「御用」が将軍からの意志の下達だけでなく、諸大名や旗本などから将軍に上申される「御用」もあるという解釈を提示されている。さらに田中誠二氏は、藤井氏の解釈を発展させ、後述の「職務定則」や寛永十二年「条々」に関する毛利家江戸留守居史料を根拠に、藩側から見た場合「二つの申渡しにいう『御用』は、大名から将軍への『御用』を指しており、将軍から大名への『御用』を指しているのではない」(10) と、高木氏とは全く反対の解釈をなされているのである。

このように、少なくとも「御用」については正反対の見解が示されており、かかる認識のうえに当該期の政治構造がそれぞれ叙述されているのである。しかし「訴訟」もふくめてこれら二つの語は、たとえば寛永十一年 (一六三四) 三月三日に制定されたいわゆる老中・若年寄「職務定則」(11) や、翌寛永十二年十一月十日の「条々」(12) (いわゆる「老中並諸役人月番ノ始及分職庶務取扱日定則」）など、当該期の将軍による諸大名・旗本の統治機構を解明するうえできわめて重要な史料に頻繁に登場し、しかもその理解の根幹に関わる語句といえるのである。そこで本稿では、「訴訟」もふくめたこれら二つの語の意味を、当時の大名文書や「江戸幕府日記」などの用例をあげながら実証的に確定することで、江戸幕府初期の政治構造を再考するうえでの基礎作業としたい。

一　「訴　訟」

まず「訴訟」について見ていくことにしよう（以下引用史料の傍線は全て筆者による）。

【史料1】(13)

今度広嶋普請之事被背御法度之段曲事被思召候処、彼地可有破却之旨依御訴訟、構置本丸、其外悉可令破却之由被仰出候、然処ニ上石計取除、其上以無人送数日之義重畳不届之仕合思召候、此上者両国被召上、両国為替地津軽可被下之由被仰出候也、謹言、

（元和五年）

六月二日

安藤対馬守重信

板倉伊賀守勝重

土井大炊助利勝

本多上野介正純

酒井雅楽頭忠世

福嶋左衛門大夫（正則）殿

【史料2】[14]

森川内膳事、大僧正御訴訟ニて被召出候間、早々江戸江参候様ニ尤候、委細従大僧正可被仰候、恐々謹言、

（寛永四年）
六月廿日

永井信濃守
尚政（花押）
井上主計頭
正就（花押）
土井大炊頭
利勝（花押）

真田伊豆守（信之）殿

【史料1】は、（元和五・一六一九年）六月二日付の福島正則に改易を通知した、幕府年寄衆連署奉書である。「訴訟」に関わる部分を解釈すれば、「今度の広島城普請での幕府法度違反を、（秀忠が）『曲事』にお思いになったところ、『彼地』（広島城）を破却したいという（正則の）嘆願により、本丸を残しその他は全て破却するよう（秀忠が）仰せ出された」となろう。

つぎに、【史料2】は、慶長十九年（一六一四）の大久保忠隣の改易に連座し、信濃松代藩主真田信之に預けられていた森川重俊[15]の召出しを通知した西丸年寄衆連署奉書である。重俊の召出しは『寛永諸家系図伝』に「寛永四年、御赦免を蒙りめしいたされ」とあるから、この奉書は寛永四年（一六二七）のものである。その内容は、「『大僧正（天海）』が（秀忠に）お願いして、（重俊が）召出されることになったので、早速（重俊を）江戸に参るようにするのがよろしい」と解釈できる。以上わずか二例であるが、ここでの「訴訟」はいずれも嘆願・願いの意味を認めることがで

きよう。

【史料3】(16)

猶〳〵小田原ハ御隠居所ニ罷成候、阿備中殿者岩つきへ被遣候、内々ハ駿河御隠居所与御坐候処、将軍様御訴訟被成御若年ニ御坐候間、少もちかく被成御坐候様ニとの儀ニて、小田原ニ罷成候、曾又左・桑左・石八左状を以被申上候、已上、

幸便御座候間致言上候、

一　甲斐中納言（徳川忠長）様江遠江・駿河両国被遣候、御知行高ハ五十万石之由御坐候、両国之高不足御坐候付而、相模之内ニてたし迄ハ被進之由御坐候、

一　今迄駿河之御城御番衆八十人之乗馬番頭衆共被付進候事、

一　懸河之城ニハ朝倉筑後、浜松之城ニハ鳥居土佐被為置由候事、

【史料4】(17)

一　阿部対馬（重次）殿・備中（正次）殿近年御訴訟被申ニ付、今度達御耳岩付五万五千石渡被申、事之外御悦ニ而御坐候由尤之儀共存候、

【史料3】は、細川忠利が父忠興の家臣続重友に宛てた七月十四日付披露状であり、内容が徳川忠長の駿遠両国拝領や秀忠の隠居に関わることであるから、秀忠が将軍職を家光に譲った翌寛永元年のものである。この史料自体は秀忠の西丸引退までの経緯や、徳川忠長の遠江・駿河拝領と家臣団編成の事情などが記されておりきわめて興味深いものがあり、紹介の意味も兼ねて縷々引用したが、いま注目すべきは追而書の方であり、「訴訟」に関する部分を解釈すると「内々では（秀忠の）隠居所は駿河であったが、家光の（自分はまだ）若年であるので、少しでも近所におられ

るようにとの懇願から、小田原に（隠居所が）決定した」（実際には秀忠は江戸城西丸に隠居している）となるであろう。

【史料4】は五月十五日の日付をもつ久貝正俊・曾我古祐に宛てた、やはり細川忠利の書状（案）であり、阿部重次が岩槻を拝領していることから寛永十五年（一六三八）のものと確定できる。[18] 内容は「阿部正次・重次父子の近年訴えていたことが（家光の）耳に入り、岩槻五万五〇〇〇石を（重次が）拝領することとなった」となろうが、ここでの「訴え」は嘆願・陳情としても何ら差支えあるまい。このように、いずれも細川忠利の書状であるが、「訴訟」はここでも嘆願・陳情・願いの意味を確認することができる。

つぎに「江戸幕府日記」での用例を挙げてみたい。

【史料5】[19]

一渡辺忠右衛門並息内匠太刀目録以御礼、是忠右衛門知行千石内匠ニ相譲度之旨日来御訴訟申上之処、則被　仰付依而也、

【史料6】[20]

一三宅大膳亮依召従亀山参上、今日御前江被召出、内々亀山差上替地拝領仕度之旨、御訴訟之儀被聞召届之間、関東ニ而替可被下之旨上意、其上御旗本ニ而御奉公可仕之旨被仰出之云々、

【史料5】は「渡辺忠右衛門重綱が知行一〇〇〇石を息子内匠綱貞に譲りたい旨を日頃願っていたところ、仰せ付けられた（許された）」と解釈できる。ちなみに『徳川実紀』の同日の条にも「尾邸老渡辺忠右衛門重綱願により、その子小姓組内匠綱貞に采邑千石をつがしめられ」[21] とあり、『実紀』の編者も「訴訟」を「願」と訳している。

【史料6】は、「（三宅大膳亮康盛の）密かに領地亀山を返上し替わりの知行地を拝領したいという願いを、（家光が）聞き届けられたので関東で替地を下されることになった」と解釈でき、『徳川実紀』同日の条にも「三宅大膳亮康盛

は願のまゝに、亀山の所領を関東に転じ、旗本の奉公を命ぜらる」[22]とあり、やはり「願」となっている。これも一例であるが「江戸幕府日記」にみられる「訴訟」も、嘆願・陳情・願いの意味で使用されているのである。

以上、年寄衆連署奉書・大名書状・「江戸幕府日記」にみられる「訴訟」の用例をいくつかあげてみたが、「訴訟」の語は何れも高木昭作氏が指摘されるように嘆願・懇願・願い・陳情などの意味で使用されており、まず問題なくその意味に確定してよいであろう。ちなみに『邦訳日葡辞書』[23]を見ても「訴訟」は「目上の人に何事か乞うこと。また訴えること」とあり、「目上の人」を将軍とすれば、「訴訟」は諸大名や旗本が将軍に「何事か乞う」(願う)こと、となり「将軍↑「訴訟」―諸大名・旗本」というように上向きのベクトルで表されるものと言うことができる。[24]

二 「御用」

つぎに「御用」について見ることとする。まず「江戸幕府日記」での用例をいくつか挙げてみよう。

【史料7】[25]

一入御之時御黒書院御着座、奥に而御目見之御譜代大名御前江被召出、惣大名交替雖被仰付、右之面々依為別各不被仰付也、御用有之而被為召候時者、可致参上之旨上意也、

【史料8】[26]

一辰上刻紅葉山江　御社参、還御已後大炊頭・讃岐守　御前へ被為召、御用等被　仰付訖、

【史料7】については、「譜代大名が家光の御前へ召出され、『惣大名』は参勤交代を命じられたが、譜代大名については『別各』との理由で命じられず、『御用』があって『被為召候時』、つまり出頭を命じられたときは、参上する

ように」というものであり、ここでの「御用」は家光からの「御用」である。

【史料8】は、家光の「紅葉山社参のあと土井利勝と酒井忠勝が（家光の）『御前へ被為召』、『御用』を仰付けられた」となるだろう。わずか二例であるが、ここでの用例を見るかぎりでは「御用」の主体は将軍家光であり、「御用」は将軍から仰付けられるもの、したがって「命令」の意味にとることができる。『邦訳日葡辞書』(27)においても、「御用」は「尊敬すべき人の必要とするもの、または用事」とあり、諸大名や旗本から見れば「尊敬すべき人」は当然将軍となるから、彼らに対する将軍の用事ということになり、原則的に「御用」は［将軍―「御用」→諸大名・旗本］のように上から下へのベクトルで表すことができよう。

大名史料のなかでもそれは確認できる。

【史料9】(28)

御用之儀候間、酒井讃岐守宅江後刻可被罷越候、猶従是可及一左右候、恐々謹言、

以上、

五月五日

阿部豊後守判

松平伊豆守判

細川肥後守（光尚）殿

この史料は、（寛永十八年）五月五日付で細川光尚に宛てた老中奉書である。その内容は「『御用之儀』があるので、酒井忠勝宅へ後刻参上するように」というものである。ここでの「御用」は、現代でいう「用事」と同義で解釈できるが、問題はその用事の主体つまり誰の用事かということである。しかしそれは、次に挙げる史料によって解明される。

【史料10[29]】

一（寛永十八年）五月五日、御用御座候間、伊丹順斎老・堀式部少輔殿・曾我丹波守殿右同道ニ而酒井讃岐守殿宅江御出可被成旨、御老中より申来候間、則御出被成候処、上使として彼宅江伊豆守殿・豊後守殿御出、御遺領御相続之被仰渡有之、

まずこの史料により、【史料9】の奉書が寛永十八年のものと確定できる。そしてその内容は、この日『御用』があるので伊丹康勝・堀直之・曾我古祐とともに酒井忠勝宅へ参上するようにと老中から申してきたので、即刻酒井宅へ出向いたところ（家光の）上使松平信綱・阿部忠秋が来て、遺領相続の仰渡しがあった」と解釈できよう。細川光尚の父忠利は同年三月十七日に死去しており、その遺領相続許可の申渡しが松平信綱・阿部忠秋二名の老中によってなされたのである。史料中に「上使」とあるように信綱らは家光の意を受けて遺領相続許可を伝達したのであり、したがってここでの用事の主体は当然将軍家光であるから、【史料9】での「御用」は家光からの「御用」と言うことができる。

ところが、「御用」には前述したような一方向だけのベクトルではすまされないような事例もある。

【史料11[30]】

一酒井讃岐殿去六日ニ御下着にて候、（中略）讃岐殿御内衆申候ハ、此跡とちかひ申候間、万事御公儀之様子御かまひ不被成筈ニ御座候間、何之御用も取次申事不罷成候間、内々左様ニ相心得候へと、御留守居共ニ申聞候、併従上様古同前ニ御用被仰付候ハヽ、様子ニしたかひ可被成候条、追而深栖九郎右衛門などニ内談仕可申上候、

この史料は、（寛永十一年）十二月十二日付で、土佐山内家の江戸家老柴田覚右衛門が国元の岩崎又右衛門に宛てた書状である。この史料自体は、当時の酒井忠勝の状況をよく語っており大変興味深いものがあるが、その点は藤井氏

の著書にゆずるとして、いま注目すべきは「何之御用も取次申事不罷成候間」の部分である。ここでの「取次」を田中誠二氏が指摘されるように、「下から上への仲介の意を色濃くもった語」[31]と文字通り解釈すれば、「『何之御用』も（忠勝から家光に）『取次』ぐことができないので」となり、「御用」は家光からの「御用」ではなく、諸大名からの「御用」ということになる。ところが、史料後半部分には「併従上様古同前ニ御用被仰付候ハヽ」とあり、ここでの「御用」は明らかに「上様」（家光）から「仰付」けられる「御用」と読むことができる。このように同一書状のなかに、一つの語が正反対の意味（方向性）をもった語として使用されているのである。この点をどのように理解すればよいのであろうか。いまその結論を急ぐことはせず、もう少し同じような例を挙げてみよう。

【史料12[32]】

一御年寄衆御三人迄にてハ事つかえ候ニ付、六人之若御出頭衆・御町奉行衆事をわけ可被執行由被仰出、御一ツ書写給候、又状之おくニ被書候年寄衆御用被仰付御番之次第、三月朔日ゟ十五日ツヽ、雅楽殿・大炊殿・讃岐殿と次第ニ廻候由、得其意候事、

【史料13[33]】

諸大名衆被仰上御用御座候ハヽ、御年寄衆御三人各番ニ被成御定候条、月々之御当り前之衆御一人計江可被仰上候、但御直談候ハて不叶御用ニ候ハヽ、御自身可被成御出候、少々之儀ニ候ハヽ、常々御使被仰付者を以可被仰上之旨候、何事ニ付而茂、御三人之外之衆を以ハ、一切被仰上間敷之通、堅被仰出候事、

まず【史料12】は、（寛永十一年）四月十二日付の細川忠利に宛てた父忠興の返書であり、同年三月三日の老中・若年寄「職務定則」制定に関する事情を記したものである。この史料の「年寄衆御用被仰付御番之次第」の部分は、素直に読めば「年寄衆が（家光から）『御用』を『仰付』けられる御番の次第」となる。あるいは「『年寄衆』が（諸大名

に）『御用』を『仰付』けられる御番の次第」（この場合「被仰付」の「被」は年寄衆に対する敬語となろう）と読めないこともないが、いずれにしてもこの「御用」の主体は家光であり、家光からの「御用」ということになるだろう。

【史料13】は「職務定則」制定の翌三月四日に江戸城西丸で、諸大名に対してその内容や理由が申渡され、それを書き留めた萩藩江戸留守居福間就辰の記録であり、田中氏が「諸大名から将軍への『御用』を指しており、将軍から大名への『御用』を指しているのではない」と主張される根拠の一つとなっている史料である。たしかに冒頭部分は「『諸大名衆』から（家光に）『仰上』られる『御用』」としか読めない。他の箇所でも全て「仰上」られており、したがってここでの「御用」の主体は大名以外考えられず、「大名から将軍への『御用』」ということになろう。(34) このように見ると、一つの事実がそれを伝える大名（や家臣）によって、少なくとも細川氏と毛利氏では、全く正反対に受けとめられていたということになる。しかし秀忠から家光への「代替り」間もない、しかも徳川忠長や加藤忠広の改易に示されるように、将軍家光の強権が遺憾なく発揮され出した当時にあっては、このような誤認がなされることはきわめて考えにくい状況である。それでは何故このような異なった記述がなされるのだろうか。ここで想起されるのは藤井譲治氏の「将軍が聞くがわに立つ『御用』の意もあり」という指摘であるが、この点は節を改めて考察することとしよう。

三 「聞くがわに立つ『御用』」

藤井氏が上述のように解釈する根拠は、たとえば「江戸幕府日記」寛永十一年三月二十九日の条に「御黒書院出御、御用之儀被尋聞之」とあることや、「老中職務定則」に「御用」「訴訟」を「承届可致言上也」とあること、さらに寛永十二年十一月の「条々」に「承日」とあることなどである。たしかに「江戸幕府日記」にある「被尋聞」の文言は、将軍が「御用」を尋ね聞くとしか解釈できないが、ここでもう一つ「御用」が上申・下達の両方向へ使用されるという意味での典型的な例を挙げてみよう。それはやはり「江戸幕府日記」の寛永十二年二月二十一日の「御用日」を示す「昨廿日雖御用日御鷹野出御付、今日御用面々被召出被仰付並尋聞云々」という条文である。このように「御用」は家光から「仰付」けられ、そしてそれとは対照的に家光が「尋聞」いており、「御用」は将軍が「仰付」けるばかりでなく、「将軍が聞くがわに立つ『御用』」もあることが明確に記されているのである。

とすれば、問題となるのは「御用」の具体的な内容である。「江戸幕府日記」にある「御用日」を示す記述のなかの「御用」が、どのような内容のものとして諸大名・旗本に「仰付」けられ、また彼らから上申されるのかを明らかにすることは、なかなか困難な問題である。そこでここでは、「江戸幕府日記」に見られる「尋聞」という語句に注目することで、「将軍が聞くがわに立つ『御用』」を考えてみたい。

【史料14】(35)

一従二条罷下御番衆不残登営、御白書院廊下列座、在番中善悪之儀、大炊・讃岐・伊豆・豊後・加賀被尋聞云々、

【史料14】では、京都二条城在番から帰参した大番衆が、在番中の勤務状況を老中から「尋聞」かれている。「江戸幕府日記」に見られる「尋聞」の用例は、将軍の「御用日」以外では、多くは【史料14】のような在番明け大番衆の勤務状況を老中や若年寄が「尋聞」いたものであり、(36)「尋聞」の主体が将軍ではない。しかし重要なことは、二条城や大坂城への大番衆の在番という行為が、将軍に対する奉公（役）、すなわち「御用」に応じるものとしてあるのではないだろうか、ということである。つまり大番衆は老中でも誰の命令でもなく、家光の「御用」を受けて在番するのであり、その状況をたまたま将軍の「取次」にあたる老中が「尋聞」いているにすぎないのである。

在番という行為が家光の「御用」を受けているのは、次の史料によく示されている。

【史料15[37]】

一大久保右京亮・皆川山城守並両輩之組頭、御座之間へ被召出御用被仰付御暇被下、御服・御羽織等拝領、今度二条御番ニ依被差遣之也、

この史料によれば、大番頭の大久保教隆・皆川隆庸の二名とそれぞれの組頭が、御座の間へ召出され、二条在番に派遣されるため、「御用被仰付」て暇を賜っていることがわかる。在番が将軍の「御用」であることは明らかであろう。とすれば、その状況を帰参後に報告することは、家光からの「御用」に回答する行為となり、その回答を誰が「尋聞」くにせよ家光に報告されるのは当然のことと考えられる。つぎに実際家光が「尋聞」く例を挙げてみよう。

【史料16[38]】

一肥州嶋原へ為上使井上筑後守被差遣之、御前へ被召出、様子御直ニ被仰含、御差料之御腰物青江・呉服・御道服・黄金十枚・人馬御朱印被下也、申刻退出〆即発足、

【史料17[39]】

一酒井因幡守・駒杵長次郎、九州嶋原表江為上使被差遣之、依之黄金・呉服等並人馬御朱印被下之、辰上刻江戸発足之云々、

右の二つの史料は、何れも寛永十四年十月の島原の乱勃発に際して、【史料16】では当時大目付の井上政重が、【史料17】では作事奉行酒井忠知と使番駒杵政次が、それぞれ「上使」として肥前島原に派遣されたときの条文である。注意しておきたいのは彼らが何れも家光の「上使」となっていることである。すなわちそれは自明のことではあるが、家光の命令つまり「御用」を受けて島原に赴いていることに他ならない。

【史料18㊵】
一九州有馬表ゟ井上筑後守帰参、於品川御目見、還御以後重而御前へ被召出
彼地之様子被尋聞召之云々、

【史料19㊶】
一巳下刻従九州有馬、酒井因幡守・駒杵長次郎帰参、夜ニ入二丸江被為召、
彼表之様子被尋聞召之云々、

図3

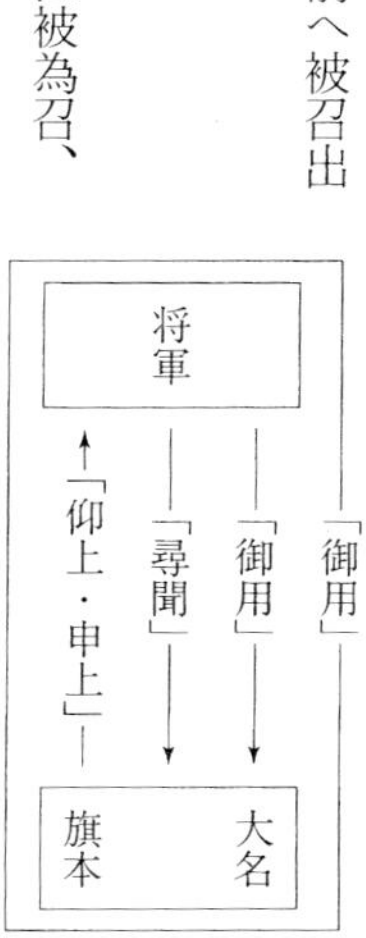

【史料18・19】は、前掲の【史料16・17】に対応するもので、「上使」として派遣された井上らが帰参したときの模様を記したものである。この二つの史料に見られるように家光の「御用」を受けた彼らには、当然のこととして島原の状況を報告する義務があり、それを家光が聞くことを、「江戸幕府日記」では「尋聞」という語句で記しているのである。

以上、「尋聞」の用例をいくつか取りあげてみたが、この「尋聞」という行為は、もちろん諸大名や旗本からの「訴訟」を将軍が「尋聞」くのは当然のこととして、「御用之儀被尋聞之」場合の「尋聞」も、それをするのが将軍であろうが老中であろうが、本来将軍の命令（「御用」）を受けた者がその命令に対しての回答（報告）を「尋聞」くという行為をも意味しているということである。つまり「聞くがわに立つ『御用』」の「御用」とは、発端に諸大名・旗本による何らかの自発的な上申行為（これがまさに「訴訟」）があり、それを将軍が聞くのではなく、まず将軍からの命令行為がありそれに対する回答を将軍が「尋聞」くもの、という理解が妥当なのではないだろうか。このように考えないと、「職務定則」などにあえて「御用・訴訟」と並記される意味がなくなってしまうだろう。したがって図3に示したように諸大名や旗本からすれば、将軍の「御用」（命令）を実行し、報告を求められれば回答することも

「御用」なのである。[42]

このように考えれば、【史料11】に見た酒井忠勝の「何之御用茂取次申事不罷成候」と「従上様古同前ニ御用被仰付候ハヽ」という二つの記述も、【史料12・13】にあった細川氏の「年寄衆御用被仰付御番之次第」と毛利氏の江戸留守居が「諸大名衆被仰上御用之儀御座候ハヽ」と記したのもスムーズに理解できるのではないだろうか。とくに【史料13】の「被仰上御用」は、本来家光からの何らかの「御用」があって、それに対して回答することが毛利氏にとっては「御用」なのであり、「仰上」げるべきものなのである。したがって田中氏のように「大名から将軍への『御用』をさしており、将軍から大名への『御用』をさしているのではない」とすることはできないのではないだろうか。これら細川氏と毛利氏江戸留守居の二つの史料の記述の違いは、【史料12】の「御用被仰付」が、細川忠利—忠興という大名父子による書状のやりとりのなかのものであり、【史料13】の「被仰上御用」が、大名家臣である江戸留守居の記録であるという史料上の相違によっていると考えられる。すなわち、周知のように細川氏は将軍や幕閣の動向にはきわめて敏感な大名であり、常に将軍側近などから情報を収集しており、【史料12】はそうしたなかで主眼が幕府年寄衆の動きにあるのに対して、【史料13】は、大名家臣が幕府年寄衆から申し渡されたものを後日の例証のために書き留めたもので、とくに「被仰上」は主君を念頭において記されたものと言うことができる。こうした違いによって同じ「御用」という語が、逆の方向性をもつ言葉のように記されたものと言えるのではないだろうか。

おわりに

「御用」と「訴訟」は、その語義は高木氏の指摘のように一言で言えば「命令」と「願い」の意味であり、しかも

図4

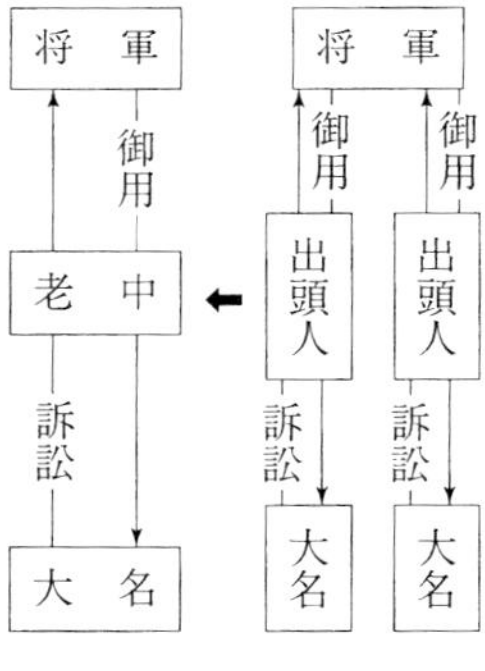

原則的には「訴訟」とは下から上へ上申されるもの、「御用」は上から下へ下達されるものとなり、まさにこれら二つの語は対の概念としてとらえるべき語である、というのが拙稿の一応の結論である。(43)

ただし注意する必要があるのは、たしかに「将軍が聞くがわに立つ『御用』」はあるということであるが、しかし、それは前述したように「御用」の「御用」とも言うべきものであり、下からの自発的な上申行為によったものではないということを確認しておきたい。そして、かかる理解のうえにたって「はじめに」であげた寛永十年代における一連の職務規定や、同十二年の段階での旗本支配の実態を示す「物頭・番頭其組並同心御用之儀、前廉如仰出候御直ニ頭々可申上、其身之訴訟之儀ハ六人之者を以可申上」(44)などの史料をもう一度読み直す必要があるのではないだろうか。

最後に、とくに上位者に対しては、直接ものが言えないという当時の習慣のなかにあって、「御用」と「訴訟」という両方向に向かう意志を将軍と諸大名の中間にあって個々に「取次」いだのが、徳川家光以前では自己の力量と将軍の恩寵によって取り立てられたいわゆる「出頭人」である。この「取次」の関係は、諸大名との私的・個別的な結びつきを基礎にしており、田中氏も指摘するように大名側にも（成功するか否かは別として）「出頭人」を自由に選択する余地があるような、きわめてルーズな支配体制と言ってもよいであろう（ただし公的な命令伝達の場合は多数の年寄衆連署奉書の存在に示されるように、秀忠親政期にも「年寄衆」としての組織化は見られる）。またこの点に土井利勝のような膨大な権限を持つ「出頭人」が出現する下地もあった。しかし家光のときの寛永十年代になると、家光の個性や病気といったきわめて偶然的要素が強いのであるが、「出頭人」体制は否定されていき、老中・若年寄といった官職が形成され、以後それが構造化していくのである。[45]その構造的変化を対大名を例に、本稿で扱った「御用」「訴訟」と関連させて図式化すれば図4の如くなろう。[46]

注

（1）寛永期の研究史については、小宮木代良「書評・山本博文著『寛永時代』」（『史学雑誌』九九篇一〇号）にくわしい。

（2）藤井譲治『江戸幕府老中制形成過程の研究』（校倉書房、一九九〇年）。

（3）山本博文『寛永時代』（吉川弘文館、一九八九年）。

（4）高木昭作「近世史研究にも古文書学は必要である」（永原慶二他篇『中世・近世の国家と社会』東京大学出版会、一九八六年）。

（5）『近世幕府文書の古文書学的研究』（平成三年度科学研究費補助金研究成果報告書、一九九二年）。また笠谷和比古「老中奉書」（日本歴史学会編『概説　古文書学』近世編、吉川弘文館、一九八九年）。伊藤孝幸「老中奉書について」（『古文書研究』三四号、一九九一年）などがある。

（6）たとえば高木昭作氏は、「出頭（人）」という語に注目し、その語義を明確にするとともに、そこから近世初期の主従関係の一類型を析出されている（「『出頭』及び『出頭人』について」『栃木県史研究』一号、一九七一年。「本多正純の改易をめぐって」『同』八号、一九七四年）。

（7）『日本歴史大系』（山川出版社、一九八八年）二四〇頁。

（8）山本博文『幕藩制の成立と近世の国制』（校倉書房、一九九〇年）。

（9）藤井氏前掲書、二二七頁。

（10）田中誠二「藩からみた近世初期の幕藩関係」（『日本史研究』三五六号、一九九二年）五三頁。

（11）その末尾の部分を「御当家紀年録」（内閣文庫所蔵）にある写によって記しておくと「右条々御用之儀並訴訟之事、承届可致言上事」とある。

（12）関連の条文を「部分御旧記」（『熊本県史料』近世篇三）から記しておく。

一　国持大名御用之儀并訴訟、土井大炊頭・酒井讃岐守・松平伊豆守・阿部豊後守・堀田加賀守五人として一ヶ月番ニいたし可承事、
一　御旗本・諸奉公人御用并訴訟事、土井遠江守・酒井備後守・三浦志摩守・太田備中守・阿部対馬守右五人一ヶ月番ニいたし可承事、

(13)「向山誠斎庚戌雑綴」(『大日本史料』十二篇―三十)六四三頁。
(14)『真田家文書』上、一五五号。
(15)「寛永諸家系図伝」(内閣文庫所蔵)第五二冊には、重俊は「(慶長)十九年、大久保相模守御勘気を蒙時、重俊縁座により て酒井左衛門尉(家次)が領内高崎に配流せらる」としかなく、真田信之に預けられた記事を載せていない。また『寛政重修諸家譜』も同様である。しかし、酒井家次は元和二年に高崎から越後高田に転封されており、このとき隣藩の真田信之(信濃上田藩)に預替えがあったものと考えられる。
(16)「部分御旧記」(『熊本県史料』近世篇一)四〇九頁。
(17)同右、二八五頁。
(18)『新訂寛政重修諸家譜』第十、三五〇頁。
(19)「江戸幕府日記」寛永十二年十月六日条(東京大学史料編纂所写真帖による)。
(20)「江戸幕府日記」寛永十三年五月十八日条。
(21)新訂増補国史大系『徳川実紀』第二篇、六九一頁。
(22)同右、第三篇、一九頁。
(23)『邦訳日葡辞書』(岩波書店)五七九頁。
(24)当時の訴訟の手続きについては、山本博文「近世初期の老中発給文書と月番制」(『東京大学史料編纂所研究紀要』二号、一九九二年)がある程度明らかにしている。
(25)「江戸幕府日記」寛永十二年七月一日条。
(26)「江戸幕府日記」寛永十二年十一月十七日条。
(27)『邦訳日葡辞書』(岩波書店)三一〇頁。

(28)「部分御日記」（『熊本県史料』近世篇一）四五頁。
(29)『綿考輯録』（出水叢書七、一九〇頁）光尚公、寛永十八年五月五日の条。
(30)「土佐山内家文書」（東京大学史料編纂所写真帖）。
(31) 田中氏前掲論文、五九頁。
(32)『細川家史料』（大日本近世史料）五―一一七七号文書。
(33)「有古雑文」（「毛利家文庫」叢書三九）この史料の引用に当たっては、一九九一年十一月十六日に行なわれた日本史研究会大会での田中誠二氏の報告レジュメを引用させていただいた。
(34) 同様の例として、寛永十二年十一月十日の「条々」の内容を書き留めた毛利藩江戸留守居福間就辰の記録を挙げておく（『公儀所日乗』寛永十二福間牒三坤、東京大学史料編纂所所蔵写真帖による）。

一土井大炊殿ゟ御用之儀御座候条、一人可被差出之通御触ニ付而私罷出候、勿論諸家留守居無残罷出候、大炊殿・讃岐殿・阿部豊後殿御三人ニ而被仰渡之趣ハ諸大名衆被申上御用之儀、土井大炊殿・酒井讃岐殿・松平伊豆殿・阿部豊後殿・堀田加賀殿五人〆一ケ月切ニ被聞召候、十一月ハ大炊殿、十二月ハ讃岐殿、寛十三正月者伊豆殿、二月ハ阿倍豊後殿、三月者堀田加賀殿ニ而候、其一ケ月ノ内ニ而三日・九日・十八日御定候条、此当り日ニ其当月御番之衆可被仰上之由候、此段罷帰則殿様江申上候、

なおこの史料の閲覧に当たって、同所の山本博文氏にお世話になった。記して謝意を表したい。
(35)「江戸幕府日記」寛永十三年五月二十九日条。
(36)「江戸幕府日記」寛永十三年九月二十四日条、同寛永十四年九月十日条、同寛永十五年五月十六日条など。
(37)「江戸幕府日記」寛永十三年三月二十八日条。
(38)「江戸幕府日記」寛永十五年一月三日条。
(39)「江戸幕府日記」寛永十五年一月廿日条。
(40)「江戸幕府日記」寛永十五年三月十三日条。
(41)「江戸幕府日記」寛永十五年二月廿日条。
(42) もちろん当時の「御用」が、上から伝達される命令といった意味のみで使用されたわけではない。たとえば、「猶々伝十

郎（永井直吉カ）折々御城被出候、御息災ニ候間可御心安候、何ニても御用候者、可被仰付候」（寛永十年七月十二日付の永井直清宛て酒井忠勝書状、『高槻市史』第四巻(1)、六七五頁）のように、大名同士の私的な交際の場合には単なる「用事」で使用されている。しかし、いったん事が公的な性質を帯びた場合には、本文で記したような意味で使用されるのではないだろうか。

(43)　このように考えないと、もし幕府側の史料に大名の用事を「御用」と記したとすれば「御」という敬語の付されることが理解できないのではないだろうか。

(44)　「江戸幕府日記」寛永十二年十一月廿一日条。

(45)　この期に老中制が形成される理由は、藤井氏前掲書に詳しい。またその本質については、筆者は山本氏の「あくまで将軍権力を補佐する『取次』の合議機関」という理解が妥当と考えている。ただ「これが一個の政治集団として将軍個人から相対的に自立する」（山本氏前掲注(8)書、一一一頁）その始点は、家光政権後半からではないかという見通しを立てている。その根拠については拙稿「家光政権後期の政治構造」（『白山史学』二四号、一九八七年）を参照されたい。

なお、老中・若年寄といった官職の形成によって「出頭人」再生産の道が閉ざされたわけではない。本来、幕府の統治機構は、将軍権力を頂点に置いている限りにおいて将軍ごとに独自のシステムが構築される可能性を有していた。しかし、幕末まで家光のときの老中制が容易に解体されなかったのは、次の四代家綱が幼少で将軍になったことや、成人後も病弱であったこと、さらにはその政治的な能力などにより、家綱が独自の統治機構を構築しようとせず、家光の老中制がそのまま温存されたためであり、同時に幕藩権力の体制・秩序維持への指向と、それにともなう家格制の成立などが、家光の老中制を定着させていったと考えられる。そのため綱吉・吉宗など個性的な将軍が出現しても、家光の作った老中制は無視でき得ず、彼らは側用人・御用取次といった「出頭人」による新たな取次ぎのルートを設けて、自らの意志の貫徹を図らざるを得なかったのである。

(46)　もちろん老中制確立期には、山本博文氏が提示したような上級旗本による老中の頭越しになされる命令伝達のルートもあり（前掲注(8)書、一〇四頁以下）、この点を捨象したつもりはない。図4はあくまでも「御用」と「訴訟」の基本的な流れを単純にモデル化したものである。

第三部　家光政権の展開

第一章　江戸幕府前期大名改易政策の一断面

はじめに

幕藩政治史研究において、将軍権力の専制的側面を示す指標のひとつに大名改易権の問題がある。本章では駿府徳川藩（以下駿府藩とする）の藩主で、いわゆる駿河大納言徳川忠長の改易の実相を中心に検討する。徳川忠長の改易問題については、これまで諸書に関説されているが、その政治史的な意義については、藤野保氏や朝尾直弘氏によって提起された「御代始めの御法度」論としての見方が定説となっている。すなわち、徳川秀忠から家光への代替りにおける政治的緊張下で、寛永九年（一六三二）の外様大藩である肥後熊本藩加藤氏の改易とともに、家光の強権発動の犠牲者となったと言うもので、大御所秀忠死去による家光の親政開始に当たり、忠長の改易を幕府の予定の政治行為と見做す見解である。(1)

こうした点について、最近笠谷和比古氏が興味深い指摘を行なっている。すなわち笠谷氏は、福島正則（安芸広島四九万八〇〇〇石）・加藤忠広（肥後熊本五一万五〇〇〇石）といった外様大名の改易を主な素材として、①改易の内容・実態、②改易の決定過程、③改易の執行過程などの側面から詳細に検討され、従来自明のものとされた将軍専制論に対して一定の修正を迫っているのである。[2] この論点に対しては即座には賛同しがたい点もあるが、[3] ①についての「大名改易が幕府の既定の方針の実現としてあるとする見方、幕府によって意図的かつ操作的に遂行されていく大名取り潰し政策として捉える認識が問題である」という指摘は、大いに首肯できるところである。

そこで本章では、まず徳川忠長を藩主とする駿府徳川藩の成立・展開の状況に触れ、然るのち徳川忠長の改易にいたる過程・実像を如上の視点から再検討してみたい。

第一節　駿府徳川藩の成立と展開

徳川忠長は、慶長十一年（一六〇六）二代将軍徳川秀忠の三男として誕生した。母は織田信長の妹お市の三女お江（浅井氏）であり、二歳上の兄が三代将軍となる徳川家光である。そして、このとき傅役として内藤政吉・天野清宗・永井主膳ら九名が付属している。

ついで忠長は、元和二年（一六一六）九月に甲斐一国二三万八〇〇〇石を拝領し、秀忠の命によって新たに付家老として甲斐都留郡谷村城主鳥居成次と大番組頭・堺政所などを歴任した朝倉宣正、大番衆のなかから選抜された松平忠勝・本多貞久ら五四名、[4] この他武川衆・[5] 津金衆・七九衆などから十数名が付属されている。元和六年九月になると、元和忠長は家光とともに元服し、同時に従四位下右近衛権中将参議に叙任し、これ以後甲府宰相と呼ばれた。さらに元和八年十月には、信州小諸において七万石を加増され都合三〇万七〇〇〇石となり、屋代秀正・忠正、三枝昌吉・守昌父子らと芦田衆・武川衆が付属している。忠長は甲府に在城することはなかったが、この元和八年の段階で甲府城に朝倉宣正、谷村城に鳥居成次、小諸城に三枝昌吉が置かれ、それぞれが領内を支配する体制が成立している。[6] また付属家臣団については、もちろんここに姓名を挙げた者だけではなかったが、彼らはいずれも甲信地方に本貫地を持つ在地土豪や同地方に所領のある譜代旗本層である。

寛永元年（一六二四）になると、忠長は駿河・遠江で加増を受けている。同年八月二十日付で幕府年寄衆の酒井忠世・土井利勝・井上正就・永井尚政、勘定頭の松平正綱・伊丹康勝の連署で、鳥居成次・朝倉宣正の付家老二名に宛てて出された領知目録には、[7]

一高弐拾三万二千六百七拾三石　　甲斐国
　此外
　　二千石　　郡内高不足ニ引
　　三千四百七石　　寺社領ニ引
　　三千石　　真田隠岐守（信昌）知行分引
一高弐万六千五百四拾六石八斗　　信州小諸残物
一高拾六万千六百九拾石　　駿河国
　此外
　　三千石　　久能領ニ引
　　壱万六百六拾石余　　十分一之夫覚有之
一高七万九千八拾四石弐斗　　遠江国之内
　　都合五拾万石
右之所々　中納言様（忠長）へ被進候、以上、

寛永元年八月廿日

伊丹喜之助（康勝）
松平右衛門大夫（正綱）
永井信濃守（尚政）
井上主計頭（正就）
土井大炊頭（利勝）
酒井雅楽頭（忠世）

鳥居土佐守（成次）殿
朝倉筑後守（宣正）殿

とあり、甲斐一国二三万二六七三石、「信州小諸残物」として二万六五四六石八斗、駿河国内で一六万一六九〇石、遠江国内で七万九〇八四石二斗の「都合五十万石」が「中納言様へ被進」、さらにこの領知目録を引用した「東武実録」には「右之外重而五万石賜リ、総テ五十五万石ヲ領ス」とその編者が記しており、この段階で忠長は甲駿遠三国で五五万石を領する大名となり、駿府藩が成立したのである。

そしてこのとき、その情報をいち早く入手した細川忠利は、寛永元年七月十四日付で父忠興の家臣続重友に宛ててつぎのように報じている。

一甲斐中納言様へ遠江・駿河両国被進候、御知行高者五十万石之由御座候、両国之高不足御座候付而、相模之内にてたしをハ被進之由御座候事、
一今迄駿河之御城御番衆八十人之馬乗、番頭衆共被付進候事、
一懸河之城ニハ朝倉筑後（宣正）、浜松之城にハ鳥居土佐（成次）被為置由候事、

この書状(8)によれば、忠長は駿遠両国を拝領し領知高五〇万石となったが、不足する分があるので相模国内でそれを補塡すること、これまで駿府に在番していた御番衆八〇名が番頭とともに付属すること、掛川城に朝倉宣正が浜松城に鳥居成次がそれぞれ配置されたことなどがわかる（ただし浜松城主はこの前後高力忠房であり、この点は誤伝）。このうち二条目の御番衆については、元和五年から父渡辺茂（大番頭）とともに駿府在（定）番を勤めた渡辺忠と、同九年からやはり駿府在番に当っていた大番頭松平正朝らに率いられた大番衆だったと考えられる。ただ、『寛永諸家系図伝』渡辺忠の項には「寛永元年、忠長卿に属せられ(9)」とあるものの、松平正朝については「寛永二年、鈞命によりて駿河大納言忠長卿につかふ(10)」とあり、忠長への付属の年が右の細川忠利の書状とは一年のズレを見せている。また「東武実録」寛永二年十一月十九日の条には、

公ノ　命ヲ奉テ中納言忠長卿ニ附属スルノ輩、松平壱岐守正朝大御番頭、元和九年ヨリ是年ニ至テ駿府ノ常番ヲ勤ム組ノ士トモニ忠長卿ニ属ス、渡辺監物忠渡辺山城守茂養子、実ハ戸田与五右衛門男　養父山城守茂大御番頭、元和五年ヨリ是年ニ至テ駿府ノ常番ヲ勤ムカ組ノ士ヲ監物ニ附ラレ山城守カ領知遠州ノ地五千石監物カ領シ来ル千石統テ食邑六千石ヲ監物ニ賜リ、組共ニ忠長卿ニ附属セラル、

とあり(11)、やはり松平正朝・渡辺忠の忠長付属を寛永二年のこととしている。この一年のズレは、おそらく忠長の駿府初入部と関係があるものと考えられる。すなわち、徳川忠長は「江城年録」寛永二年十月十一日の条に「駿河殿駿府江御入部の御暇被進、同十二日江戸御発足(12)」とあるように、十月十一日に入部の暇を賜り、翌十二日に江戸を出立し、鷹狩りなどをしながら翌十一月十九日に駿府に入部している(13)。そして右の「東武実録」の記事は同じ十九日のものである。つまり、この駿府初入部によって松平正朝らの忠長への付属が、後世に寛永二年と認識されたのであって、先の細川忠利の書状が江戸で得た情報を報じていたことを勘案すれば、実質的には忠長が駿・遠・甲五五万石を拝領した寛永元年の段階で、駿府在番に当っていた松平正朝組と渡辺茂組大番衆が忠長の家臣団に組込まれ、主君不在の駿

府城の警備に当たり、翌二年十一月に「東武実録」に見られたように、渡辺茂組の面々が渡辺忠の配下に編入され駿府藩大番組を構成したと理解するのが妥当ではないだろうか(14)。

ところで、この徳川忠長の駿遠拝領による駿府藩の成立について、小山譽城氏が興味深い見解を提示されている。すなわち、当時大御所として幕府政治を主導した徳川「秀忠が『御三家』なる概念を持っていたとすれば、それは当然義直・頼宣・忠長の三家であって頼房は入れられなかったはずである」と言うものである(15)。小山氏はこの四名の領知高の推移と官位・官職の昇進過程からこれを論証している。たしかに寛永三年八月の時点で、義直が従二位権大納言・六一万石、頼宣が従二位権大納言・五五万石、頼房が従三位権中納言・二五万石であるのに対して、忠長は元和六年以後官位・官職を上昇させ、この段階で従二位権大納言・五五万石（寛永三年以後駿河大納言と称された）となっており、頼房を官位・官職の面で飛び越し、上の叔父二人と拮抗していたことがわかる。

これに加え、徳川家康による一門大名取立に際して、藩制確立のための有効な方策として採られた付家老(16)の城地と領知高について見ると、寛永元年の時点において尾張藩の成瀬正成が犬山城三万三〇〇〇石、竹腰正信が今尾城三万石、紀州藩の安藤直次が田辺城三万八〇〇〇石余、水野重央が新宮城三万五〇〇〇石、駿府藩の朝倉宣正が掛川城三万七〇〇〇石、鳥居成次が谷村城三万五〇〇〇石と、いずれも支城を預けられ領知高も三万石を超えるなど、尾張・紀州・駿府ともほとんど同格で遜色がない。これに対して水戸藩では、付家老は中山信吉（二万石）の一名のみであり、水戸藩の領知高が他藩と比較して小規模なこともあるが、他の付家老よりかなり低くかつ支城主にもなっていない。このように見ると、たしかに小山譽城氏が指摘するように、大御所秀忠の政権構想のなかには、家光の弟である忠長を義直・頼宣と同格の大名として江戸にもっとも近接した駿府に配置することで東海道の要衝を押さえ、家光のあるいはそれ以後においても、駿府藩を幕府の重要な藩鎮たらしめる意図を、十分に読み取ることができるのである(17)。

しかし、忠長は次節で述べるように、寛永八年初頭から常軌を逸した行動が多くなり、同年五月二十九日に甲府蟄居、翌寛永九年十二月二十日に改易となり上野高崎に逼塞、寛永十年十二月六日に自害したのである。

第二節　徳川忠長の改易をめぐって

1　徳川忠長改易の理由

徳川忠長を語るとき、かならず引用される逸話に、兄家光との将軍職継嗣争いがある。すなわち、幼少から忠長は才気抜群で秀忠と妻の浅井氏も家光より忠長を愛し、つぎの将軍職も忠長が継ぐだろうというのが衆目の一致するところで、これを憂慮した家光の乳母春日局が駿府の家康に直訴し、家康は嫡庶の別を明確にする必要から、家光を次期将軍職に決定したと言うものである。(18) 真偽のほどは別としても、長子相続が未確立な当時にあってはあり得べきことではある。しかし留意する必要があるのは、こうしたエピソードによって、後世に忠長が家光の政敵と認識されたことであり、後に述べるような忠長の粗暴な行動の遠因も、能力がありながらも将軍職に就けなかった忿懣からとする見方が一般的となったことである。そして、これらの固定観念とも言うべきものが、その後の忠長の改易理由を考える際の前提となっているのである。

それについていくつか挙げてみよう。早くは新井白石がその著『藩翰譜』のなかで、寛永九年（一六三二）に起こった加藤忠広父子改易の原因とされる「謀書」に忠長も関与しており、それは土井利勝の陰謀によるもので、忠長の粗暴さよりもむしろ利勝が諸大名の意志を確認するのと、家光の政敵を排除するという意図からのもので、きわめて疑獄性の強いことを強調している。(19) しかし、たしかに「謀書」は存在したが、同時代の史料である『細川家史料』などを通覧しても、忠長が「謀書」に関与した形跡はまったく見出せず、これは信ずるに値いするものではない。むしろ忠長改易原因の主流は、「武家諸法度」に関連したものである。すなわち、黒板勝美氏は忠長の粗暴な行動が[20]、栗田元次氏は忠長の反逆意図が[21]、いずれも「武家諸法度」に抵触するものであったということから説明している。また三上参次氏は、かならずしも「武家諸法度」との関連に言及してはいないが、秀忠によって改易された松平忠直と同様に粗暴な行動を挙げている[22]。以上は戦前の説であるが、戦後においてもたとえば藤野保氏も、上記のことを踏まえて忠長の改易を法律的な理由によるものと判断しているのである[23]。

これらに対して、若林淳之氏は元和「武家諸法度」から寛永「武家諸法度」への移行に際して、前者に見られる「国主可撰政務之器用事」という条文が、後者には脱落していることに注目し、寛永段階ではもはや国主の資格を問題にする必要はなく、忠長は「寛永武家諸法度制定の思想的基盤をととのえるための、きわめて重要で、しかもなくてはならない無法者にされた」のであり、「デッチあげられた」としている[24]。

いずれにしてもこれら諸説の底流にあるものは、家光にとって忠長はきわめて危険な人物であり、いかなる理由があったにせよ早晩改易される運命にあったということである。ようするに、忠長の甲斐蟄居→改易・上野高崎逼塞→自害という流れは、幕府あるいは家光によって作為的かつ計画的に遂行されたという、きわめて政治性の強い事件として認識されているのである。そしてこうした認識から、忠長の改易を幕藩政治史のなかで捉えたばあい、「はじめに」で記したように「御代始の御法度」を天下に明示するための犠牲者とする見解が導きだされているのである。しかしここで問題としたいのは、忠長の改易理由はともかく、それが果たして幕府（家光）によって計画・演出された予定の行動であったかということである。以下、大名の側に残された同時代の書状を中心に分析することで、この点を検討してみたい。

2　徳川忠長改易の実相

一、駿河大納言様、弥御手討かさなり、此十日前ニ小浜民部（光隆）子御誅伐、其後御伽之坊主御きり候由候、年寄衆かたく御異見被申、以来ハ可仰付とて御かためニて候処、又か様ニ御座候、御きり候ものを明ル日は御よひ候由候、気のちかひたるニても無御座候へ共、酒故と承及候、此分ニ候ハヽ、無程一はく殿（松平忠直）のことくならせられ候ハんとの、上下取さたにて御座候事、

この史料は、（寛永八年）二月十二日付で細川忠興の家臣貴田半左衛門尉に宛てた細川忠利の披露状の一節であり、[25]細川氏が忠長の行状を報じた最初のものである。多くは伝聞としての情報であるが、これによれば、忠長は二月二日に幕府船手頭小浜光隆の子を「誅伐」し、その後伽の坊主をも殺害していた。こうした忠長の行動は以前からあったのであろう、（駿府藩）年寄衆がきつく「異見」を加え、今後こうした行いは慎むとの約束（「かため」）であったが、忠長はまたもこのような行動におよんだのである。しかも忠長は、殺害した者を翌日には呼び出すという、まさに正気とは思われない状態であった。細川忠利は、この段階では忠長の行動が精神異常というのではなく酒乱によるもので、いずれ松平忠直（秀忠の兄結城秀康の子で、越前福井で六六万石を領したが、元和九年改易）のようになるだろうと、江戸中の噂になっていると報じている。また忠長の甲府蟄居の処分が決定した後のことではあるが、山内忠義は（寛永八年）六月二十一日付で国家老小倉政平に宛てて、

（前略）将又今度駿河様を甲州へ被遣候ニ付、諸大名其外存し申候、眼前之御様子さへ御形儀あしく候とて右之仕合に候間、其以下之儀覚悟持形儀一大事と皆皆相心得候ニより、日にまし夜ニまし気つまり候事可令推量候、[26]

と書き送ったように、忠長は江戸城の公式の場においてもきわめて不遜な態度（「眼前之御様子さへ御形儀あしく候」）だ

ったことを窺うことができる。

一、駿河大納言殿、日比切々御内衆御手討しけく候故、将軍様（家光）ゟ右二三度御使にて御異見、又御直ニ両度被成御異見候処、度々御同心にて、其上又此程御手討御座候、其上駿河にてハ辻伐なとニ御出候由、かやうの儀、随分　相国様（秀忠）御耳ニ不立様ニ被成候へとも、左様ニ候ても御異見無御同心候間、不慮も御座候へハいかゝニ候と思召、相国様へ被成御談合候処、左様之儀無御存知候、とかく　将軍様之御異見を無御同心上は沙汰之限とて、相国様御前ハきれはなれたる様ニ承及候、然共、将軍様急度可被成御異見とて、二月十四日ニ雅楽殿（酒井忠世）・大炊殿（土井利勝）御使にて、将軍様ゟ大納言殿へ急度御異見御座候由候、然共以来も中〳〵御異見立申間敷様ニ承及候、然上は、上総殿（松平忠輝）なとのことく成行可申との讃談にて御座候、にか〳〵敷儀と申事にて御座候事、

この史料も、(27)（寛永八年）二月十八日付でやはり貴田にあてた細川忠利の披露状の一節である。忠長の家臣手討ちに対して、家光は三度の使者を遣わし自らも二度にわたって「異見」を加えており、忠長はその都度「同心」していたが行状は改まらず、しかも駿府では辻伐りにも出向いていたのである。(28)こうした忠長の行動は、当初父秀忠の耳には入れていなかったが、万一のことがあってはと秀忠に話したところ、秀忠は将軍の「異見」を聞き入れないのは「沙汰之限」として、勘当の意志を表明したのである（「相国様御前ハきれはなれたる」）。すなわち、この段階で秀忠の「御三家」構想は崩れ、それは家光に受け継がれることとなった。家光は二月十四日に酒井忠世・土井利勝らの幕府年寄衆を忠長のもとに遣わし、「急度御異見」を加えたが、忠利はそれ以後も聞き入れられないようだとし、このうえは松平忠輝（秀忠の弟で、越後高田で六〇万石を領したが、元和二年改易）のようになるだろう、苦々しいことだと感想をもらしている。

こうした流れのなかで注目すべきは、大御所秀忠が忠長の行状と家光による「異見」無視の態度を知った段階で、勘当という厳しい処分を下していたのに対して、家光は三度の使者、自らも二度、さらに年寄衆を派遣しての「異見」など、再三にわたって忠長に更生を促していることである。すなわち、秀忠が存命中で家光の再三の「異見」が、仮に秀忠への配慮による見せ掛けの行動であったとしても、ここから家光が忠長を政敵と意識していたとは到底考えられないのである。つぎに挙げる史料[29]は、(寛永八年)三月十八日付の島津藩江戸家老島津久元・伊勢貞昌から国元の川上式部大夫・喜入摂津守に宛てた書状で、この間の内情をよく物語っている。

(前略)又当　公方様之御舎弟駿河大納言様、以之外人を被成御斬、御悪行増候旨　相国様被聞召付、御男子之儀者御両人迄ニ而候間、笑止ニ　思召候へ共、如此之御悪儀被成人を被立置、可及天下之乱ニ事、非道理候間、御子ニ而者無之候条、如何様ニも従　将軍様可有御成敗之由被仰出、相国様御前ハ御親子之間相果候、将軍様別ニも無御座御兄弟之故、被成御惜、色々御異見共候而、御覧之躰ニ候へ共、弥以御悪事不止候間、何方へか如上総守(介)殿、遠所へ籠居之御沙汰と相聞得候、如此無余儀御間にても、天下之政道ニ者無御替候事、(後略)

まず前略の部分では松平忠輝の改易の事情について記し、忠長については、その「『悪行』が募ったのを秀忠が聞くと、秀忠は自分の男子は二人しかいないので残念に思うが、このような者をそのままにしておけば『天下之乱』になるのは目に見えている。もはや自分の子とは思わないので、どのようにも将軍の意のままに『成敗』しなさいと『親子之間相果』(勘当)ることとなった。しかし家光にとっては二人といない兄弟であるから、「被成御惜」ていろいろ『異見』を加えたが忠長の『悪事』は止まないので、松平忠輝のようにどこか『遠所』に『籠居』させることとなったらしい。このような『無余儀』間柄でも『天下之政道』には替わることはないのだ」と訳すことができよう。

つまり、島津藩江戸家老の観察という限定はあるが、家光にとって忠長は「別ニも無御座兄弟」であり、「被成御惜」

たうえでの更生を促すための再三の「異見」という、きわめて肉親の情の絡んだ内実があったのである。そして、忠長がそれを受け入れない結果が、最終的には公儀を体現する将軍として、「天下之乱」を防止するという論理に支配されて、忠長の運命を決定していくことになる。

その後の展開を細川忠利の書状によって追ってみよう。まず四月朔日付の書状には「今ハ大納言殿御そはニちいさき子二人まて御座候、岩城之内藤左馬（政長）へ御預ケ可被成とのさたハ専ニて御座候[30]」とあり、側近の者は恐怖により出仕を控え、現在は二人の子供が仕えているに過ぎない状況と、陸奥磐城平の内藤政長（七万石）に召預けの風聞を報じている。ついで四月七日の書状には「駿河大納言殿も弥右之御煩にて、頓而いつかたへそ被遣由申候、甲州之山家へとも申候、又安房国之内へ御出とも申候、于今能拍子も無御座、気つまりなる躰にて御座候事[31]」とあり、「甲州之山家」か「安房国之内」のいずれかに蟄居の噂と、諸大名のあいだでは「能拍子」も行なわれていないという、きわめて緊迫した江戸の状況を伝えている。その後「駿河大納言殿此比少御しつまり候、それ故何方へも不被遣、被成御見合躰ニて御座候事[32]」あるいは「駿河大納言殿此中ハ静ニ御座候故、先其侭御座候[33]」と、四月の後半から忠長の「病状」は一時小康を得、蟄居の沙汰は立ち消えたかに見えた。ところが五月後半になると事態は急変する。

一、駿河大納言殿之儀、かやうニ書状調申候内ニ、先甲斐国へ御座候へと被仰出候、御返事ニ御意次第、乍去、何方へも被遣候は、直ニ被遣候様ニと被仰候、又　御意ニ、此中迄之駿河之御仕置、土佐（鳥居成次）・筑後（朝倉宣正）仕たる物ニて候、甲斐国ニて御一分ニ而御仕置候へ、能候は連々駿河へ可被遣候、悪候は御身上可被果之由被仰出候、此分ニ相済申候、四五日中ニ甲州へ御出之由申候事、

この書状[34]は、五月十五日付で貴田半左衛門尉に宛てたものである。この間、おそらく「病」が再発したのであろう。この日忠長の甲府蟄居が決定したのである。ただ注意すべきは、蟄居の場所が陸奥磐城平・安房・甲斐と噂されたな

かで、駿府・江戸にもっとも近接する甲府が選ばれたことであり、しかもそれが忠長の領内だったと言うこと、さらに「此中迄之駿河……御身上可被果之由、被仰出候」に見られるように、これまで藩政を執行してきたのが鳥居成次・朝倉宣正の両付家老だったのに対して、今回は「甲斐国ニて御一分にて御仕置候へ」と、家光は忠長自身による「仕置」（このばあい、藩政の執行と言うよりも忠長自身の身の慎み方を意味するものと思われる）を命じ、それが良好ならばいずれ駿府への帰参（＝赦免）を約束していることである。ようするに、家光は他大名の領内に蟄居させる、すなわち完全な召預けといった処分はとらず、かつ「仕置」如何によっては従前の状態への復帰を許すという穏便な処置をしているのであり、依然として「別ニも無御座兄弟」である忠長に配慮し、その更生に期待していることが窺えよう。

忠長は五月二十九日に江戸から甲府に向けて出発したが[35]、その後の駿府藩の状況は、「東武実録」によれば、朝倉宣正が駿府城に入り藩政を執行し、鳥居成次は江戸に留まり忠長室（織田信良女）と江戸屋敷の守護に当たり、また屋代秀正・奥津直正・天野清宗・内藤政吉・日向正久・村上吉正らが交代で甲府に詰め、渡辺忠・松平正朝・松平重成・朝比奈泰重らの駿府藩大番頭が駿府城と甲府とを交代で勤番に当たったとされる[36]。

さて、甲府蟄居中に忠長がどのような生活を送ったかは、かならずしも定かでない。しかし、忠長は秀忠の病（秀忠は六月二十三日に発病）が高じた寛永八年閏十月頃から、金地院崇伝や天海らの僧侶を通じてさかんに秀忠への面会を依頼している。たとえば閏十月十五日付で崇伝に宛てた忠長の書状には「随而我等儀、遠所ニ罷在、御機嫌之様躰、無御心元存候儀、可被成御推量候、就其江戸近辺迄罷越、窺御機嫌申度存候、其元御次而之節、御年寄衆へ、右之通御相談奉頼候[37]」とあり、秀忠の病状を伺うためにせめて「江戸近辺」まで出向きたく、年寄衆に取次いでほしい旨を書き送っている。崇伝はこうした忠長の懇願を「雅楽頭・大炊頭・讃岐守へ具ニ申談候、何も聊不被存疎意候[38]」と、酒井忠世・土井利勝・酒井忠勝らの年寄衆に披露し、彼らが少しも粗略には思っていない旨を返答しているが、実際には、忠長の思い通りに事は運んでいなかったようである。そのため寛永八年末から九年初頭にかけて、忠長は崇伝や天海に対して秀忠への面会の取成しを依頼し、また前非を悔い以後年寄衆の指図通りにすべき旨の誓詞を、再三にわたって提出している。つぎの史料[39]は、（寛永九年）一月十一日付で天海に提出した誓詞である。

①一旧冬も如申入、我等煩故、召遣者共むさと申付、重々罷違、至唯今ニ後悔ニ候へとも、不及是非候、若又無拠儀も御座候ハヽ、御年寄衆へ令相談、指図次第可申付事、

②一於向後者、万事御年寄衆御指図次第可仕候事、

③一右之旨うろんニ思召候ハヽ、重而せいしゅを以、御指図次第何分ニも可申上候、各御年寄衆へ被相談、将軍様より相国様へ御侘言被成被下候様ニ奉頼候、只今相国様御不例之砌、か様ニ罷有儀一入迷惑、可有御察候、

正月十一日　駿河大納言

忠長（花押）

大僧正（天海）

この史料では、③条目に見られるように、忠長が家光から大御所秀忠に「侘言」をしてくれるよう依頼している点に注目しておきたい。もし忠長が兄家光を政敵視し、またその逆に、忠長に家光が自分を政敵視しているという認識を持っていたとすれば、こうした依頼を家光にしただろうか。いずれにしても忠長の願いは聞き入れられなかったのである。それは、寛永九年一月二十六日付で鳥居成次に宛てた崇伝の、

一書致言上候、相国様廿四日之夜亥之刻被成薨御候、将軍様御周章、下々諸人十方無御座躰ニ候、大納言様於其地、可被成御驚嘆奉察候、御存生之内無御対面、御残多可被思召候、内々被仰出候趣、公儀故遅々、拙老式迄迷惑仕候、（後略）

という、一月二十四日に秀忠が死去したことを報じる書状[40]に「御存生之内無御対面」とあることからも窺うことができる。そしてこれ以後、将軍家光による親政が展開する。

忠長の処分は、寛永九年三月十日付の細川忠利の書状に「駿河大納言様之儀、御精進上已後被仰出も可有之哉と取沙汰之由[41]」とあり、秀忠の「精進」明けに何らかの「仰出」があるとの噂が流れていたが、この直後に肥後熊本藩主加藤忠広の改易問題が浮上し、それが終息した同年十月二十日に決定している。「江戸幕府日記」の同日の条に「在府之大名衆不残因召参上、今度駿河大納言殿高崎江御逼塞之儀、小広間に而上意之趣年寄中被申渡訖[42]」とあり、在江戸の諸大名に江戸城小広間において、忠長の上野高崎（城主は安藤重長）逼塞が申渡されたのである。在国の大名には翌々二十二日に年寄衆連署奉書で伝達され、その理由は「御作法于今不被成御見届候付而[43]」と言うものであった。ここにおいて、駿府藩五五万石徳川忠長の改易と高崎逼塞が決定したのである。そして、つぎの史料は同年十一月二日付の島津藩江戸家老伊勢貞昌・島津久元の連署状[44]の追而書の部分で、この間の事情をよく語っている。

追而申候、駿河大納言様御事、若御行儀なおり可申儀もや御座候ハんと思召、此内甲州郡内へ置御申つれ共、弥御悪行こそり申候ニ付、諸大名御城へ被召寄、如此之御様躰候間、惣而ハ遠国へやり御申可有之儀ニ候へ共、御連枝之御事候間、万一御心持なをり申事もや候ハんと、先上野之内高崎へ置被為参候由被仰出、御供衆五人被相付彼地へ御越候、（後略）

これによれば、①家光は忠長の行状の改善を期待して甲府に蟄居させたこと、しかし②それは改善されるどころかますます悪化したこと（「弥御悪行こそり」）、したがって③本来なら遠国に逼塞させるべきところを、家光とは兄弟の関係（「御連枝」）から行状の改善の可能性が期待されて高崎逼塞となったこと、などを窺うことができる。ここにも、依然として極刑を猶予し更生を願いかつ立ち直りを期待する、兄家光の弟忠長に対する配慮を読み取ることができるのである。

ところが、翌寛永十年（一六三三）十二月六日、忠長は逼塞先の高崎大信寺において自害して果てたのである。[45] この忠長の自殺については家光の強要とする見方が定説となっている。この点はまず間違いないであろう。問題は忠長の高崎逼塞から自害までの約一年のあいだにおいて、あれほど忠長に配慮してきた家光に如何なる変化があったかと言うことでる。考えられる最大の理由は家光の健康状態である。家光は寛永十年九月頃から病気に罹り、細川忠利が同十月二十二日付の魚住伝左衛門尉に宛てた書状で「若大事も御座候ハヽ、御譲之儀迄被仰様御座候由、承及候、上下気を詰申候事、御推量可被成候、一日ニ二度三度宛登城、何も被仕候事[46]」と報じているように、病はきわめて深刻な状況で、家光は「御譲之儀」すなわち次期将軍職のことまで口にしていたのである。これに関連して、当時オランダ商館の上級商館員だったフランソワ・カロンの記述を見てみよう。[47]

此の領主（忠長—筆者）の死の原因に関しては、一通りの判断が語られているが、それについての正確な根拠を知ることはできない。或る人々はこう言っている。すなわち上述の領主が生存して居る限り、陛下は絶えざる嘆願により全く安らぐ暇さえ持たなくなるに違いなく、また恐らく、ミアコにおける儀式と戴冠についての或る種の（これを受けたくとも受けられないための）不満を首尾よく防ぐことができたのである、と。

他の人々はこんなふうに言っている。すなわち、陛下が瀕死の重態で、人々がその生死のほども知らなかったとき、彼（家光）の側近の人々や最も親密な領主たち数人が多数の兵団からなる強力な彼の親衛隊の統率者となって、前述の［監禁中の］スルガの王（忠長）のところへ派遣されて、彼（忠長）に、油断なく準備を整えておくように、何故なら、陛下が死去するに至ったら、彼等が直ちに彼を迎えて、彼等の王（すなわち、皇帝）とするため戦うつもりだからだ、と知らせたが、皇帝は、これら総べてのことを聞くと、彼を秘かに殺させたのである、と。

まず前段では、忠長の死によって、家光が忠長の赦免嘆願への対応の煩わしさから解放されたことと、忠長が存在するために上洛が挙行できない不満を解消できたとする、忠長自害の原因と言うよりも、カロンの情報源が定かではないが、当時の忠長の立場に対する一般的な認識が表現されており興味深いのであるが、むしろ後段が、先の細川忠利の書状の内容に関連している。すなわち、家光の側近や一部の大名が家光の親衛隊を指揮して忠長を迎え、家光が死去したならば一挙に忠長を将軍にかつぎあげる計画があり、それを聞いた家光が忠長の殺害を内密に企て実行させた、と言うものである。家光の病は十一月の末になってようやく快復していたが、家光にしてみれば計画が取るに足らないものだったとしても、またカロンの記述自体がまったくの虚構だったとしても、自分に万一のことがあったばあい、次期将軍職継承権を有する者のなかに忠長がふくまれていることに、いっそうの危機感を募らせたに相違ない。ゆえに、忠長に対して温厚な処置を取ってきた家光にとっても、これまでの忠長の行状を考慮すれば、大御所秀忠死後二年に満たず、かつ磐石とはなっていない家光政権の下で、「天下之乱」のもとになり得る忠長を生かしておくことはできなかったのであろう。

おわりに

以上、忠長の改易を『細川家史料』をはじめとする同時代の史料を駆使して検討してみると、これらを素直に読む限りにおいて、通説に言うような忠長を政敵と見做す家光が作為的・計画的に事をすすめ、甲府蟄居から高崎逼塞そして自害へと追い込む流れは見えてこない。少なくとも寛永九年十月二十日の高崎逼塞までの動きにおいて、家光はむしろ父秀忠の「御三家」構想を継承する形で、なんとか忠長の更生を促すという穏便な処置を取ってきたのである。

徳川忠長の自害の背景には、忠長自身の問題行動と家光の健康状態、それをふくめた家光親政開始直後の政権の不安定性(48)などの諸要素が絡まって、自害に追い込まれたと見るべきであろう。ただし、これを幕府政治史のなかで捉えたばあい、「御代始めの御法度」として家光の強権が諸大名に強く認識されていく契機となった事件、と見ることにまったく異論はない。徳川忠長の処分問題は、秀忠の晩年に「発病」しその死去から家光の親政開始という、まさに「代替り」の過程で起きた事件であったがゆえに、後世に家光対忠長という図式に脚色され、通説化していったのではないだろうか。

最後に、忠長改易後の駿府藩家臣団の動向について若干述べておこう。「駿河亜相諸士姓名、駿河在番大御番姓名」(49)によれば、幕府(秀忠)から付属された家臣については武蔵・相模・伊豆のいずれかに蟄居し、これを「東はらひ」と言い、忠長自らが召抱えた家臣は荒井の関所以西に「追逐」となり、これを「西はらひ」と称したとされる。また大名召預けとなった者は二七名存在している。(50)これら改易大名家臣の動向についての先行研究は、ほとんどないのが現状であるが、藤田恒春氏は「公儀の権能に大名家臣の扶助や救済義務はなかったであろう」(51)とされている。しかし、駿府藩のばあいは多くの家臣が幕府から付属されたという性格ゆえか、とくに「東はらひ」となった者の多くは、寛永二十年までに家光に召出され、旧知を安堵されて何らかの役職に就いている。詳細は後稿にゆずるが、たとえば大番士五七名について見ると、大番に復帰した者一二名、以下天守番一三名、富士見宝蔵番一三名、奥方御番五名、広敷番四名、他家に仕えた者四名、不明五名、召出し以前に死去した者一名という結果を得た。いずれにしても、こうした改易大名家臣の動向を分析することも、幕府の大名改易政策の構造を解明する一つの糸口になるであろう。

注

（1）藤野保『徳川幕閣』（中公新書、一九六五年）一三四～一三八頁。朝尾直弘「将軍政治の権力構造」（岩波講座『日本歴史』近世二、一九七五年）一一頁。

（2）笠谷和比古「徳川幕府の大名改易政策を巡る一考察」（『日本研究』三・四集、国際日本文化研究センター編、一九九〇・九一年、一四〇頁、のち同氏『近世武家社会の政治構造』吉川弘文館、一九九三年に収録）。

（3）大名改易に関して笠谷氏がこのように主張する根拠の核心は、肥後熊本加藤氏の改易に際し、寛永九年五月二十四日付の細川忠興書状（『細川家史料』四―九六〇号）に見られる「今日廿四、政宗・北国之肥前殿・嶋大隅殿・上杉弾正殿・佐竹殿被為召、加肥後無届と御直ニ被仰聞、此中ニ取沙汰仕候書物二ツ右之衆へ御見せ被成、御代始之御法度ニ候間、急度可被仰付と御諚之由候……」との記述から、加藤氏の改易原因とされる「書物」の伊達政宗ら五名の有力外様大名への提示をもって、「これは単なる改易発動の通告というものではなく、証拠開示による幕府判断の正当性・不可避性についての立証行為であり、改易発動についての事前の了解取付け行為として理解すべきものと考える」（笠谷前掲書三一〇頁）と、幕府の処置に対する有力大名への合意を求めるものとされる点にあると思われる。たしかに「書物」公開は「証拠開示」であり「幕府判断の正当性・不可避性についての立証行為」ではあるが、しかしそれは「事前の了解取付け」などという大名側に阿ったものではなく、「証拠開示」によって、たとえそれが戯れの「書物」であっても、今後こうした行為には断固たる処分を下すという、幕府政治姿勢の「方針提示」行為ではないだろうか。

（4）新訂増補国史大系『徳川実紀』第二篇（吉川弘文館）一〇七頁。

（5）武川衆については、村上直「徳川氏の甲斐計略と武川衆」（『信濃』一三巻一号、一九六一年）、根岸茂夫「近世初期武川衆の知行と軍役」（『国学院大学紀要』二八巻、一九九〇年、のち同氏『近世武家社会の形成と構造』吉川弘文館、二〇〇〇年に収録）など参照。

（6）『甲府市史』通史編第二巻（甲府市、一九九二年）一〇六～一一二頁。

（7）「東武実録」(1)（『内閣文庫所蔵史籍叢刊』1）二〇九頁。

（8）『細川家史料』（大日本近世史料）九―一五八号。

（9）『寛永諸家系図伝』第十四（続群書類従完成会編）三三一頁。

(10)『寛永諸家系図伝』第一（続群書類従完成会編）一二四頁

(11)「東無実録」(1)（『内閣文庫所蔵史籍叢刊』1）二三六頁。

(12)「江城年録」（『内閣文庫所蔵史籍叢刊』81）三四七頁。

(13)「東武実録」(1)（『内閣文庫所蔵史籍叢刊』1）二三五頁。

(14)渡辺茂はこの後『御当家記年録』寛永三年三月の条に「渡辺山城守為二条城代此役始於是、大番三十騎毎歳交替勤之」とあり、寛永三年から二条城代となっている。

(15)小山譽城「徳川秀忠政権の『御三家』構想」（『紀州史研究』2、一九八七年）二四三頁。

(16)林董一「『御付家老』考」（『日本歴史』一三二号、一九六〇年）。

(17)徳川忠長による駿府藩政の展開については、忠長の駿府入封期間がきわめて短期間であること、またその改易のされかた故か、関係史料が政治的に抹殺された節があり、ほとんど解明不可能というのが現状である。ただ若林淳之「徳川忠長」（『大名列伝』3、人物往来社、一九六七年）が、寺院統制や富士川の開発についてなど若干の考察を行なっている。なお、本章のもととなった拙稿「大名改易政策の一断面」では、駿府藩の家臣団ならびに藩政機構などについて触れているが、発表後に古川貞雄氏の「初期徳川家門大名領知の一考察」（『信濃』二四巻五・六号、一九七二年）が、徳川忠長家臣団の詳細な考察を行なっていることを知った。まったく不明を恥じる他ないが、今回拙論を本書に収録するに当っては、当該部分を割愛している。

(18)新訂増補国史大系『徳川実紀』第二篇、二九八頁。

(19)『新編藩翰譜』第五巻（新人物往来社）一六九頁。

(20)黒板勝美『国史の研究』各説の部（文会堂書店、一九一八年）七四五頁。

(21)栗田元次『綜合日本史概説』下（中文館書店、一九二八年）五〇〇頁。

(22)三上参次『江戸時代史』二（講談社学術文庫）六一頁。初出は一九三三年。

(23)藤野保「江戸幕府」（岩波講座『日本歴史』近世一、岩波書店、一九六三年）二八頁。

(24)若林淳之前掲注(17)論文、三三八頁。

(25)『細川家史料』（大日本近世史料）十―四一二号。

(26)『山内家史料』忠義公紀第二編、三三八頁。
(27)『細川家史料』（大日本近世史料）十―四一三号。
(28)寛永八年三月一日付細川忠興書状（『細川家史料』四―八六六号）には、

一、駿河大納言殿儀両通見申候、絶言語候、此前江戸にて辻切之時、悪党を当座ニ切ころさすとらへ候へと、御年寄衆ゟ之書出ニ候つる、此所不審ニ存候、其方へも尋候つる、可被覚候、只今駿河にて辻切ニ御出候由候、扨は江戸にて之事も此おこりにて候つる哉と存候、

とあり、駿府のみならず江戸においても辻切に出ていたことが分かる。
(29)『鹿児島県史料』旧記雑録後編五、一九三頁。
(30)『細川家史料』（大日本近世史料）十―四二一号、貴田半左衛門尉宛。
(31)『細川家史料』（大日本近世史料）十―四二二号、貴田半左衛門尉宛。
(32)『細川家史料』（大日本近世史料）十―四二四号、四月二十日貴田半左衛門尉宛。
(33)『細川家史料』（大日本近世史料）十―四二五号、四月二十八日貴田半左衛門尉宛。
(34)『細川家史料』（大日本近世史料）十―四二七号。

預け先		
領知高	城地	備考
120200石	大和郡山	譜代
220000	出羽山形	譜代 従兄
50000	陸奥棚倉	譜代
260000	越後高田	一門
20000	（下野黒羽）	外様
25000	下野烏山	外様
50000	常陸宍戸	外様
53500	常陸笠間	外様
32000	常陸下館	外様
210000	筑後久留米	外様 父
50000	丹波篠山	一門
20000	常陸土浦	譜代
85000	相模小田原	譜代
3000		旗本
89100	下総古河	譜代
85000	相模小田原	譜代
202600	土佐高知	外様
540000	肥後熊本	外様
68000	（播磨宍粟）	外様
89100	下総古河	譜代
47000	遠江横須賀	譜代
16400		外様
35000	（播磨赤穂）	外様
205000	出羽秋田	外様
50000	美濃加納	譜代
20000	美濃岩村	一門
15000		譜代

初のもの．預け先大名の官位・領地高・

付表2　徳川忠長遺臣の預け先

忠長遺臣								
氏　名	役　職	領知高	官　位	赦免年	役職②		氏　名	官　位
朝倉宣正	家　老	37000石	従五位下			→	松平忠明	従四位下
鳥居忠房	家　老	35000		寛永13		→	鳥居忠恒	従四位下
三枝守昌		15000	従五位下	寛永13	鉄炮頭	→	内藤信照	従五位下
屋代忠正		10000		寛永13	鉄炮頭	→	松平光長	従四位下
渡辺　忠	大番頭	6000		寛永12	大関家臣	→	大関高増	従五位下
天野清宗		5000				→	堀　親良	従五位下
内藤正吉	御用人	3000	(布衣)			→	秋田俊季	従五位下
大久保忠尚	御用人	3000	(布衣)	寛永15		→	浅野永直	従五位下
松平正朝	大番頭	3000	従五位下	寛永12	水戸家臣	→	水谷勝隆	従五位下
有馬頼次		3000	従五位下	寛永13		→	有馬豊氏	従四位下
松平忠久		2000	従五位下	寛文5		→	松平忠国	従五位下
松平重成	大番頭	2000	従五位下	寛永12	水戸家臣	→	西尾忠昭	従五位下
椿井正次	花畑番頭	1200	(布衣)	寛永14		→	稲葉正勝	従五位下
大井政景	目　付	1000		寛永13	小姓組番	→	柴田康長	従五位下
山田重棟	町　司	1000		寛永13	小姓組番	→	永井尚政	従五位下
太田盛意	花畑番頭	800		寛永14	綱重家臣	→	稲葉正勝	従五位下
伊東政勝		600		寛永13	小姓組番	→	山内忠義	従四位下
稲葉正利	書院番	500			細川家臣	→	細川忠利	従四位下
河野盛照	目　付	500		寛永13	死去	→	池田輝澄	従四位下
長田重政	鷹　頭	500		寛永13	千姫付	→	永井尚政	従五位下
小林重勝	留守居	400		寛永13	大　番	→	井上正利	従五位下
森川長俊	目　付	400		寛永13	小姓組番	→	片桐貞昌	従五位下
宮城正業	目　付	400			死去	→	池田輝興	従五位下
細井勝元	使　役	400				→	佐竹義隆	従四位下
土屋虎昌	同　朋	400				→	大久保忠職	従五位下
伴野貞昌	花畑番	354		寛永13	小姓組番	→	松平乗寿	従五位下
山中元吉	納戸頭	300		寛永13	大　番	→	阿部忠秋	従五位下

注　「駿河亜相附属諸士姓名，駿河在番大御番姓名」，『寛政重修諸家譜』により作成．役職②は赦免後最
城地は，すべて忠長改易時点でのもの．

(35)　寛永八年五月二十四日付の細川忠利書状（『細川家史料』十―四二九号）に「駿河大納言殿、来廿八日甲斐国へ御出ニ相定候、此中は御煩敷候て相延申候」とあり、『徳川実紀』寛永八年五月二十八日の条には「駿河大納言忠長卿明日甲州へ赴かる」とある。
(36)　「東武実録」(2)（『内閣文庫所蔵史籍叢刊』2）七三〇頁。
(37)　『新訂本光国師日記』第七（続群書類従完成会編）一四四頁。
(38)　（寛永八年）霜月朔日付屋代忠正・天野清宗・大久保忠尚宛金地院崇伝書状（『新訂本光国師日記』第七、一四八頁）。
(39)　『日光市史』史料編中巻（日光市、一九八六年）一五九頁。
(40)　『新訂本光国師日記』第七（続群書類従完成会編）一九三頁。
(41)　「部分御旧記」（『熊本県史料』近世篇二、一〇三頁）松野織部他二名宛。
(42)　姫路市立図書館所蔵酒井家文書「江戸幕府日記」（東京大学史料編纂所所蔵）。
(43)　「細川家文書」箱十八―九（東京大学史料編纂所写真帳）。
(44)　『鹿児島県史料』旧記雑録後編五、三三五頁。
(45)　『徳川諸家系譜』第一（続群書類従完成会編）四六頁。
(46)　『細川家史料』（大日本近世史料）十一―六八八号。
(47)　『日本海外関係史料』オランダ商館日記、訳文編之一（上）、（東京大学史料編纂所編）一一九・一二〇頁、一六三四年五月八日の条（日本暦一六三四年一月八日の条）。
(48)　山本博文氏も『寛永時代』（吉川弘文館、一九八九年）のなかで、家光の危機意識の強さを強調している。
(49)　『静岡県史』資料編9、近世1（静岡県、一九九〇年）。
(50)　参考までに忠長遺臣の召預け先きの一覧（付表2）を挙げておくが、召預けとなった家臣と預かった側の大名とのあいだに特定の関係は見出せず、改易大名遺臣の処遇に関する幕府の一定の政策意図は、ここでは読み取れなかった。
(51)　藤田恒春「大名改易の構造」（『史泉』六五号、一九八七年）一八頁。

第二章　江戸幕府「大老」の成立をめぐって

はじめに

江戸幕府の常置ではないものの最高官職である「大老」は、美和信夫氏の「江戸幕府大老就任者に関する研究」(1)によれば、官位においては少将または中将に任じられ、老中のうえにあって幕府政治全般を統括する役職であり、江戸時代全期間を通じて土井大炊頭利勝・酒井讃岐守忠勝・酒井雅楽頭忠清・堀田筑前守正俊・井伊掃部頭直該・井伊掃部頭直幸・井伊掃部頭直亮・井伊掃部頭直弼・酒井雅楽頭忠績の九名がその就任者であったとされている。

本章では、美和信夫氏によって最初の「大老」就任者と「認定」された土井利勝・酒井忠勝のうち、就任後は病弱となり正保元年（一六四四）に死去した土井利勝は取りあえず除き、とくに酒井忠勝を中心として、彼の「大老」就任後における家光政権にはたした役割を検討してみたい。酒井忠勝については、たとえば北島正元氏の『江戸幕府の権力構造』(2)や藤野保氏の『新訂幕藩体制史の研究』(3)などにおいても、幕府政治機構の整備過程や、あるいは家光政権を支えた人的変遷のなかで、老中や大老として位置付けられるのみで、これまで立ち入った研究はほとんどなされていないのが現状であろう。(4)

しかし、酒井忠勝の政治的役割について分析・検討することは、家光政権の政治構造解明にはなくてはならない基礎作業であるとともに、成立期「大老」の具体像をも我々に提供することになろう。

第一節　「大老」の成立と研究史上の論点

まず、酒井忠勝の「大老」就任を示す史料を挙げてみる。すなわち「江戸幕府日記」[5]寛永十五年（一六三八）十一月七日の条には、

一午上刻御黒書院出御、掃部頭（井伊直孝）・加賀守（堀田正盛）・大炊頭（土井利勝）・讃岐守（酒井忠勝）・伊豆守（松平信綱）・豊後守（阿部忠秋）・遠江守（土井利隆）・備後守（酒井忠朝）・志摩守（三浦正次）・対馬守（阿部重次）・民部少輔（朽木稙綱）被召出、大炊頭・讃岐守義唯今迄被仰付細成御役御赦免、朔日十五日可致出仕、其間ニも御用等之時分罷出、何茂致相談油断仕間敷候之由被仰付之、遠江守・備後守義御役御免、酒井与四郎（忠清）義当暮ヨリ如父阿波守（忠行）可被召仕之、幼少之内ハ備後守差加可申旨被仰出之也、

一阿部対馬守義、伊豆守・豊後守並ニ御用可奉之旨被仰付之、

とあり、寛永十五年当時における家光政権の中枢を構成した、井伊直孝・堀田正盛・土井利勝・酒井忠勝・松平信綱・阿部忠秋・土井利隆・酒井忠朝・三浦正次・阿部重次・朽木稙綱の一一名が江戸城黒書院に召出され、土井利勝・酒井忠勝の「唯今迄被仰付細成御役」と、彼らの嫡子である土井利隆・酒井忠朝の「御役」の赦免、そして酒井与四郎忠清が奏者番だった父酒井忠行と同様に「可被召仕」こと、さらに土井利勝・酒井忠勝の後任として六人衆の一人だった阿部重次が松平信綱・阿部忠秋「並」に「御用可奉之旨」を将軍家光から直々に仰付けられている。この

人事移動は第二部第三章「江戸幕府若年寄の成立をめぐって」でも述べたように、二日後の寛永十五年十一月九日の大番衆以下諸役職の老中支配下への再編成と合わせて、家光政権にとっての第二次機構改革の一環であったと同時に、江戸幕府政治機構の変遷のなかでも、きわめて重要な契機をなすものであったと言うことができる。

さて、ここで注目したいのは、傍点で示した「大炊頭・讃岐守義……何茂致相談油断仕間敷候」の部分である。『徳川実紀』[6]の同日の条には、

> 土井大炊頭利勝。酒井讃岐守忠勝鎖細の職掌にあづかる事みなゆるされ。朔望のみ出仕し。その間にももし大政の事あらばもうのぼり。老臣と会議して怠るべからざるむね命ぜらる。(これ今の世にいふ大老なり)

とあり、「江戸幕府日記」の記述を踏襲し正確に解釈されているが、『徳川実紀』の編者は土井利勝・酒井忠勝の二人に対して、「今の世にいふ大老なり」として「大老」という評価を与えている。この見解は「はじめに」でも述べたように、現在でも大老の起源として定説になっているが、その政治史的な評価をめぐっては賛成できない点がある。

すなわち、朝尾直弘氏は「将軍政治の権力構造」[7]のなかで「ついで、土井利勝・酒井忠勝が連署を免ぜられ、大老に棚上げされた」とし、また辻達也氏は「寛永期の幕府政治に関する若干の考察」[8]のなかで「忠勝を大老として政治中枢の外へ棚上する一方」とし、さらに北原章男氏は「家光政権の確立をめぐって」[9]のなかで「寛永十五年十一月に利勝・忠勝が大老に押し上げられた」といった見解に示されるように、この寛永十五年十一月の土井利勝・酒井忠勝の「細成御役御赦免」と阿部重次の「伊豆守・豊後守並」の就任(老中就任)とによって、家光が権力の中枢を自己の近習層で固め、土井利隆・酒井忠朝の「御役御免」(六人衆赦免)と考え合わせて、利勝・忠勝は体よく「大老」にタナ上げされた、つまり、この「大老」就任を画期として、あたかも彼ら二人の家光政権における政治生命は終了したかのように見做す見解である。

つぎ挙げる史料[10]は、第二部第三章でも引用した寛永十五年十一月二十五日付で肥後熊本五四万石細川忠利が、父忠興の家臣中沢一楽に宛てた披露状で、十一月七日の幕府人事移動を中沢を介して忠興に報じたものである。

丹後鰤壱ツ、当町にて申付候、並みそれ両樽進上申候、次、大炊殿・讃岐殿、御年寄役者被成　御免、御用之時計被出、又、土井遠江殿・酒井備後殿も若年寄役仕、越度も候てハ親之迷惑可被仕とて、是も此中之役御赦免と申来候、阿部対馬殿大年寄衆之跡へ被加之由候、此等之趣宜有披露候、恐々謹言、

十一月廿五日

一楽

細川氏は懇意の旗本等を通して、家光や幕閣の動向の情報収集に長じた大名であり、「朔日十五日可致出仕」の部分と酒井忠清のこと以外、事実としてはほぼ正確に報じられているが、同時に「江戸幕府日記」の記載にないことも報じてくれている。すなわち「土井遠江殿・酒井備後殿も若年寄役仕、越度も候てハ親之迷惑可被仕とて」とある部分で、土井利隆と酒井忠朝が若年寄を赦免された理由を述べているのである。この点に関して、筆者は第二部第三章の注(71)のなかで、初期の構造的矛盾の顕在化によって惹起しつつある、幕府が迎えた最初の危機的状況に対処するためには、二十歳という年齢の彼らにはいまだ政務処理能力の面で不安が残り、行政上の「越度」が懸念されたのであり、それ故に土井利隆・酒井忠朝は若年寄を赦免されたのではないか、と述べた。

いま近世初期の危機的状況と、土井利隆らの若年寄赦免とを短絡的に結び付けることの当否は別としても、少なくとも彼らの「越度」が「親」（土井利勝・酒井忠勝）の「迷惑」になると観測されていたことは事実である。では、何故「親之迷惑」となったのだろうか。それは、土井利勝・酒井忠勝の「細成御役御赦免」[11]がたんなる大老タナ上げではなかったからではないだろうか。やはり細川忠利が同年十二月二十七日付の嫡子光尚に宛てた返書[12]で「大炊殿・讃

岐殿、今迄之御役ハ御赦免被成候へとも、讃岐殿弥御心安被遊候由、左様可有之と存候事」と書き送ったように、少なくとも酒井忠勝は家光から「弥御心安被遊」る存在だったことが窺えるのである。

第二節　「大老」就任後の酒井忠勝

そこで、老中制が確立し「大老」職が成立した寛永十六年（一六三九）以降における、とくに酒井忠勝の活動を、連署奉書加判と「江戸幕府日記」に見られる申渡しの記事から検討することで、「大老」タナ上げ説に対する私見を述べてみたい。

1　奉書加判

まず、奉書加判という点から検討して見よう。寛永十六年以後家光が死去する慶安四年（一六五一）までの期間の奉書は、ほとんどが松平信綱・阿部忠秋・阿部重次の三名の連署によって発給されている。そして、土井利勝・酒井忠勝は「大老」就任によって「年寄衆宛法度」[13]第③条にあった「奉書判形之事」は免除されたというのが通説である。しかし彼らが「年寄」赦免となったときの「江戸幕府日記」には、「唯今迄被仰付細成御役御赦免」とあるだけで、加判免除の記載はない。また、『徳川実紀』にも関連記事を見出すことはできない。しかし、元禄十五年（一七〇二）成立の新井白石による『藩翰譜』[14]土井利勝の項には「同じき十五年六月、連署の事免され（世に加判御免といふ）、大老と称せらる」とある。「江戸幕府日記」はもとより『徳川実紀』『寛永諸家系図伝』『寛政重修諸家譜』にも、寛永十五年六月に土井利勝が奉書加判を免除された記載はなく、かつ寛永十五年六月以後同年末までに加判の事例がある[15]

ことから、少なくとも「十五年六月」の加判免除は成り立たない。なお、同じく『藩翰譜』酒井忠勝の項には「正保の比、大老の職に補せられ、四位の少将に昇進し」とあるだけである。(16)

寛永十六年以後においては、土井利勝については、まず同年七月五日のポルトガル船の来航を禁じた、いわゆる「鎖国令」に井伊直孝・酒井忠勝・堀田正盛・松平信綱・阿部忠秋・阿部重次とともに第二位の序列で連署している。(17)またその翌年寛永十七年六月三日にも、前年の「鎖国令」を再確認する意味で出されたと考えられる奉書が、やはり十六年令と同じ人物の加判で確認することができる。(18)寛永十六年以降の土井利勝の奉書加判の事例は、彼が死去する正保元年（一六四四）七月までにおいて、管見ではこの二例のみである。したがって、『藩翰譜』の記載は「同十五年六月」については無理があるとしても、結果からみて概ね正しいと言うことができるが、「細成御役御赦免」の内実に奉書加判が免除されていたか否かは、なお疑問が残るところである。何故なら酒井忠勝については、寛永十六年以後、前述の二例以外にも、いくつか老中とともに加判した事例を見出すことができるからである。

一筆令啓達候、累年　女帝（明正天皇）就　御在位、当年吉辰故　菅宮　御即位之儀可被成御沙汰之思召、禁裏仙洞江御執奏之事候、此由可相伝之旨依　上意如此候、恐々謹言、

九月七日

阿部対馬守
重次［判］
阿部豊後守
忠秋［判］
松平伊豆守
信綱［判］

酒井讃岐守
忠勝［判］

松平薩摩守（島津家久）殿

この奉書は[19]、明正天皇の譲位と菅宮（素鵞宮・後光明天皇）の即位（寛永二十年十月二十一日）を内容としているので、その年代は寛永二十年に比定できるが、幕府から朝廷にその旨を執奏することを島津家久に通知したものである。天皇の即位に関わるこの奉書は、幕政上においても重要な内容をもっていると考えられるが、この奉書に見られるように、酒井忠勝は松平信綱の上位で加判しているのである。

このほか、家光の晩年にあたる正保四年（一六四七）十一月の、大坂城代阿部正次の死去にともなう後任城代を決定する過程[20]において、大坂への事務的な指令においては老中の連署による奉書で出されている。しかし、正保五年二月十日に山城勝龍寺二万石の永井直清に宛てた正式の大坂城在番指令[21]や、同年（慶安元年）六月二十七日付のやはり永井直清に宛てた大坂定番就任者を告げる奉書[22]など、重要な内容を含む奉書には酒井忠勝は松平信綱らの老中とともに連署加判しているのである。

つまり、「年寄衆宛法度」にあった「奉書判形之事」という業務に関して、寛永十五年十一月の「細成御役御赦免」は、まったく加判を免除するというのではなく、あくまでも「細成」奉書の免除と考えられ、酒井忠勝は、「鎖国令」や天皇即位の通達、大坂定番の決定など幕府政治上重要な内容をもつ事項の伝達には機能していたのである。このことは、酒井忠勝や土井利勝がこれまでの権限や諸大名に対する影響力から、たんに奉書に署名し花押を据えることで、その奉書の効力を強化するという意味をもつだけでなく、その政策にいたる審理・決定に大きく関与していたことをも意味しており、この面からも「大老」タナ上げ説は成り立たないと言うことができよう。

表24　申渡し③（寛永16年）

No	月日	場所	井伊直孝	堀田正盛	酒井忠勝	松平信綱	阿部忠秋	阿部重次	朽木稙綱	三浦正次	安藤重長	松平勝隆	吉良義満	申渡	対象者	内容
1	1. 6						「老中」							申渡	嶌四郎左衛門	壬生派遣
2	10						「老中」							申渡	安藤右京進・松平出雲守	増上寺知童死去
3	11								○					伝	蜂須賀河内守	蜂須賀家政死去上使派遣
4									○					申渡	斉藤伊豆守	引橋御門定番
5	12								○	○				申渡	惣御供衆	将軍出行「前広可申触之旨」
6	20					○	○	○						伝	書院番衆	駿府在番
7						○	○	○						申渡	新庄越前守父子他	御暇
8	22					○		○						申渡	遠山彦左衛門・川手十郎兵衛	御暇御服下賜
9	28	菊之間						○						申渡	水野監物	御暇小袖下賜
10	晦						「老中」							申渡	駒杵長次郎	佐貫城城地引渡使者
11	2. 1					○		○			○	○		渡	寺領判形頂戴	泉桶寺・円光寺・西大寺
12	3	御座之間				○		○						申渡	中根大隅守	尾張使者黄金下賜
13	15					○		○						申渡	藤堂主馬他11名	江戸城諸門普請奉行
14					◎	○	○	○						申渡	摂念	増上寺後住
15	16									○				伝	青山因幡守	駿府在番
16	24								○					伝	（目付衆）	目付二人宛月番
17	26					○		○						申渡	青山因幡守	知行書出頂戴
18		桧之間				○		○						申渡	駿河衆	知行書出頂戴
19	3. 1						○							伝	使番衆	使者用意
20	2						○							申渡	佐々権兵衛他3名	御使用意
21	3	白書院	○	○	◎	○	○	○						伝	本多甲斐守他5名	所替
22							○							伝	上使之面々	所替使者黄金下賜
23	5						「老中」							申渡	下島市兵衛他3名	所替使者

24					「老中」								申渡	小堀遠江守	上使と共に姫路へ参上
25					「老中」								申渡	小野宗左衛門	上使と共に郡山へ参上
26	6				○		○						申渡	藤田九郎左衛門・桜井杢介	尾張使者
27	7	焼火之間			「老中・大番頭」								申渡	糟谷忠兵衛他6名	大番衆役改め
28		焼火之間			「老中」								申渡	小堀遠江守・小野宗左衛門	御暇黄金等下賜
29	8				○	○	○						申渡	岡部監物・松平清右衛門	所替上使
30					「老中」								申渡	道三他医師3名	家々の妙薬献上
31		焼火之間			○	○	○						伝	渡辺忠左衛門	御暇御服下賜
32		焼火之間			「老中」								申渡	伊丹理右衛門	御暇御服下賜
33	10				「老中」								伝	伊丹播磨守	法躰許可
34	15				「老中」								伝	江戸昼夜廻の面々	業務励行
35					「老中」								申渡	物頭の面々	業務励行
36						○							申渡	松平伊賀守・松平縫殿助・大番衆	白銀呉服等下賜
37	23				「老中」								伝	弓・鉄炮・小十人頭・徒頭	業務励行
38	4. 2	桧之間					○						申渡	清水甲斐守	御暇袷等下賜
39	7			◎	○	○	○			○	○		申渡	筑波知足院他2社	造営料下賜
40	11						○						申渡	榊原甲斐守	御暇袷羽織等拝領
41	13	白書院次間		◎								○	申渡	勅使・院使	御暇銀子錦等下賜
42	15							○	○				申渡	水野金十郎他9名	中奥番
43	16							○	○				申渡	向坂清左衛門他3名	中奥番
44	20	評定之席		◎	○	○	○						伝	真田伊豆守家来	真田熊之助死去跡沼田城主
45	23			◎	○	○	○						申渡	本堂伊勢守・菅沼喜八郎	甲州御番袷等下賜
46		雁之間			○	○	○			○	○		申渡	松平伊予守家老他2名	袷羽織等下賜
47	26						○						申渡	吉良若狭守	高倉中納言へ八木200俵
48	28	白書院		◎			○						伝	真田伊豆守他5名	御暇拝領物
49		阿部重次宅					○						申渡	谷小兵衛	御暇
50	晦	白書院				○	○	「奏者番」					申渡	伊勢兵部少輔	御暇袷等下賜
51							○					○	申渡	烏丸侍従	御暇袷等下賜

（表24つづき）

No	月日	場所	井伊直孝	堀田正盛	酒井忠勝	松平信綱	阿部忠秋	阿部重次	朽木稙綱	三浦正次	安藤重長	松平勝隆	吉良義満	申渡	対象者	内容
52	5. 1	雁之間					「老中」							申渡	越前家家来	越前宰相等家中証人暇
53							「老中」							伝	大久保平助	大久保彦左衛門遺跡
54									○	○				申渡	近藤勘右衛門・松平助十郎	歩行頭・小姓組組頭任命
55	5	白書院			◎	○	○	○					○	伝	飛鳥井中将	蹴道継目御判
56		右筆部屋				○		○						申渡	稲葉美濃守	在所帰参
57	8	白書院			◎	○		○						申渡	丹羽左京亮他3名	登城命令
58		桧之川				○								申渡	上方代官6名	御暇帷子等下賜
59	11					○		○						申渡	設楽主馬他	縁辺
60	16					○			○					伝	青山因幡守	駿府在番中半物成加増
61	17					○		○						伝	土岐山城守他3名	大坂加番
62	21								○					申渡	細井佐次衛門	小十人組頭任命
63	23					○		○						改	水野備後守・北条出羽守組	二条在番勤務
64	24	雁之間				○		○						申渡	松浦肥前守・オランダ通辞	オランダ通辞御暇
65	25								○					申渡	青山因幡守	屋敷下賜
66	5.26	雁之間				○								申渡	松平陸奥守使者他	暇使者へ帷子等下賜
67	6. 1				◎	○	○	○						伝	鈴木伝次郎	千代姫付
68	5					○	○	○						申渡	窪田佐次衛門	国母様火番
69	7						「老中」							申渡	大久保甚右衛門他3名	備州成羽・常州下館派遣
70	12	阿部忠秋宅				○	○	○						伝	寺沢兵庫頭	蟄居赦免
71	14	白書院				○	○	○						伝	黒田甲斐守	御暇帷子等下賜
72							○							伝	諸大名	明日出仕無用
73	15	竹之間					「老中」							伝	半井驢庵	500石加増
74	25				◎	○	○	○						伝	玄琢・加々爪民部少輔	道三法印死去跡式
75							「老中」							申渡	太田備中守	長崎上使用意

76	26			◎	○ ○			申渡	大橋兵右衛門	千代姫付
77	29	竹之間			「老中」			申渡	榊原内記	御暇羽織下賜
78	30					○		申渡	中津兵左衛門	小細工部屋屋敷作事奉行
79	7. 4	白書院	○ ○	◎	○ ○ ○			申渡	国持大名・万石以上	「鎖国令」
80	8					○		申渡	石川弥左衛門・鈴木友之助	大坂目付用意
81						○		申渡	多賀左近・蒔田数馬	因幡目付支度
82	11				「老中」			申渡	施楽院	宗雅を法印とする
83	12				○			申渡	山下弥蔵	650 石加恩
84	13	白書院			「老中」			申渡	奥村玄蕃・今枝民部	松平肥前守家督
85		白書院			○ ○ ○			申渡	松平若狭守・堀越中守他 1 名	御暇帷子等下賜
86	16					○		申渡	新庄内匠頭	小姓組組頭任命
87	19	竹之間			「老中」			申渡	森川庄兵衛他 2 名	大坂金奉行任命
88	22				○ ○			伝	細井金五郎	跡式
89	23				○			申渡	由良新六郎	跡式
90					○			申渡	城半左衛門他 2 名	跡式
91		桧之間			○			申渡	杉田九郎兵衛	石州代官
92	25	雁之間			「老中」			申渡	松平薩摩守使者	御暇帷子等下賜
93	27				「老中」			伝	水野備後守	屋敷下賜
94	8. 6				○			伝	松平出雲守	青連院増上寺参詣
95	10				「老中」			伝	兼松弥五左衛門	長崎上使人馬朱印等下賜
96		大廊下			○ ○			申渡	大村丹後守他 9 名	長崎へ兼松弥五左衛門派遣
97	14	白書院		◎	○ ○			申渡	伊丹順斎・曾根源左衛門	本丸作業奉行と相談
98	17				○			申渡	安藤伊賀守他 3 名	紀州見舞い
99	18				○ ○ ○			申渡	玄琢	御暇白銀等下賜
100	20				○ ○			申渡	諸役人	火事消失の道具調達
101	25				「老中」			申渡	長谷川三左衛門他 7 名	本丸作業材木見分
102	9. 6	大広間			○ ○			尋	大坂帰参大番衆	大坂在番勤務状況
103	18				「老中」			申渡	大橋五左衛門・鈴木伝次郎	加恩

（表 24 つづき）

No	月　日	場　所	井伊直孝	堀田正盛	酒井忠勝	松平信綱	阿部忠秋	阿部重次	朽木稙綱	三浦正次	安藤重長	松平勝隆	吉良義満	申渡	対　象　者	内　容
104		大　広　間			◎								○	申渡	院使山本左京亮	「御諚之趣」
105	26						○	○						伝	小笠原左衛門佐他 5 名	養子許可
106					◎	○	○							申渡	保科肥後守	下屋敷下賜
107	10. 1						○	○						申渡	五味金右衛門他 2 名	御暇白銀呉服等下賜
108	7	菊　之　間					○			○				伝	小姓組・書院番・大番士 30 名	普請中夜廻
109	8						「老中」							申渡	火之番の内 9 名	奥方火之番
110	12	大　広　間				○	○	○						尋問	駿府帰参大番衆	駿府在番勤務状況
111						○	○	○						申渡	松庵・亀庵・宗琢	半井驢庵跡式
112	17					○	○	○						申伝	両町奉行	江戸町中火事に付
113	18						「老中」							申渡	酒井壱岐守	長谷川淡路遺跡
114							○		○	○				申渡	川窪新十郎他	跡式・役替
115	23								○	○				申渡	松平所左衛門他 5 名	役替
116	24							○						申渡	丸茂五郎兵衛他 6 名	役替
117							「老中」							伝	岡田将監・中坊左近	御暇銀子等下賜
118	25						「老中」							申渡	佐橋茂左衛門	組頭任命
119	26						「老中」							申渡	松平河内守・石川弾正他 1 名	御暇銀子等下賜
120	11. 8						「老中」							申渡	花房勘右衛門	「如前々」目付
121	24									○				申渡	松田善右衛門	豊後目付用意
122	晦									○				申渡	大久保甚右衛門	豊後目付用意
123	閏 11. 1	御　広　間				○								申渡	藤堂仁右衛門他 6 名	石垣普請出来銀子下賜
124	6					○		○		○				申渡	惣物頭・諸役人	在々所々悪党穿鑿
125	7					○		○						申渡	中島五郎右衛門・深尾八大夫他	土蔵番組頭・天樹院付等
126						○		○						申渡	品川内膳・花房又七郎	跡式

127	12	三丸御番所			○ ○				伝	菅沼織部正	御暇
128	13					○			申渡	間宮忠左衛門	小林庄右衛門納戸番任命
129					「老中」				申渡	小笠原右京大夫他2名	普請中火消加勢
130					「老中」				申渡	在江戸の面々	普請中勤務督励
131	14				「老中」				伝	森川半弥	火事紅葉山仏殿出頭
132	11.14				○ ○				伝	火番の族	火事見廻り強化
133	15					○			申渡	大久保仁右衛門・松田膳右衛門	豊後目付御暇
134	16			◎	○ ○				伝	水野日向守	隠居
135	23				○				申渡	小山大和守・江戸土佐守	高野山大塔造営奉行
136	12. 4	増上寺			○		○		伝	連警寺	駿河宝台院後住
137	13					○ ○			申渡	細井庄左衛門他16名	切米支給
138						○ ○			申渡	久保五兵衛・神尾小左衛門	切米支給
139						○ ○			申渡	榊原小右衛門	切米支給
140						○ ○			申渡	指田九郎左衛門	切米支給
141	19				「老中」				尋問	三番頭・小十人頭・徒歩頭	「旗本之面々不成進退之旨」
142	29				○ ○				申渡	弓・鉄炮頭	所々門番勤務督励
143					「老中」				申渡	大沢右京亮	禁中派遣用意

注 「江戸幕府日記」により作成．朽木稙綱・三浦正次は若年寄，安藤重長・松平勝隆は寺社奉行，吉良義満は高家．

2　「老中」の確定

つぎに口頭による幕府意志の伝達（申渡し）の面から見てみよう。表24は「江戸幕府日記」に見られる、幕府から諸大名・旗本・寺社・公家などを対象とした、種々の「申渡」や「伝」などを寛永十六年に限って日付けごとに場所・申渡し者・対象者・内容の順に記し、一覧表にしたものである。

まず初めに表の申渡者に見られる「老中」について確認しておきたい。「江戸幕府日記」には、寛永十四年頃から

「老中」の文言が「年寄衆」と並んで記されてくるが、老中という機構が制度的に確立されていない当時にあっては、必ずしも明瞭にどの人物を指しているのかを弁別することができない。老中制が確立した寛永十六年以降にあっても、「年寄衆」という文言は使用されなくなり、ほぼ「老中」に統一されてくるが、たとえば寛永十六年一月晦日の条には「松平出雲守（勝隆）上総国佐貫城拝領ニ付、彼城並領地為可引渡駒杵長次郎（政次）被差遣之旨、老中被申渡之」とあったり、同二月十五日の条には「下総飯沼弘経寺摂念、増上寺後住被　仰付之、依之讃岐守・伊豆守・豊後守・対馬守増上寺方丈江摂念招之、則申渡之」とあるなど、「老中」がたんに幕閣中枢を指すのか、あるいは意識的に特定の人物を指していたのかが、「江戸幕府日記」の記載からは、なお読み取ることができないのである。おそらく「老中」は松平信綱・阿部忠秋・阿部重次の三名を指すことに間違いないと考えられるが、問題はそこに酒井忠勝や堀田正盛らがふくまれていたか否かということである。そこで別の史料に頼らねばならないという方法的弱点は否めないが、同時代の史料から当時の「老中」を確定してみたい。

猶々、板周防守（板倉重宗）へも此趣申越候之間、可被相談候、以上、

今度東寺之塔御再興付而、御奉行之儀其方被　仰付候、然者入用之儀、小野宗左衛門（貞則）相加之可申付之旨
上意候、宗左衛門相談候而入札已下相究之、様子重而可被申上候、恐々謹言、

（寛永十六年）
二月十四日

阿部対馬守
重次（花押）
阿部豊後守
忠秋（花押）
松平伊豆守

信綱（花押）

永井日向守（直清）殿

この史料(23)は、寛永十六年二月の山城国東寺の塔再興に関して、山城勝龍寺二万石の永井直清にその奉行となること、その際、大津代官の小野宗左衛門貞則と経費や材木等の入札以下を協議すべきことなどを通達した老中連署奉書である。この奉書の差出しは、松平信綱・阿部忠秋・阿部重次の三名であり、前述したようにこの後寛永期を通じて発給された奉書は、およそこの三名の連署・加判によっている。

一貴殿伊州御のほり候者、頓而も御下可有候へ共、東寺のとう大キ成事ニ候て、いまた材木之入札もきわまり不申候間、それお御きわめ候者、材木寄申候内御下可有候由尤候、先度伊州にも如申入候、上様御意ニハ信濃守（永井尚政）上着候者、其方頓而可罷下之旨御咄候様ニ御意被成候間、我々御あいさつ申候ハ、上意のことくにて御座候、東寺之塔被仰付候へとも、それハ入札なときわまり候者、小惣左衛門罷有候間、其方ハ下り可申候と申上候、其地材木其外万事入札なと御きわめ奉行人御申付候者、惣左方へ能御申渡し御下尤候、併御老中へ一おう御うかゝい候て、各々指図次第ニ可被及候、我々今御咄の御あいさつ迄御座候、猶期後音之時候、恐惶謹言、

六月七日　　酒井讃岐守（花押）

永井日向守殿貴報

この史料(24)は、永井直清が江戸への参勤の時期を尋ねてきたのに対する［寛永十六年］(25)六月七日付の酒井忠勝の返書である。これによれば、家光の意向は兄永井尚政の上京後に「可罷下」というものであったが、忠勝は「上意之こと

くにて御座候」と同意しながらも、加えて材木その他の入札や奉行人を決定し、それを小野貞則へ「能御申渡し」たうえでの参勤を忠告している。しかしその後で「御老中へ一おう御うかヽい候て、各々指図次第ニ可被及候」とあるように、「御老中」に一応打診したうえで、彼らの指図どおりにすべきことも報じているのである。そしてこの「御老中」とは永井直清が再興奉行を命じられたことと、材木以下の入札を小野貞則と協議すべきことを通達した奉書に加判していた、松平信綱・阿部忠秋・阿部重次の三名を指していることは明らかであろう。しかも注目すべきは、この返書が酒井忠勝の手によるものであり、忠勝自身が松平信綱らを「御老中」と記している点である。つまり、当時の「老中」とは、井伊直孝も堀田正盛も土井利勝もふくまれず、まして忠勝自身をもふくんではいないと言うことができるのである。以上によって、当時の「老中」が松平信綱・阿部忠秋・阿部重次を指すことが確定できたものと考えられる。ただし、「江戸幕府日記」の申渡しに見られる「老中」が、常に右の三名を指しているとは言いきれず、二名ないし一名のばあいも当然あったものと思われる。

3　申　渡　し

さて、表24にある申渡し一四三例のうち、酒井忠勝が列座して申渡しているのは一七例が確認できるが、列座の形態から見るとつぎの四つのタイプに分類することができる。すなわち①松平信綱・阿部忠秋・阿部重次の三老中と忠勝が列座しているもの、②この四人に井伊直孝と堀田正盛が加わって申渡しているもの、③老中三人のうち二人ないし一人と忠勝で申渡しているもの、④忠勝と高家の吉良上野介義満とで申渡しているもの、などである。以下それらを細かく検討してみたい。

最初に②のタイプについて見ることとしよう。これは二例が確認できた。最初の事例は「江戸幕府日記」寛永十六

年三月三日の条に、

一午下刻於御白書院所替被　仰付候面々江掃部頭・讃岐守・加賀守・伊豆守・豊後守・対馬守被伝上意之趣、所謂、

一本多甲斐守（政朝）義、旧冬令死去彼実子幼稚故、遺跡十五万石本多内記（政勝）ニ被　仰付、甲斐守実子者則可致養子之旨　上意也、雖然、播州姫路ハ得替、於和州郡山十五万石被下之、次内記本知四万石者高を以、於和州内記実子ニ被下之、

一本多能登守（忠義）掛川江得替、弐万石之御加増都合七万石也、

一松平下総守（忠明）播州姫路へ得替、六万石之御加増都合十八万石也、

一大久保加賀守（忠朝）播州明石へ得替、弐万石之御加恩都合七万石也、

一松平丹波守（光重）濃州加納江以先知七万石之高所替也、

一松平大膳亮（忠重）去比病死、実子幼少ニ付懸川得替、信州飯山江以先知四万石之高被遣之、家老共召寄被申聞云々、

とあり、白書院において、播磨姫路一五万石本多甲斐守政朝の死去のため、叔父の本多内記政勝の大和郡山への転封による遺領相続（政朝の嫡子政長は幼少のため政勝の養子となる）によって、同じく姫路五万石だった本多能登守忠義が二万石加増されて遠江掛川へ、大和郡山一二万石の松平下総守忠明が六万石加増されて姫路へ、美濃加納五万石の大久保加賀守忠朝が二万石加増されて播磨明石へ、明石七万石の松平丹波守光重が加納へ、さらに松平大膳亮忠重の遺領をその子万助忠倶が継いで掛川から信濃飯山四万石へと、それぞれ転封されることを、井伊直孝・酒井忠勝・堀田正盛・松平信綱・阿部忠秋・阿部重次が「上意之趣」として申渡したものである（表24中［21］以下同じ）。

二つ目は、「江戸幕府日記」七月四日の条に、

一国持大名並壱万石以上之面々依召登城、是太田備中守（資宗）長崎へ就被差遣之、上意之趣於御白書院井伊掃部頭・酒井讃岐守・堀田加賀守・松平伊豆守・阿部豊後守・阿部対馬守列座、右諸大名江讃岐守被申渡之、かれうた御仕置並諸大名江被　仰出浦々御法度之奉書両通者、於其場道春読之也、

とあるように、これも白書院において太田資宗の長崎派遣と、いわゆる最後の「鎖国令」（「かれうた御仕置並諸大名江被　仰出浦々御法度」）について、やはり「上意之趣」を申渡したものである［79］。

三月三日の申渡しは、松平忠明の六万石加増を筆頭にいわゆる門閥譜代大名の加増転封であるが、このとき忠明は都合一八万石となり、以下本多政勝が一五万石、本多忠義、大久保忠職、松平光重がともに七万石、松平忠倶が四万石となっている。したがって領知高から見てもこれは有力譜代の転封であり、しかも松平忠明は寛永九年以後井伊直孝とともに幕府政治に参与しており、この転封によって政治中枢からは退くこととはなったが、[26] 新たに西国諸大名を指揮し沿岸防備の一翼を担うなど、政治的にも対外的危機を想定した重要なものだったのである。[27] また七月四日の申渡し[28]も、「鎖国令」という幕藩制国家の編成原理を確定する法令の頒布・申渡しであり、幕府にとっては最重要事項であったと言うことができる。したがって以上の二例は、「細成御役」と見ることはできず、酒井忠勝のみならず井伊直孝や堀田正盛らが列座するのも当然のことと言えよう。

つぎに①のタイプについて見てみよう。これは七例が確認できた。すなわち、(1)二月十五日の前にも触れた増上寺後住に下総飯沼弘経寺の摂念を任命した申渡し［14］、(2)四月七日に筑波知足院・相州大山・濃州南宮の三社それぞれに造営料を下賜した申渡し［39］（この申渡しには寺社奉行の安藤重長・松平勝隆が加わっている）、(3)四月二十日に「評定之席」において、上野沼田城主真田熊之助死去により、祖父真田信之の子のうちから次の城主を決定することの伝

え［44］、⑷四月二十三日に本堂茂親・菅沼範重の甲府勤番による袷等下賜の申渡し［45］、⑸五月五日に白書院において飛鳥井中将雅章に対する鞠道継目の判物と「上意之趣」の伝え［55］（この伝えには高家の吉良義満が加わっている）、⑹六月一日に台所組頭鈴木伝次郎に家光第一子千代姫付きを命じた申渡し［67］、⑺六月二十五日に医師今大路道三親昌死去により、医師野間玄琢・町奉行加々爪忠澄に実子を後継とすることの申渡し［74］などである。これらの申渡しは、⑶と⑷の事例以外、その対象が寺社や公家といった老中のみの列座ではかたずけられないものがあるとともに（それは寺社奉行や高家の列座に示されている）、医師の跡式や千代姫付きといった家光身辺のことであり[29]、⑶の真田氏の事例も「評定之席」という通常の申渡しではないことを考慮に入れれば、これらはいずれも老中のみの列座では済まないものであったと見ることもできる。

つぎに③のタイプについては、⑴四月二十八日に白書院において真田信之・水野勝俊他四名に対して暇による家光からの拝領物下賜の申渡し［48］、⑵五月八日に白書院において丹羽光重・岡部宣勝・松平定政・松前公広に対して暇による登城を命じた申渡し［57］、⑶六月二十六日に大番組頭大橋親善にやはり千代姫付きとなることの申渡し［76］、⑷八月十四日に白書院において伊丹康勝・曾根吉次に対して江戸城本丸作事に際し作事奉行と相談することを命じた申渡し［97］、⑸九月二十六日に保科正之に下屋敷を下賜することの申渡し［106］、⑹閏十一月十六日に水野勝成の隠居を許可した申渡し［134］の六例である。これらは⑶の千代姫付きの事例以外、内容的にはそれほど重要とは思われず、酒井忠勝が列座する積極的な理由を見出し得ないが、老中が二名ないし一名ということで、その欠員を埋める意味での忠勝の列座であったとも考えられる。

最後に④のタイプについては、⑴四月十三日に白書院次之間において、勅使三条前内府日野大納言・院使中御門大納言などに暇を申渡し「上意之趣」を伝えたもの［41］と、⑵九月十八日に大広間で院使山本左京亮に「御諚之趣」

を申渡したもの［104］の二例のみである。(30)

以上、表24において①③④のタイプの申渡しで指摘できることは、たしかに酒井忠勝の「細成御役御赦免」以前と比較すると、申渡しへの列座の件数は激減しているが、しかしその対象者を見ると勅使・院使から寺社、外様・譜代大名、旗本、医師にまでわたっており、申渡しの事例は減少しても権限の範囲は依然として広いと言うことである。また③のタイプの申渡しにおいて、参勤の暇による登城命令、下屋敷下賜、隠居の許可といった内容の申渡しは、松平信綱以下の老中の列座で事足りると思われるが、前述したようにこのタイプの申渡しがすべて老中が二名ないし一名のときで、忠勝の列座をたんにその欠員の補充と見ることもできる。しかし、対象者が丹羽光重（陸奥白川一〇万七〇〇〇石）、保科正之（出羽山形二〇万石）、水野勝成（備後福山一〇万一〇〇〇石）といった大名のばあい、表25に示したように松平信綱の六万石を最高とする家光近習出身の老中のみでは、門地・領知高の面で見劣りがし忠勝の列座を必要としたとも考えられ、酒井忠勝の存在はこの面においても重要な意味を持っていたと言うことができる。こうした考えが当を得ているとすれば、「申渡」や「伝」といった口頭による将軍の意思伝達の側面でも、石高制原理が機能していたと指摘することができよう。

表25　寛永16年の酒井忠勝と老中

姓　名	領知高	域地	官位
酒井忠勝	123500石	小浜	従四位下
松平信綱	60000	川越	従四位下
阿部忠秋	50000	忍	従四位下
阿部重次	59000	岩槻	従四位下

注『寛政重修諸家譜』により作成.

ちなみに表24において、老中のみ（九三例）か老中と若年寄（四例）、あるいは老中と寺社奉行（三例）・老中と大番頭（一例）・老中と奏者番（一例）・老中と高家（一例）の組合わせの申渡し全一〇三例のうちで、その対象者の領知高が老中のそれを超えているのは、⑴一月十日の増上寺知童死去により「寺中諸法度所々番等已下無油断可申付之旨」(31)を「老中」が寺社奉行の安藤重長（六万六〇〇〇石）・松平勝隆（一万五〇〇〇石）に申渡したもの［2］、⑵五月五日に松平信綱と阿部忠秋が稲葉美濃守正則（一〇万七〇〇〇石）に在所帰参を申渡したもの［56］、また「江戸幕府日記」

寛永十六年六月十二日の条に、

一寺沢兵庫頭（堅高）、去々年於領内きりしたん宗門令蜂起之処、早速身分トして不致退治、彼一揆自　公儀御追罰ニ付而、天草領被　召上之、其上止出仕今年迄蟄居畢、今日御赦免ニ付而、於豊後守宅伊豆守・対馬守・亭主伝　仰之旨云々、

とあるように、(3)阿部忠秋宅において松平信綱・阿部重次・阿部忠秋が寺沢堅高（八万石）に蟄居赦免を伝えたもの［70］、そして(4)閏十一月十三日に「老中」が小笠原忠真（一五万石）・牧野忠成（五万八〇〇〇石）・内藤忠興（七万石）に江戸城本丸作事の際の火消し加勢を命じた申渡し［129］、以上のわずか四例である。

しかし、このうち(1)の事例は、安藤重長が松平信綱よりわずか六〇〇〇石多いにすぎず、しかも内容が寺社奉行の所管業務であるから、寛永十五年十一月九日に寺社奉行等の「御用並訴訟之儀ハ自今以後、伊豆守・豊後守・対馬守を以可申上」(32)ことが決定された以上、「老中」が申渡すのは当然のことと言うことができる。また(2)の稲葉正則の例は、正則が家光の乳母春日局の孫であり、かつ寛永十一年一月に死去した稲葉正勝の嫡子ということで、一〇万石の相続を許されたもので、このとき十七歳であり前年の寛永十五年まで、春日局の兄斎藤利宗に「家政を輔けしめらるゝの処、漸ひとゝなるにより其事に及ばざる」(33)ようになった大名である。したがって、たんに領知高が多いと言っても、その申渡しは松平信綱と阿部忠秋の列座で事足りたのであろう。さらに(3)の事例に見える寺沢堅高は島原の乱の際の行動を咎められ、四万石減封のうえ蟄居していたのを赦免されたもので、内容から見ても酒井忠勝の列座は必要なかったものと考えられる。また以上の事例の対象者である安藤重長・松平勝隆・稲葉正則・寺沢堅高は、官位の面でも従五位下諸大夫であり松平信綱らの老中より劣っている。このように見ていくと、領知高の面から酒井忠勝の列座が必要と考えられるのは、(4)の事例のみである。

おわりに

以上、奉書加判と寛永十六年の申渡しに限ってではあるが、寛永十六年以後における「大老」について、酒井忠勝の活動を中心に若干の分析・検討をこころみた。その結果は、たしかに奉書加判・申渡し共に「細成御役御赦免」以前に比較して、それらへの関与の件数は激減している。しかし酒井忠勝は、重要な内容を持つ奉書や、老中だけの列座では内容・門地・領知高などの側面で不足すると考えられる申渡しには、加判・列座することによってその行為に威厳を付け、より効果を上げるといった役割を果たしていたのである。これはまさに「細成御役」の赦免であって、この二つの結果だけでも「大老」にタナ上げされたという評価は、当を得たものではないと言うことができよう。以上が本章の結論である。

ただし、これは実際の政治過程の分析から導かれたものではない。次章では幕藩間の交渉のなかでの酒井忠勝の役割について具体的に検討し、この結論を補強してみたい。

注

(1) 美和信夫「江戸幕府大老就任者に関する考察」(『麗沢大学紀要』26巻、一九七八年、のち同氏『江戸幕府職制の基礎的研究』広池学園出版部、一九九一年に再録)。
(2) 北島正元『江戸幕府の権力構造』(岩波書店、一九六四年)。
(3) 藤野保『新訂幕藩体制史の研究』(吉川弘文館、一九七五年)。
(4) 美和信夫前掲論文において、若干の考察がなされているにすぎない。

(5) 姫路市立図書館所蔵酒井家文書「江戸幕府日記」（東京大学史料編纂所写真帳）。

(6) 新訂増補国史大系『徳川実紀』第三篇（吉川弘文館）一一六頁。

(7) 朝尾直弘「将軍政治の権力構造」（岩波講座『日本歴史』10近世二、一九七五年）三二一頁。

(8) 辻達也「寛永期の幕府政治に関する若干の考察」（『横浜市立大学論叢』第二四巻、三号、一九七三年）五七頁。

(9) 北原章男「家光政権の確立をめぐって」（『歴史地理』九一巻二・三号、一九六五・六六年、のち論集日本歴史7『幕藩体制』Ｉ、有精堂、一九七三年に再録）一一八頁。

(10) 『細川家史料』（大日本近世史料）十二―九五七号。

(11) 藤井譲治氏は『江戸幕府老中制形成過程の研究』（校倉書房、一九九〇年）のなかで、

一土大炊殿・酒さぬき殿老足候間、此中之御役被成御免、禁中方・大成御用之外者被為召候時、又朔日・十五日・廿八日斗可被致登城之旨、被仰出由ニ候事、

という山崎家治に宛てた細川忠利の書状を紹介され（三〇〇頁）、土井利勝・酒井忠勝が「細成御役」を赦免された以後の彼らの業務に「禁中方・大成御用」のあったことを指摘され、また赦免の理由について、土井（六十六歳）・酒井（五十二歳）の不仲・確執から、土井利勝赦免の理由として妥当な『老足』りをもって、両者をともに月番に代表される日常的幕政運営から外したものと考えられる」とされている。

(12) 『細川家史料』十四―一二九〇号。

(13) 第二部第三章「江戸幕府若年寄の成立をめぐって」参照。

(14) 『新編藩翰譜』第二巻（新人物往来社）三三九頁。

(15) 藤井譲治『江戸幕府老中制形成過程の研究』二三七頁参照。

(16) 『新編藩翰譜』第二巻、三〇九頁。

(17) 「御当家令条」（石井良助編『近世法制史料叢書』2、創文社）二〇〇号。

(18) 『鹿児島県史料』後編旧記雑録六、一一五頁。

(19) 『鹿児島県史料』後編旧記雑録六、二四五頁。

(20) 第三部第三章参照。

(21)「永井家文書」（『高槻市史』第四巻(1)、七五号文書）。
(22)「永井家文書」（『高槻市史』第四巻(1)、八三号文書）。このほか奉書ではないが、家光政権期に酒井忠勝が老中とともに連署したものとして、正保三年十二月十七日付「東叡山領目録」（『御当家令条』六六号）がある。
(23)「永井家文書」（『高槻市史』第四巻(1)、一二五号文書）。
(24)「永井家文書」（『高槻市史』第四巻(1)、一二七号文書）。
(25)『高槻市史』ではこの書状を寛永十七年に比定しているが、藤井譲治『江戸幕府老中制形成過程の研究』によって寛永十六年だったことが証明されている（三〇九頁）。
(26)北原章男「家光政権覚書」（『歴史地理』九一巻二号、一九七四年）四三頁。
(27)山本博文『寛永時代』（吉川弘文館、一九八九年）一〇四頁参照。
(28)この申渡しは「右諸大名江讃岐守被申渡之」とあり、直接申渡しているのは酒井忠勝のみであるが、列座は井伊直孝・酒井忠勝・堀田正盛・松平信綱・阿部忠秋・阿部重次の六名であり、こうした申渡しは列座するとに意味があるから、表24には前記六名に○を付しておいた。
(29)このように、酒井忠勝が家光の娘や医師などに関与しているところに、一般的な大老とは異なり、彼の家光側近としての立場が認められる。なお、この点に関しては第三部第三章参照。
(30)注(11)で記したように、土井利勝・酒井忠勝は「細成御役」を赦免されても、「禁中方」については依然として関わるよう命じられており、ここに挙げた二つの申渡しに列座するのは当然のことと言えよう。
(31)「江戸幕府日記」寛永十六年一月十日の条。
(32)「江戸幕府日記」寛永十五年十一月九日の条。
(33)『新訂寛政重修諸家譜』第十（続群書類従完成会編）一九〇頁。

第三章　家光政権後期の政治構造

はじめに

これまでの幕藩制国家史研究において、徳川家光が将軍だった寛永〜慶安期は、領主間矛盾の解消（将軍権力の確立）、領主・農民関係の確定、鎖国制の形成など幕藩制国家の確立期として注目されており、それぞれに膨大な研究の蓄積を持っている(1)。ところが、その幕藩制国家の権力中枢部分である、家光政権の政治構造なり機構なりを分析対象とした研究は、近年活発になりつつあるものの(2)、その他に比較すれば依然として不十分であるというのが現状であり、とくに家光の晩年に当たる正保〜慶安期は希薄な分野であると言えよう。

そうしたなかで注目される論考として、北原章男氏の「家光政権の確立をめぐって(3)」がある。これは家光側近の勢力バランスの上に家光が乗る形で、寛永十五年に「家光独裁政権」が確立したとするものである。これに対しては家光政権を「閣老専制体制」とみる辻達也氏の批判がある(4)。しかし、こうした「家光独裁」論や「閣老専制」論が、家光政権の内実をどれだけ言い当てているかは疑問が残る。それは近年山本博文氏も指摘するように、これらの「見解が、実際の政治過程の考察から導かれないで、彼ら（家光側近―筆者）の出自と役職で説明されている(5)」という方法的な弱点が見られるからである。

本章では、高槻藩「永井家文書」[6]に収められた当時の幕閣から畿内の一譜代大名（永井日向守直清）に宛てられた文書を素材にして、家光政権後期の政治構造の一端を解明してみたい。具体的には正保四年（一六四七）十一月十四日の、いわゆる「大坂城代」阿部備中守正次の死去から、その後任「城代」が決定するまでの政治過程を検討していく。これに関しては『大阪府史』[7]に概説的に触れられているが、ここでより詳細に分析し、かつ酒井忠勝の家光政権における役割を鮮明に浮かび上がらせることで、前章で主張した酒井忠勝らの「大老タナ上げ説」に対する反論を補強してみたい。

第一節　阿部正次の死と家光の意志伝達

1　阿部正次の死去と大坂城代

まず、「江戸幕府日記」[8]正保四年十一月朔日の条を挙げてみよう。

一従大坂次飛脚状箱到来、阿部備中守（正次）所労之由申来、重而申尅大坂ヨリ備中守病気少々快験之旨注進也、此方ヨリ者次飛脚状箱被遣之、

一阿部対馬守（重次）江為　上使、中根次郎左衛門（正寄）被遣之、是父備中守煩之義被仰遣云々、

一備中守所労付而、医師玄斎（高木正長）罷上療養之儀可相談旨被　仰出之被差上之、仍而伝馬御朱印並黄金呉服等被下之、松平伊豆守（信綱）・豊後守（阿部忠秋）申渡之、

これに見られるように、この日、大坂から次飛脚で阿部正次病気の報がもたらされた。病状は一時小康を得たよう

であるが、幕府は即刻新番頭中根次郎左衛門正寄を上使として、正次の子である老中阿部重次にこの報せを告げるとともに、「療養之儀可相談」ため医師高木玄斎正長の大坂派遣を決定した。そして翌二日、再び「阿部備中守気色不快之旨」[9]が大坂から告げられると、さらに十一月三日には、

一阿部備中守所労之由従彼地注進之趣及 上聴、息対馬守御座之間江被 召出、早速罷上可致看病之旨被 仰出、御召下御服・御道服等拝領之、退出之後急可相越付而、人馬之 御朱印被下之旨以中根壱岐守（正盛）被 仰出之、

とあり[10]、阿部重次は家光から御座之間に召出され、看病のため上坂を命じられ御召下の道服等を拝領すると同時に、道中人馬の朱印下賜の旨を家光側近の中根壱岐守正盛から通達されている。阿部重次は「去六日丑ノ剋阿部対馬守彼地到着之由注進之」[11]と十一月六日に大坂に到着し看病に当たったが、「江戸幕府日記」正保四年十一月二十三日の条に「阿部備中守当月十四日ニ死去之儀、今日達 上聞也」とあるように、重次の看病の甲斐なく大坂城代阿部正次は、正保四年十一月十四日に死去したのである。

以上、阿部正次の発病から死去までの動向を「江戸幕府日記」の記載からざっと見てきたわけであるが、ここで大坂城の守衛体制に関する概略を述べておこう[12]。まず大坂城代は大坂城にあって大坂在勤の幕府諸役人の業務を統括し、大坂城を守護するほか、西国諸大名の動静を監察するなどきわめて重要な役職であり、元和五年（一六一九）[13]にそれまで伏見城代だった内藤紀伊守信正が任じられたのを創始としている。この他大坂城の軍事力を担ったものとして、定番、大番、加番などがあり、これらは総称して大坂在番と呼ばれた。定番は、京橋口内外と北の外曲輪筋鉄門を警備する京橋口定番、玉造口内外と東仕切を警備する玉造口定番とがあり、元和九年に高木主水正正次と稲垣摂津守重綱が初めて任じられている。大番は元和五年に伏見在番の大番頭二名が伏見から移って勤番したのが最初で、大番衆

が毎年二組ずつ交替で勤務した。加番は正規の勤番である大番の加勢として置かれたもので、五万石未満の大名が一年交替で勤番し、山里加番・中小屋加番、青屋口加番、雁木坂加番の四加番があった。[14]これらはいずれも老中の支配に属している。このほか鉄炮奉行、弓奉行、具足奉行などがあり、いずれも定番の支配下にあった。

阿部正次が大坂城代となったのは、『寛政重修諸家譜』に寛永「三年四月六日大坂の城番となり」[15]とあるように、寛永三年（一六二六）四月六日のことである。また『寛永諸家系図伝』によれば、

寛永三年、鈞命によりて大坂城の常番となる。時に酒井雅楽頭忠世・土井大炊頭利勝、台徳院殿をよび将軍家の鈞命を述べていはく、今度大坂の城常番を仰付らるゝによりて、摂州にをひて三万石の地をくはえ給はる、すべて八万五千石の内五万石の軍役をもつて大坂の城を守るべしとて別に七百五十人の御扶持方を給はる、其余の采地は、岩築の城領につけて是を守らしめ、其兵士をしてかはる〳〵大坂の城を守らしむべし、となり。

とあり、[16]大坂城代を命じられるに当たって、摂津国（豊島・河辺・有馬・能勢四郡）において三万石を加増され、これまでの五万五〇〇〇石と合わせて都合八万五〇〇〇石となっており、[17]このうち五万石は大坂城代としての軍役に充てられ、月俸七五〇口を添えられている。そして大坂へは、正次の城地岩槻の家臣団が交代で出向いていた。その後、寛永十五年四月に関東の封地五万六〇〇〇石のうち、四万六〇〇〇石を嫡子阿部重次に、一万石を孫の正能に与え、残り三万石の役高で大坂城代を勤めていた。

ここで注意しておきたいことは、正次の城代就任を『寛永諸家系図伝』『寛政重修諸家譜』[18]ともに「大坂常番」としており、「城代」という語句がまったく使われていない点である。つぎの史料は、寛永三年に上洛した大御所秀忠が、大坂に立ち寄った際[19]に出した条目（黒印状）である。

定

①一自然之時、二丸の外へ一切出間敷事、
②一墨付なくして、大坂在番之外、二丸ゟ内へ一切入間敷事、
③一下々に至るまて、たしか成者をえらひて可抱置事、
右堅可相守此旨もの也、
寛永三年七月廿七日
御黒印　阿部備中守とのへ
高木主水正（正次）とのへ
稲垣摂津守（重綱）とのへ

これによれば、①不測の事態が起こったとき城外へ出ることと②許可のない者を城内に入れることとの禁止と、③身元確かな奉公人を召抱えることなどが規定されているが、宛所の三名のうち高木主水正正次と稲垣摂津守重綱は、前述したように元和九年から大坂定番となっていた。そして、それを記した「東武実録」には、

此年（元和九年）御入洛、江戸ニ還御ノ時高木主水正正次ヲ召シテ、采地千石ヲ加賜セラレ、大坂ノ城京橋口ノ常番トナル、稲垣平右衛門茂綱（ママ）後摂津守ニ任ス大坂ノ城玉造口ノ常番トナル、

とあり[20]、このとき高木正次が京橋口の、稲垣重綱が玉造口のやはり「常番」を命じられていたのである。大坂城二丸への出入り口は、京橋口・玉造口・追手口の三カ所であったが、後述するように追手口は阿部正次が守衛しており、かつこの条目からは宛名の順による序列以外には、三者間の格差は認められない。したがって、これはあくまでも大坂常（定）番三名に宛てた条目と言うことができ、この当時において「城代」という認識を幕府が持っていたと言うことはできない。よって、以下阿部正次やその後任の役職は「大坂城代」とカッコ付きで表すこととする。

ところで、阿部正次死後の「大坂城代」であるが、『柳営補任』には「慶安元子二月十日大坂御定番ヨリ[21]」として稲垣摂津守重綱を挙げており、「石山要録」には「同年（慶安元）九月十日、玉造口御定番稲垣摂津守重種（マヽ）、為御城代、移追手ニ、永井日向守ニ代ル[22]」とあり、稲垣が「城代」となったのは慶安元年九月十日のこととしている。また「累代武鑑」による稲垣の「城代」就任は、慶安二年九月十一日である[23]。ちなみに『国史大辞典』の松尾美恵子氏作成による「大坂城代一覧」には、阿部正次のつぎに「仮役」として永井日向守直清を慶安元年から同年九月まで挙げており、稲垣の「城代」就任は同年九月からとしている[24]。永井直清については、『柳営補任』に稲垣のあと「仮役」として「慶安二丑十月廿五日ヨリ同三寅年迄」とある。このように、阿部正次死後の「大坂城代」就任者およびその期間については諸書まちまちであり、本章ではこの点も正確に跡付けてみたい。

2　家光の意志伝達と酒井忠勝

【史料1】

一筆令啓候、両上様（家光・家綱）弥御機嫌好被成御座候間、可御心安候、将又去十日連判之御状令披見候、阿部備中守所労しかと無之由、注進之趣及御聴候処、無油断可加養生之由　上意候、若不慮之義候ハヽ、御城中所々御番等之儀入念可致勤仕之旨申渡、対馬守者帰参候様ニ与被　仰出候間、可被得其意候、恐々謹言、

（正保四年）
十一月十四日

阿部豊後守
忠秋（花押）
松平伊豆守
信綱（花押）

　　　　　　永井日向守（直清）殿

　この史料[25]は、阿部正次が死去した（正保四年）十一月十四日付で永井直清に宛てた老中連署奉書である。もちろん在坂中の阿部重次の加判はない。この時点で江戸にいる松平信綱らの老中には、正次死去の報が到着するはずもなく「阿部備中守所労しかと無之由」とあるが、そのあとで「若不慮之義候ハヽ、……　対馬守者帰参候様ニ与被　仰出候」と、もし正次が死去したばあい、大坂城の「所々御番等」を「入念」に申渡して、阿部重次には江戸に帰参するよう家光が命じたことを永井に通知している。

　この永井直清は母が阿部正勝の娘であり、したがって阿部正次は伯父、阿部重次・阿部忠秋は従兄弟になるという血縁関係を持ち、兄は寛永十年（一六三三）まで「年寄」だった永井信濃守尚政である[26]。永井直清は元々は秀忠の小姓だったが、秀忠死後の寛永九年四月に書院番頭となり、翌寛永十年三月に兄尚政（下総古河から山城淀一〇万石）の転封とともに山城長岡の勝龍寺二万石に入封し、それ以後、京都所司代板倉重宗、大坂町奉行久貝正俊・曾我古祐、堺奉行石河勝政、小堀政一、河内代官五味豊直らとともに、上方支配機構であるいわゆる「八人衆」を構成していた。そしてこの体制の中枢を掌握していたのは、板倉重宗と永井兄弟に大坂城代を加えたもので、なかでも永井直清は民政上の顧問格だったとされている[27]。

　さて、阿部正次の訃報を家光の耳に入れた翌々日、正保四年十一月二十五日の「江戸幕府日記」には、「阿部備中守死去之義、不便被　思召之旨、息対馬守並永井日向守江奉書可被遣之旨　上意付而、大坂江次飛脚被遣之」とあり、阿部重次と永井直清に奉書が遣わされている。このうち永井直清に宛てた奉書[28]は、

【史料2】

　一筆令啓候、阿部備中守相果候義各相談、一昨日及　上聴候処、不大形不便被　思召候、其方力落之程御察之御

事候、此由可相伝之旨依　上意如此候、恐々謹言、

十一月廿五日　　　松平伊豆守

信綱（花押）

永井日向守殿

という松平信綱の一判によるものであった（阿部忠秋の加判がないのは、おそらく服忌中のためであろう）が、この同じ十一月二十五日の日付で酒井忠勝が直清に宛てた書状[29]がある。すなわち、

【史料3】

去十四日之御状令拝見候、仍備中殿御煩、対馬守殿被仰談色々御養生候へ共、御老病と申不相叶、去十四日御遠行之由、不及是非候、各御力落御心底之程、可申入様も無之候、大坂御城御番所以下之儀、稲垣摂州、久貝因州（正俊）、御番頭衆、御横目衆へ対馬守殿以御相談被申付候由尤之事候、我等事近御鷹場被御免御暇被下、鷹場へ参、頃日罷帰候故、御状も不申入候、随而備中守死去之儀、去廿三日松豆州申談達　御耳候所、不大方不便ニ被思召候、老人とハ乍申息災ニも候之間、未御奉公をも勤仕可申所、惜敷義と被成　御意候、誠以残多義共候、

（後略）

十一月廿五日　　　酒井讃岐守

忠勝（花押）

永井日向守様御報

というものである。これは書状中にもあるように、十一月十四日付で永井直清から忠勝へ宛てた書状の返書であるが、一通りの悔やみの言葉を述べたあと「大坂御城御番所以下之儀……対馬守殿以御相談申付候由」とあるように、阿部

正次の死によって起こるであろう動揺に対して、阿部重次が定番の稲垣重綱（このとき定番は稲垣のみ）、大坂町奉行の久貝正俊、大坂在番中の大番頭衆、目付衆などとの談合により対処していたことが窺える。しかし、この時点においては、いまだ永井直清が「城代」となることにはまったく触れてはおらず、かつ大坂城の警衛に関することも何ら指示されていない。また、「我等事近御鷹場被御免御暇被下……去廿三日松豆州申談達　御耳候」とあり、忠勝は鷹場拝領による不在のために、松平信綱が二十三日になって正次の死を家光の耳に入れたとわざわざ断りを入れている。つまり、こうした情報を日常的に家光に披露していたのが酒井忠勝だったことも窺うことができ、きわめて興味深い点である。

大坂城の事後処理について、具体的な指令が出されたのは、阿部重次が大坂から帰参する前日の十二月三日であった。

【史料4】

一筆令啓候、阿部備中守死去ニ付而、代被仰付候迄所々御番之儀、彼家来如前々可相勤之旨被　仰出候付而、右之段対馬守雖申付候、其方儀大坂江折々相越、御番等之義弥入念候様ニ、備中守家来江可申付之旨被　仰出候間、可被得其意候、恐々謹言、

十二月三日　　松平伊豆守

信綱（花押）

永井日向守殿

この史料[30]も、松平信綱一判による（正保四年）十二月三日付の永井直清に宛てた奉書である。その内容は、阿部正次の「代」つまり「城代」代行かまたは後任が決定するまで、阿部正次の家臣団に以前通り「所々御番」を勤めるこ

とを阿部重次が申付けたが、永井直清も随時大坂に出向き、正次の家臣団に「御番等之義」に念を入れることを申付けよ、というものである。このように十二月三日になって初めて、永井直清に対する阿部正次家臣団への勤務督励という正式の指令が老中から下ったのである。ところが同じ十二月三日、酒井忠勝からも同様の指令が発せられている。

【史料5】

尚々、対州も一両日中参着可被申候、昨日御意被成候も、備中守家来御番之義、対馬守かたく可申付に候も、物主無之候間、貴殿ハよ人とハ替事候間、折々彼地へ見廻候て、備中家来共御番ニ念被入候様ニ可申付由、御意被成候、其御心得尤候、以上、

先日者度々預御状忝存候、此表別条無之候、両御所様弥御機嫌能被成御座候、徳松殿（綱吉）先月廿七日吉日ニ付而、御髪置被成、其節天気迄能、公方様御機嫌之御事候、然者、阿備中守家来大坂御番仕候ニ付而、対馬守罷下候間、貴殿儀折々彼地へ見廻、御番等之儀入念仕候様ニ可申付之由　御意候、委細之儀ハ従老中可被申入候間、不能詳候、恐惶謹言、

十二月三日　　酒井讃岐守

忠勝（花押）

永井日向守様

この書状の本文部分では、徳松（徳川綱吉）の「髪置」の儀式が無事終了した以外は、前掲の松平信綱の奉書とほぼ同じ内容を報じている。ただ「委細之儀ハ従老中可被申入候」とあり、「委細之儀」を通知したのが松平信綱の奉書だと思われるが、実はこの忠勝の書状の方がより「委細之儀」を語っている。それは尚々書にある「昨日御意被成候も……御意被成候」と、家光の「御意」を報じた部分である。すなわち、阿部重次が正次の家臣団に「御番之儀」

をかたく申付けても、重次が江戸に帰参してしまうと実質的な指揮者（「物主」）となるべき人物が不在となるので、「よ人とハ替」わる、つまり阿部重次の従兄弟という関係の永井直清が、正次家臣団の「御番ニ念被入候様」に家光が命じたと言うものである。

このように老中の奉書と同じ内容を含み、さらに詳しい事情を記した書状が酒井忠勝から発給されていたことは、当時の政治構造を考えるうえで、注目すべきことと言えるのではないだろうか。すなわち、先の正保四年十一月二十五日にも松平信綱一判の奉書（【史料2】）と並行して忠勝の書状（【史料3】）が見られたように、当時の命令伝達のルートとして老中奉書とともに、酒井忠勝の書状も同様に機能していたのである。しかも注意したいことは、酒井忠勝の書状中にもたびたび「御意」文言が記されていることである。つまり、こうした忠勝の書状は、主君の意志を奉じるという点では奉書と言っても差支えなく、かつ、同じく【史料3】に見られたように、忠勝は種々の情報を家光に披露するというきわめて家光に近い立場にあり、家光の指令の公的な通達は老中奉書という形式でなされたが、そうした指令があくまでも自身の意志であることの確認を、家光は酒井忠勝を通じて行なっていたと考えられるのである。

第二節　永井直清の大坂在番をめぐって

1　永井直清の大坂在番

前節で見たように、永井直清は正保四年十二月三日に大坂に残った阿部正次家臣団への勤務督励という指令を、老中から正式に受けていたが、その後年末年始の諸行事があり、新たな動きが見られるのは、正保五年（一六四八）二月十日のことである。まず、この日の「江戸幕府日記」の記事を挙げてみよう。すなわち、

一京都大坂江次飛脚ニ而御状箱被遣之、大坂定御番之事御吟味之上可被　仰出之間、今度日光御留守中者、永井日向守大坂江相越、阿部備中守家来之者ハ面々其屋敷ニ差置之、日来備中守仕来之御番所之分、悉日向守可勤仕之、若人入時者、備中守家来ヲモ日向守可差引之旨　上意ニ付而、右之段々日向守江従老中奉書被遣之、

とあり、老中から永井直清に宛てて奉書が遣わされていたことがわかる。それは、「江戸幕府日記」の記述ともかなり重複の見られる、酒井忠勝・松平信綱・阿部忠秋・阿部重次四名の連署によるつぎのようなものであった。

【史料6】

追而、人積之儀者、弐万石之役高ニ而相越、其方ハ御城中備中守屋敷ニ可被罷在候、次到着之日限之事者、重而可申遣候、已上、

一筆令啓候、大坂定御番之儀者、御吟味之上追而可被　仰出候、先以日光御留守中者其方大坂江罷越、阿部備中守家来者、其屋敷〱ニ差置之、日来備中守仕来候御番所之分、何茂其方可勤仕之旨被　仰出候、自然人入候時者、備中守家来をも差引可仕之旨　御意候、被存其趣、稲垣摂津守・曾我丹波守（古祐）並大御番頭中被相談、可有勤番候、同名信濃守（尚政）儀も御暇被下候間、近日可為上着候、万事相談尤候、恐々謹言、

二月十日

阿部対馬守
重次（花押）
阿部豊後守
忠秋（花押）
松平伊豆守
信綱（花押）

酒井讃岐守
忠勝（花押）

永井日向守殿

この奉書[32]によれば、「大坂定御番」のことは「吟味」ののち決定するが、とりあえず家光の「日光御留守中」（家光は四月十三日から同二十三日まで日光に社参している）は大坂に出向き、阿部正次の家臣団はそれぞれの屋敷に留め、これまで彼らが勤務していた番所の警備は直清が行なうこと、人数が不足するときは正次の家臣を動員すること、勤番に当たっては稲垣重綱・曾我古祐・大番頭衆さらに近日江戸から帰参する永井尚政と相談すること、そして直清の家臣団から動員する人数は二万石の役高とし、直清は正次の屋敷を使用することなどが命じられている。

この史料では以下の二点が注目される。まず一つ目は、阿部正次の後任が「定御番」と表現されていることである。たとえば同じく二月十日付の永井直清に宛てた阿部重次の書状[33]にも「大坂御定番被仰付候内、同名備中守御番所貴殿江被仰付候、御太儀千万ニ存候」とあるなど、やはり「御定番」としかなく城代という言葉は使われていない。また第一節で挙げた寛永三年七月二十七日付の条目も、常（定）番の稲垣重綱・高木正次と並んで阿部正次に宛てられていた。つまり、少なくとも正保・慶安期までは大坂城代という役職はなく、定番三名のうち経歴や領知高とも他の二名より優り、かつ後述するように追手口を警衛していた阿部正次が、定番の代表という形で大坂城の諸業務を統括しており、そうした彼の立場が、後世に城代と捉えられられたのではないだろうか[34]。

第二に注目されることは、この奉書に酒井忠勝が加判していることである。前章でも指摘したように、酒井忠勝が寛永十六年以後において奉書に加判した例は、この奉書をふくめ重要な内容をもつもので、ごく限られたものであったが、つぎに挙げる史料[35]は、中根壱岐守正盛が、やはり二月十日に永井直清に宛てたもので、直清が大坂城在番を命じられた経緯をよく物語るとともに、先の奉書に酒井忠勝が加判した理由をも示唆してくれているように思われる。

【史料7】

尚々、大事之御城中にて御座候間、情を出し万事無油断可申付候旨　上意ニ御座候、以上、

一筆申入候、大坂御番之義、日光還御已後可被仰付と被　思召候、其内ハ貴殿大坂へ参、御番可仕与年寄共ニ被仰付候間、定而可申越候、貴殿義御取立候事候間、御心安被思召被仰付候、大事之御城中ニ而御座候間、稲垣摂津守・曾我丹波守相談いたし、万事無油断可申付候、備中守親類とハ申なから、備中守家来共之義ハ仕置に申付にくき事も可有之候間、備中守家来共ハ備中守屋敷ニさし置、御城中御番之義ハ貴殿家来之者共ニ申付候様ニと被仰付候、かやうに被仰付候とて、なかく被仰付候儀ニてハ無之候、当座之儀ニ被仰付候、大事之御城中ニ而御座候処、貴殿儀御心やすく被思召被仰付候間、忝可存候、右之通年寄共ゟ可申入候へ共、尚以御内証ニて被仰聞候由　上意ニ御座候、為其如此候、恐惶謹言、

二月十日　　　　中根壱岐守

（黒印・花押）

永井日向守殿

中根正盛は『寛永小説』に「中根壱岐守無比類出頭故、威勢つよく奥向にては老中も手をつきあひさつ也」[36]とあり、奥方の側近として権勢を誇った人物として著名であるが、実際は政治的な面よりも家光の私的側面に大きく関与した側近であった[37]。さて、この書状の内容のなかで、永井直清への指令においては先の奉書とほぼ同様であるが、注目されることは、まず「貴殿義御取立候事候間、御心安被思召被仰付候」とある部分である。永井直清は十四歳で秀忠の小姓となった言わば秀忠の近習であったが、秀忠死後の寛永九年四月に書院番頭となり三〇〇〇石を加増され、さら

に翌年に一万二〇〇〇石を加増されて山城勝龍寺二万石の城主となっていたように、(38) まさに家光に「取立」てられた人物である。おそらく、そうした事情から家光も「御心安被思召被仰付」ていたと考えられ、もちろん直清の城地が淀川右岸の勝龍寺にあったという地理的条件もあるが、こうした記述が他者（中根正盛）の書状に見られるところにも、当時の人事が主従間の感情に大きく左右されるという合意が成り立っていたことを物語るものと言えよう。

そして、最も注目すべきは、書状中に「大事之御城中」という文言が三度も繰り返されている点であり、大坂城は西国の押さえとして、幕府にとって最も重要な城郭であることが十二分に認識されていたことである。すなわち、こうした重要な城を一七年間の長きにわたって預かってきた阿部正次の後任を決定することは、幕府にとってはきわめて重大なことであり、十分な「吟味」を要することだったと考えられる。それゆえに大坂に近接した勝龍寺を居城とし、阿部正次の親類筋にあたり、また「八人衆」として上方民政の中枢にあり、かつ家光の信頼も厚い永井直清が、「当座之義」ではあるが正次の後任に決定されたのであろう。そして、そうした重要人事の決定を正式に通知する奉書には、ことがことだけに松平信綱ら三老中に加えて、酒井忠勝が加判したのではないかと考えられるのである。ちなみに「当座之義」ではない、正規の定番決定を告げる奉書が、慶安元年（一六四八）六月二十七日に出されているが（後掲【史料9】）、これにも酒井忠勝は加判している。

ところで、この【史料7】で注意を要するのは、「右之通年寄共……上意ニ御座候」と、この人事が正式には老中奉書によって通達されていたが、家光が内々のルートでもって（「御内証ニて」）中根に伝達を命じている点である。つまりここでも家光は、こうした指令が自らの意志であることの確認をしているのである。これは、今回酒井忠勝が老中とともに加判していることから、通常はこの確認を忠勝が行なうところを中根正盛が代行していると見てよく、この点に酒井忠勝の微妙な立場が現われているように思われる。すなわち、老中制確立以後、酒井忠勝は「大老」として些細な業務にはあまり関与しなくなり、家光の側近として老中とは別ルートで家光の命令伝達を行なっていたが、それは老中から発せられる命令があくまでも家光の意志であることの確認という意味合いが強く、しかも重大な事項については老中のなかに入り、老中と同様の機能を果たすという立場である。そしてこうした忠勝の立場に、家光政権後期の特質が看取できるが、この点は後述するとして、大坂在番を命じられた永井直清の状況をもう少し見ることとしよう。

阿部正次は三万石の役高で「大坂城代」を勤めていたが、それを二万石で命じられた永井直清には大きな苦労が予想されたと見える。それは阿部重次が直清に宛てた（正保五年）二月十日付書状に「猶々、御番所頓而相渡シ可申候、さそ〳〵御めいわく可被成と、御心中察入候(39)」とあることからも窺えるが、直清はこの窮状を酒井忠勝に訴えていたようである。つぎの史料(40)は、（慶安元年）二月二十三日付で永井直清に宛てた忠勝の返書の一節である。

【史料8】

一日光御留守中、大坂御城中阿部備中守被仕候御番所、貴殿へ被仰付候由　御意之旨被承、忝ハ被存候へ共、大事之御番所、其上備中守高知行にて三ヶ所御番被申付候、貴殿二万石之やくにてハ人すくなニ候て、中々首尾仕間敷候由得其意存候、右三ヶ所候御番所、二ヶ所ハ備中守者ニ御申付、大手御門番斗其方被申付如何ニ可有之候哉、相談可仕候由相心得存候、初ハ其通にて候へとも、けつく備中守者入くミ御番被仕候者、貴殿かつてニハ六ケ敷可有之候間、貴殿斗へ御申付可然と被存候衆も御座候て、右之通ニ被仰付候間、少々相談仕見可申候、

すなわち、阿部正次が三万石の役高で勤めていた三カ所の番所を、「二万石之やく」で行なうには人数が足らず、首尾よく勤めることができないだろうとし、三カ所ある番所のうち二カ所は正次の家臣団が勤め、残りの大手門だけ

の番をしたいが如何であろうという直清の申入れに対して、忠勝は当初その予定であったが、直清の家臣に正次の家臣が「入くミ」番をすれば、その統制が困難になる（「貴殿かつてニハ六ケ敷可有之」）ので直清だけに申付けたほうがよいとの意見もあり、このようなことになったが、もう少し協議してみよう、と回答している。こうした内容から以下の点を読み取ることができよう。すなわち①阿部正次の受け持ちが大手門（追手口）をふくめた三カ所だったこと、②それをすべて永井直清が受け継いだこと、そして③こうした政策決定に酒井忠勝が深く関与していたこと、の三点である。[41] とくに③については、「初ハ其通にて候へとも……少々相談仕見可申候」とあるなかに、「……由」と言った伝聞の表現がなく、酒井忠勝が実際に政策決定の場に居合わせたことを示しており、これはきわめて注目すべき点と言えよう。

さて、その協議の結果は具体的には不明であるが、翌三月十三日付の松平信綱・阿部忠秋・阿部重次の三名連署による直清に宛てた奉書[42]には「然者、大手御門之さほは其方被預置之、出入之義者玉造口ゟ可被仕候」とあり、「さほ」つまり大手門の鍵を直清が管理して、（大手門は締切にし）玉造口を出入り口にせよとあるから、多少なりとも直清の負担が軽減されていた様子を窺うことができ、そうした交渉の窓口となっていた酒井忠勝の幕府政治に与える影響力は、無視できないものがあったと言うことができる。

こうして、三月二十八日付の永井直清に宛てた老中奉書に、「其方義当月廿五日ニ大坂江相越、従廿六日御番所可被請取之由」[43]とあるように、慶安元年三月二十五日に永井直清は大坂城に入城し、翌二十六日に番所を請取ることとなったのである。

2　大坂定番の交替

「江戸幕府日記」[44]慶安元年（一六四八）六月二十六日の条には「保科弾正（正貞）・内藤石見守（信広）大坂御城御定番、御加増壱万石宛拝領、与力三十人歩同心百人宛被　仰付」とあり、この日、保科弾正忠正貞と内藤石見守信広が大坂定番を命じられ、それぞれ加増一万石と与力三〇人、歩同心一〇〇人を付属されている。

【史料9】

其元為定御番保科弾正忠・内藤石見守被　仰付候、用意有之而当八・九月中大坂可為到着候、然者、其方事右之両人参着迄者其地罷在、御番可勤仕旨被　仰出候、可被得其意候、最前者当座之御番之様ニ被　仰付、長之在留乍大義被相勤尤候、恐々謹言、

六月廿七日

阿部対馬守
重次（花押）
阿部豊後守
忠秋（花押）
酒井讃岐守
忠勝（花押）

永井日向守殿

この史料[45]は、六月二十七日付で右の旨を永井直清に通知した阿部重次・阿部忠秋・酒井忠勝連署の奉書である。このとき松平信綱は、養父松平正綱の死去による喪中のため[46]、この奉書には加判していない。この奉書によれば、保

科・内藤の両名は八月か九月中には大坂に到着するだろうから、それまでは在番すべきことを通達している。またこの決定は、「最前者当座之御番之様ニ被　仰付」とあるように、直清の在番は家光の日光社参による「当座之御番」の予定であったが、家光は四月二十三日には日光から帰府しており、それから二カ月以上も遅れてのものであった。このように定番の決定が遅れた理由を、中根正盛はやはり六月二十七日に永井直清に宛てた書状で、[47]

【史料10】

（上略）早々定番可被仰付義ニ候へ共、大事之御城中ニて御座候間、御ぎんミ被成候付遅々いたし候、漸定番をも被仰付候間、八・九月時分ニハ首尾相調可申候間、其内無油断御番相勤可申旨　上意ニ御座候、為其如此候、恐惶謹言、

六月廿七日

中根壱岐守

正盛（花押）

永井日向守殿

と、やはり大坂城が「大事之御城中」であり、「ぎんミ」した結果であるとし、さらに漸く定番が決定したので、「八・九月時分ニハ首尾相調」うであろうから、それまでは「無油断御番相勤可申」と、先の奉書（【史料9】）と同じ趣旨のことを報じている。そしてここでも、それらが「上意ニ御座候」と家光の意志であることを確認しており、この点も注目しておきたい。

保科正貞と内藤信広の両名は、「江戸幕府日記」慶安元年八月十七日の条に、

一保科弾正忠・内藤石見守近日大坂江就相越、御座間江被召出御用等被　仰含、御前退出之後、條目並下知状等渡遣之、黄金並時服御羽織等被下之、

とあり、この日大坂への出発に当たって、家光からの「御用」を直接拝命するとともに、條目と下知状等を下付されている。さらに八月十七日付の永井直清に宛てた酒井忠勝の書状に「保科弾正・内藤石見も今明日中御暇被下之候、廿一・二日之時分者御当地御発足可被申候」(48)とあるように、八月十七・八日頃暇が出され、二十一・二日頃に江戸を出発していた。そして九月十日、番所の交代・請渡しが行なわれた。「江戸幕府日記」慶安元年九月十四日の条には、

一京都並大坂ヨリ以次飛脚状箱到来、去十日大坂御城大手御番所稲垣摂津守、玉作（造）口保科弾正忠、京橋口内藤石見守請取之、勤仕之由注進之、

とあり、これまで玉造口の定番だった稲垣重綱が大手口を、保科正貞が玉造口を、そして内藤信広が京橋口を請取り、勤番に当たったのである。

最後にこうした経過から、阿部正次死後の大坂城守衛の実態を整理しておきたい。まず正保四年十一月十四日の正次の死後、同五年二月十日までは阿部重次や永井直清の指揮の下、正次の家臣団による従前通りの勤番体制が敷かれていたが、この日（正保五年二月十日）、永井直清に対して正式の大坂在番指令が出され、家光の日光社参中という条件のもと、正次が守衛していた番所すべてを引受けることとなった。ただし、実際に直清が家臣団をともなって大坂城に入城したのは、慶安元年（正保五年）三月二十六日頃であった。新たな定番の人事は難航し、それが決定したのは六月二十六日であり、保科正貞と内藤信広の二名が定番に指名された。ついで彼らは八月下旬に江戸を出発すると九月十日に大坂城に到着し、漸くこの日番所の交代が行なわれ、同時に永井直清の大坂在番は完了した。こうして稲垣重綱（大手口）、保科正貞（玉造口）、内藤信広（京橋口）という定番三人体制が復活したのである。

おわりに

以上、阿部正次の死去から新たな定番が決定されるまでの政治過程を、幕閣から山城勝龍寺城主永井直清に宛てられた老中奉書や書状を中心に検討してみた。この過程で注目されるのは、やはり酒井忠勝の存在である。すなわち、少なくとも永井からの情報は、忠勝を通じて将軍家光に披露され、その後家光の専断かまたは家光と老中を中心とした幕閣で協議されたのであろうが、そうした協議の場に忠勝は同席し、かつ大きな発言権を持っていたものと考えられる。そしてそこでの決定事項は、つぎの二つのルートを通じて永井のもとに伝達されている。一つは公式のルートとも言うべきもので、松平信綱らが加判する老中奉書である。ただし重要な内容をふくむばあいは、酒井忠勝が加判に加わっていた。もう一つは、忠勝が加判しない老中奉書に並行して出される忠勝の書状である。これは常に上意文言をふくんでおり、酒井忠勝奉書または「大老」奉書と呼んでも差支えないものと思われるが、その機能は家光の命令伝達と同時に、それが家光の意志から出された指令であることを確認するという機能をも有していた。しかもこのルートは、忠勝が老中奉書に加判したばあいには中根正盛が代行しており、ある程度構造化されたものと見ることもできる。これらを図示す

図5

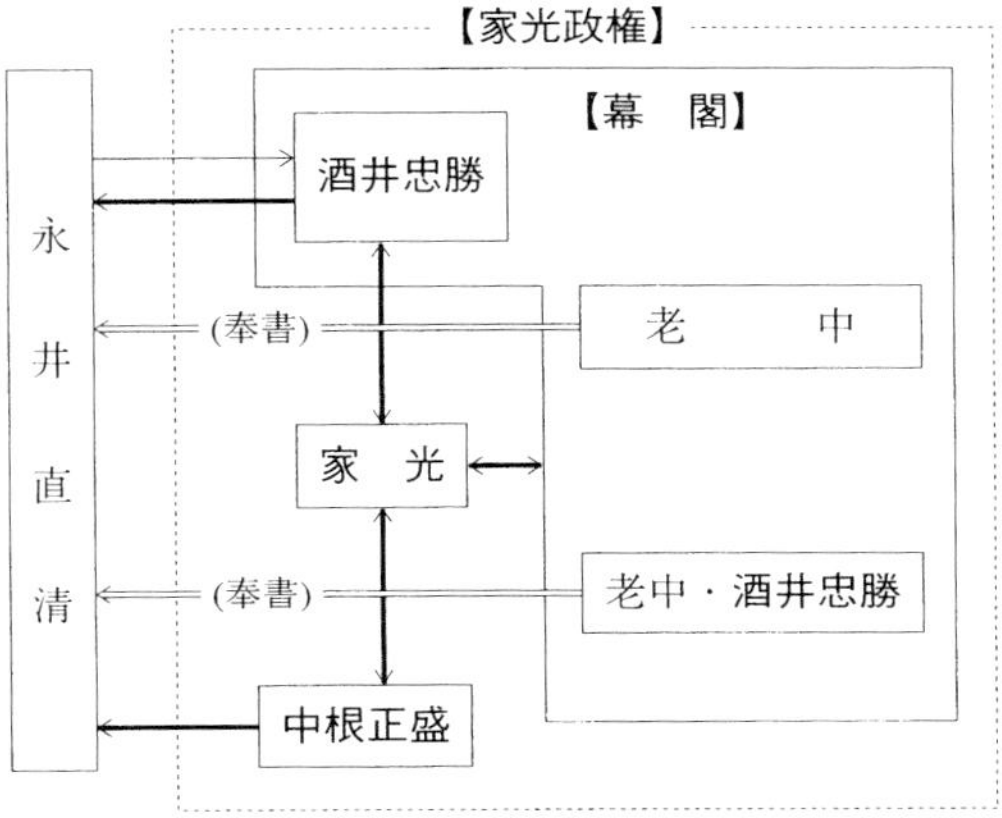

れば図5のようになろう。

この酒井忠勝（ないし中根正盛）の書状の存在は、老中制確立以前のいわゆる「取次」を想起させるが、それとは異質なものと言うことができる。何故なら少なくとも幕府成立以後の「取次」の書状は、年寄衆連署状（奉書）の補完的意味をもっており、それは一面で将軍権力の未確立をも物語っている。しかし、将軍権力が確立しかつ機構的にも老中制が形成した正保・慶安期にあっては、そうした「取次」の必要性はないと言えるし、まして酒井忠勝は老中経験者であり、初期の「取次」とは本質的に異なっているからである。

それでは、こうした二つの命令伝達系統の存在は、如何なる意味をもっていたのであろう。当時の老中だった松平信綱・阿部忠秋・阿部重次らが老中に就任するまでは、かれらは家光の側近中の側近であり六人衆として、あるいはそれ以前から日常的に家光に近侍し、家光と他の家臣との間を取次いでおり、かれらの言葉はそのまま家光の言葉と解されていた。[49]そして幕府政治の諸機能も、「寛永十二年条々」[50]に示されるように一定の役職をともなって家光に直属する形で存在していたのである。したがって、この段階では家光の「独裁政権」と見ることもできる。ところがこの頃から松平信綱らは老中・若年寄といった機構の形成により、日常的な近侍を行なわなくなり、しかも寛永十五年十一月に幕政の諸機能が老中の下に組込まれる形で老中制が確立すると、家光と信綱らとの距離は隔絶して老中として独自の動きを示すようになり、家光の意志は表面上形骸化されていたのではないだろうか。そこで家光は、自身と老中との間に酒井忠勝や中根正盛らを側近として配置し、かつ二重の命令伝達系統を設定して老中の独走を押さえ、政権の強化に当たっていたと考えられるのである。この点に「閣老専制」とも言えない、家光政権後期の政治構造の特質を見出すことができる。[51]と同時に家康・秀忠から家光前半までの将軍主導型から機構中心型政治システムへという、幕府政治構造の転換の契機をも読み取れるのではないだろうか。

最後に本章を終えるに当たって、残された課題を二つほど述べておきたい。まず第一に大坂城代については、少なくとも慶安期以前においては、大坂定番就任者のうち大手口の守衛をした者が、後世に大坂城代と捉えられたのではないかとしたが、元和五年（一六一九）に伏見城代から大坂城に移った内藤紀伊守信正（最初の大坂城代とされる）の勤番の実態にはまったく触れていない。大坂城代制を理解するばあい、やはりこの点を明らかにしたうえで考察する必要があろう。

二つ目は、家光政権後期の二重の命令伝達系統の存在を指摘したが、これは幕閣中枢と畿内一譜代大名との交渉の過程からのものに過ぎない。つまり、これをひろく幕政全般に敷衍できるか否かは、なお議論の余地があると思われる。今後はとくに外様大名を対象として、やはり実際の政治過程から検討する必要があろう。(52)

注

（1）とりあえず佐々木潤之介『幕藩制国家論』上・下（東京大学出版会、一九八四年）のみを挙げておく。

（2）山本博文『寛永時代』（吉川弘文館、一九八九年）。同『幕藩制の成立と近世の国制』（校倉書房、一九九〇年）。藤井譲治『江戸幕府老中制形成過程の研究』（校倉書房、一九九〇年）。高木昭作『日本近世国家史の研究』（岩波書店、一九九〇年）。藤井譲治編『日本の近世 3 支配のしくみ』（中央公論社、一九九一年）。山本博文編『新しい近世史 1 国家と秩序』（新人物往来社、一九九六年）など。

（3）北原章男「家光政権の確立をめぐって」（『歴史地理』九一巻二・三号、一九六五・六六年、のち論集日本歴史7『幕藩体制』Ｉ、有精堂、一九七三年に再録）。

（4）辻達也「寛永期の幕府政治に関する若干の考察」（『横浜市大論叢』第二四巻人文系列第三号、一九七三年）。

（5）山本博文「幕藩制初期の政治機構について」（『日本歴史』四七四号、一九八七年、四八頁、のち同氏『幕藩制の成立と近世の国制』に改訂して収録）。

（6）「永井家文書」（『高槻市史』第四巻(1)史料編Ⅱ、高槻市役所、一九七四年）。なお引用に当たっては「永井文書」（東京大学史料編纂所写真帳）によって若干補訂した。また注に付した文書番号は『高槻市史』のものである。

（7）『大阪府史』第五巻第一節「幕府領と大名領」（藤井譲治氏執筆）（大阪府、一九八五年）。

（8）姫路市立図書館所蔵酒井家文書「江戸幕府日記」（東京大学史料編纂所所蔵写真帳）。

（9）「江戸幕府日記」正保四年十一月二日条。

（10）「江戸幕府日記」正保四年十一月三日条。

（11）「江戸幕府日記」正保四年十一月十一日条。

（12）『大阪市史』第一（大阪市役所、一九一三年）二七七〜二八三頁による。

（13）大坂の陣以後、大坂は松平忠明が一〇万石で入封していたが、このとき忠明は大和郡山一二万石に転じ、幕府の直轄地となっている。このほか元和五年には和歌山五五万石に徳川頼宣が、岸和田五万石に松平康重が、高槻二万石に松平家信がそれぞれ入封するなど親藩・一門・譜代で大坂城を取巻く軍事的配置が成立し、これが畿内・西国に対する幕府最大の軍事拠点となっていた。このように元和五年は、安芸広島四九万八〇〇〇石福島正則の改易断行などと合わせて、政治的にも重要な年であった。

（14）加番については、松尾美恵子「大坂加番制について」（『徳川林政史研究所紀要』四九年度、一九七五年）参照。

（15）『新訂寛政重修諸家譜』第十（続群書類従完成会編）三四七頁。

（16）『寛永諸家系図伝』第十二（続群書類従完成会編）二三七頁。

（17）『寛政重修諸家譜』には「摂津国豊島、川辺、有馬、能勢四郡のうちにおいて三万石をくはへられ、すべて八万六千石余をたまひ」とある。

（18）「教令類纂初集」在番之部（『内閣文庫所蔵史籍叢刊』22）一三九頁。

（19）この年、秀忠は七月二十五日から七月三十日に京都に戻るまで大坂に滞在していた（『近世前期政治的主要人物の居所と行動』京都大学人文科学研究所調査報告書、第三十七号、一九九四年）。

（20）「東武実録」(1)（『内閣文庫所蔵史籍叢刊』1）一八八〜一八九頁。

（21）『柳営補任』（大日本近世史料）第五、三五頁。

(22)「石山要録」（『大坂編年史』第五巻、大阪市立中央図書館編、一九六八年）三三一頁。

(23)「累代武鑑」（『大坂編年史』第五巻）三三一頁。

(24)『国史大辞典』第二巻（吉川弘文館）五七八頁。

(25)「永井家文書」六六号。

(26)

阿部正勝
├─**阿部正次**──**阿部重次**（老中）
├─阿部忠吉──**阿部忠秋**（老中）
└─女
　　＝永井直勝
　　　├─永井尚政
　　　└─**永井直清**

(27) 朝尾直弘『近世封建社会の基礎構造』（御茶の水書房、一九六七年）三〇三頁以下。

(28)「永井家文書」六七号。

(29)「永井家文書」六八号。

(30)「永井家文書」七〇号。

(31)「永井家文書」六九号。

(32)「永井家文書」七五号。

(33)「永井家文書」七六号。

(34)『大阪府史』は、「柳営日次記」寛文二年（一六六二）三月二十九日条にある「青山因幡守（宗俊）被為召、弐万石御加増、都合五万石被下之、大坂御城代被仰付候旨御直に於御座之間被仰出候、是阿部備中守跡也」の記事を挙げ、青山宗俊を阿部正次の後任としており（三〇二頁）、本稿もこれにしたがう。ただ阿部正次を大坂城代としている点で（実質的には正次を大坂城代と見ることに問題ないと思われるが）やや私の見解とは異なる。

(35)「永井家文書」七七号。

(36)『寛永小説』（『続史籍雑纂』第六冊、続群書類従完成会編）四五二頁。

(37) 寛永十七年十二月四日付で永井直清に宛てた中根正盛の書状には「拙者儀夜に御そはへ参候儀、御赦免被成御かそう迄拝領仕」とあり、このとき夜詰めの奉公は赦免されている（「永井家文書」二八号）。家光の私的側面への関与については、『日光市史』史料編中巻（日光市、一九八六年）「三、天海」収録の中根正盛関係文書を参照されたい。

(38)　『新訂寛政重修諸家譜』第十、二八七頁。

(39)　注(33)に同じ。

(40)　「永井家文書」七八号。

(41)　この「三カ所」が大手口・玉造口・京橋口だったとすれば、大坂定番のうち高木正次は寛永七年十一月に死去しており、その後定番の補任者は見られないこと、また稲垣重綱も（正保）五年九月一日付で永井直清に宛てた酒井忠勝の書状に「於大坂旧冬以来阿備州・稲摂州煩」（「永井家文書」九一号）とあり、正保四年末には病気がちだったことなどから、（どちらが先に発病したかは不明であるが）三万石の役知を大坂周辺に拝領していた阿部正次が、自身の家臣団を玉造口・京橋口にも派遣し、守衛にあたっていたものと考えられる。

(42)　「永井家文書」七九号。

(43)　「永井家文書」八〇号。

(44)　「江戸幕府日記」（酒井家文書本）は慶安元年四月〜六月の記述を欠いており、この引用のみ島原図書館所蔵松平文庫「江戸幕府日記」（東京大学史料編纂所写真帳）によった。

(45)　「永井家文書」八三号。

(46)　『寛政重修諸家譜』松平信綱の項には、「（慶安元年）六月二十二日養父正綱卒するにより、白銀百枚をたまひ、喪中いとまたまはりて川越城にゆく」とある（『新訂寛政重修諸家譜』第四、四〇四頁）。

(47)　「永井家文書」八四号。

(48)　「永井家文書」八九号。

(49)　『日光市史』史料編中巻、「解説、天海」（高木昭作氏執筆）。

(50)　第二部第三章参照。

(51)　山本博文氏は、家光が自身の意向と老中の意向とが異なる可能性のあるばあい、家光は大目付を頂点とする「上級旗本」を手足のごとく使い、老中の頭越しに自己の政策を実現していた点に、寛永後期以後における家光政権の特質を指摘されている。首肯すべきであるが、しかし老中制が「一個の政治集団として将軍個人から相対的に自立するのは、幼少時に将軍を襲職した家綱政権期のことである」とされている（『幕藩制の成立と近世の国制』一一〇〜一一一頁）点で、本章の論理とは異なる。

(52)　この点については、酒井忠勝を入れることに議論の余地はあるにしても、「内証のルート」として家光政権においては構造化されたものであったことを、高木昭作氏が見事に実証している（同氏『江戸幕府の制度と伝達文書』角川書店、一九九九年）。

総　括

以上、これまで三部一〇章にわたって考察し明らかとなった諸事実や論点のいくつかを、冒頭に挙げた三つの課題にそくして確認し、本書の「総括」にかえたい。

第一部

まず、江戸幕府直轄軍団の形成・展開・特質をめぐる問題である。大番の成立については、残念ながら決定的な史料がなく、その明確な時期や具体像は不明とするしかない。ただし、その原型はおそらく徳川家康直属の親衛隊にあり、とくに天正十八年の徳川氏の関東入国を契機として、彼らに江戸常駐の常備軍としての性格が付与され、かつ家康の出行に交替で供奉していたものと思われる。ところが、慶長十二年の家康の駿府引退（大御所政治の開始）は、大番の在り方に変容を迫るものであった。すなわち、京都伏見城への在番が開始されたことで、当時七組あった大番組のうち、駿府に定置された組は別として、江戸の秀忠のもとに置かれていた五組は、主君の身辺警護という親衛隊としての機能は後退し、遠隔地での城郭守衛である在番が大番の主要な任務となっていった。

いっぽう、徳川秀忠の親衛隊については、大番が伏見在番を開始するのとほぼ同時期の、慶長十年末に「書院番」

として成立していた。もちろん、これ以前に秀忠の身辺を警護する部隊がなかったわけではない。それはやはり大番を中核になされていたと考えられるが、秀忠にしてみれば、何より大番が本来父家康の親衛隊であったために、自身との直接的な主従関係で結ばれた部隊が必要だったのであり、江戸城本丸の改築や将軍襲職を契機として、新たな部隊が編成されたのである。逆に見れば、この「書院番」の成立によって、じつは大番の在番も可能となっていたのである。小姓組番については、通説の慶長十一年の成立とするよりも、むしろ元和八年十一月に既存の「書院番」から分割された旗本が、一定の詰所に配置されて成立したと見ることができる。それは、この年十一月に江戸城本丸の殿閣が完成し旗本が勤番を行なう空間的条件が整ったこと、改めて小姓組番頭・組頭が一括して任命されていたことなどが大きな理由であるが、この他にも、寛永三年の秀忠の上洛に供奉した両番において、書院番の方が平均の領知高が圧倒的に大きい多いことや、小姓組番の方に新たに旗本二・三男の取り立ての傾向がより窺えた点で、元和八年という時期は別としても、小姓組番の方により新しい部隊としての傾向が見出せるからである。かつ、このとき（元和八年十一月）書院番もふくめた番頭による組ごとの頭支配も、同時に開始されたものと考えられる。

寛永九年初頭には大御所秀忠の親衛隊のみならず、将軍家光の本丸にも明らかに書院番・小姓組番が編成されていた。この家光の親衛隊は、元和二年に秀忠の「書院番」から選抜された面々を母体としており、元和九年の将軍襲職を機に書院番・小姓組番としての陣容を整え、かつ旗本二・三男の召出しなどによって増員され、寛永九年初頭の状況になっていたものと思われる。

右のような将軍や大御所それぞれに親衛隊が編成されていた事実は、当時の主従関係の特質である人対人という、属人的な結合の在り方を如実に反映したものと捉えることができる。大番に編成された旗本については、家康から秀忠段階において徳川「家中」としての編成、すなわち誰が将軍となっても、彼らの「家」と徳川将軍家との主従関係が普遍的に再生産され得るような編成が、ある程度達成されていた。だが、書院番・小姓組番に編成されていた旗本は、あくまでも西丸の両番士は秀忠の家臣であり、本丸のそれは家光の家臣であった。しかも、知行授受という主従制原理に関わる問題として見たばあい、寛永前期の旗本に対する領知朱印状の発給は、将軍家光ではなく大御所秀忠が行なっており、封建的主従制という意味では、その頂点には紛れもなく大御所秀忠が存在していたのである。とすれば、秀忠死後における将軍家光の課題は、こうした主従制の矛盾を止揚し、如何にして徳川将軍家と家臣団との普遍的な主従関係を構築するかであった。家光政権の課題はそれだけではなかった。大御所秀忠の死去前後においては、家光の健康状態とも相俟って、風聞の域をでないとは言え内戦勃発の危機さえも孕んだ、「代替り」におけるきわめて不安定な状況があり、かかる状況下で家光政権は出発を余儀なくされていた。戦陣での軍事指揮経験のない家光にとって、少なくとも自身の直轄軍団を強力に統制・掌握し、かつその軍事力を増強する必要があったのである。

寛永九年四月、家光はそれまで西丸に所属していた軍隊（書院番・小姓組番）を解体し、本丸に吸収・合併することでその再編を試みていた。ところがこの再編による新たな旗本の編成は、彼らに勤番上の混乱を生じさせていたのであろう。同年五月、家光は即座に江戸城勤番の番士旗本に対して七カ条の法度を制定して、彼らの混乱に対処するとともに、その統制を強化していた。そうした反面、とくに書院番士についてはその隊長たる番頭に、秀忠の側近だった者を多く配置して秀忠遺臣の動揺に配慮し、いっぽう小姓組番士に対しては、「歴々之者」という論理のもと勤番上の過料免除という恩典を授けることで、より強力に自己の掌握下においた。そして寛永十年二月には、一〇〇〇石以下の三番の旗本に対して、一律に二〇〇石の加増を行なうことで、軍役量の基準となる彼らの領知高を引き上げ、総体的な家光直轄軍団の軍事力を増強したのである。ただし、上述した西丸軍隊の本丸への吸収・合併が、まったく人事移動をともなわずになされていたわけではない。小姓組番を分析した限りでは、全体の三〇㌫弱がこのとき他職に転出し、とくにそれは家光との直接的主従関係において比較的疎遠と思われる西丸の番士に多く、また徳川氏との関係の面では、いわゆる徳川譜代の割合はそれまでの小姓組番よりも再編後の小姓組番の方が大きく、かつ小姓組番から他職に転出させるに当っては、より他国者を多く出す傾向が見られた。こうした点で、幕政運営に当る上級役職には「出頭人」の論理が支配的であったが、家光の軍事力を担う直轄軍団編成においては、徳川譜代をより尊重しようとする家光の意図を窺うことができる。

寛永十年の総加増は、軍事力の増強のみを意図したものではなかった。この加増は前年八月の小十人衆・歩行同心の蔵米加増からなされ、かつ一〇〇〇石以下の三番士のみならず諸番頭・組頭、諸物頭・奉行人など、ほぼ当時の全旗本層が網羅されていた。もちろん、これは当時の旗本層困窮への対処、翌年の上洛への布石といった意味があった。だが、それだけではなく、朱印状こそ発給されなかったものの、家光はこの総加増によって旗本層に恩典を授け、寛永前半までの個別人格的な主従関係を清算し、一挙にかつ斉一的に自身と家臣団との主従関係を成立させたのである。この総加増には、そうした意義を見出すべきである。しかもこの加増は地方直しをともなっており、とくに馬上で供奉する家臣団には知行地を与えることで、彼らに武家奉公人確保の手段をも保障していた。そして、この頃から幕府側の史料に「大名」と「旗本」がセットになって記され、一万石を基準とした大名と旗本の区別も明瞭となり、かつ総加増をへた家光段階で旗本層の領知高が固定し、いわゆる家禄となっている。こうして旗本の集団としての身分は成立した。ようするに、旗本集団は将軍権力を支える日常的軍事力として存在し、かつ「旗本領」はそうした側面を経済的・人的に保障するものと捉えられよう。ただし家綱期になると、旗本子弟の機械的な入番のコースが規定されたり、役料制が導入されるなど、家光期に確立した幕府直轄軍団はきわめて官僚的な軍隊に変容していたが、その本質的な機能は、大番組や書院番の在番によってかろうじて保持されたのである。

総加増の対象とならなかった者たちもいた。寛永九年十月から駿府在番に赴いていた松平勝政組の大番衆である。同十一年十月、彼らは在番の交替と加増を求める集団訴訟を行ない、公平な対応を要求する自らの論理を徹底的に主張した。しかし、家光はこれに改易という処分で応じ、彼らの論理を封じ込め、将軍権力に従属することではじめて存立し得る旗本を求めたのである。こうして成立した当時の旗本の多くは、各番の「組」に編成されていた。そして彼ら旗本相互の種々の紛争は、各組の番頭・組頭を中心とした組中の「寄合」で解決がはかられており、また、組は旗本の「家」相続の媒体としてさえも機能していた。かかる点で、組は、旗本集団にとって極限にまで制限された自力救済の権能を温存させた「場」と捉えることができる。

第二部

第二は、江戸幕府直轄軍団を支配する統治機構形成に関わる問題である。慶長十九年一月、大久保忠隣が改易されると、秀忠近習兼小姓組番頭の水野忠元・井上正就らが政権の中枢に登場した。彼らは「江戸老中」と呼ばれたが、小姓組番頭だけでなく評定所出座衆であり、かつ小十人頭・徒頭をも兼任する存在であった。これは後の小姓組番頭などとは異なり、秀忠の親衛隊の統制を核としつつ、広く秀忠付属の旗本支配に関わる存在だったと考えられる。それは大坂の陣における、旗本への「取次」を内容とする連署状の存在に示されており、この意味で「江戸老中」は後の若年寄に連なる役職と言うことができる。

家康死後の元和期になると、秀忠は「年寄」制を創出する。これは単なる当時の史料上に見られる「御年寄衆」ではなく、当初は大留守居や京都所司代といった役職の兼任が見られたが、元和五年の板倉勝重の京都所司代退任以後は、他の役職を兼任しない酒井忠世・本多正純・土井利勝・安藤重信ら固定されたメンバーにより、諸大名に対する命令伝達を業務の核とし、一定の合議によって政局運営を行なうといった存在であった。そして、秀忠の大御所期になると、将軍家光の本丸と大御所秀忠の西丸それぞれに奉書加判の年寄衆が存在したが、元和以来の「年寄」制は、本丸西丸年寄連署奉書に加判した、酒井忠世・土井利勝・酒井忠勝・井上正就・永井尚政らによって維持された。

「江戸老中」は、元和期の史料において、その存在を確認することはできない。だが秀忠は自身の近習を徐々にではあるが取り立てていった。元和五年末、秀忠は井上正就・永井尚政ら小姓組番頭を一様に一万石以上の「大名」身分とし、外様大名までは対象にできないという限界はあるものの、「年寄」衆との連署によって「公的」な命令伝達を可能にし、徳川家内部における相対的な地位の引き上げをはかっていた。同時に元和六年、大坂城普請の名代として大坂に派遣することで、彼らを外様大名にまで周知させた。そしてこれらを梃子に、元和八年十月、秀忠は家康最大の遺臣本多正純を処分し、井上正就と永井尚政を「年寄」の地位に上昇させ、翌年からの大御所政治を展開するうえで、自らの意志がスムーズかつ強力に貫徹する機構を築いた。こうした秀忠の近習登用の構造は、その機能もふくめて家光の「六人衆」という形で受継がれていく。

ところで、秀忠の大御所期においては、本丸西丸年寄連署奉書に加判しない年寄も存在していた。本丸の内藤忠重・稲葉正勝、西丸の青山幸成・森川重俊らである。彼らは将軍や大御所の個人的な要件にのみ、その命令伝達を行なっており、その意味で年寄の地位にあったが、本丸・西丸それぞれに存在した書院番・小姓組番の番頭を兼ねる存在でもあった。こうした番頭兼任の年寄という特質から、彼らは書院番や小姓組番といった親衛隊の統制を核としつつ、総体的な旗本支配に主要な業務があったと考えられる。つまり寛永前期の年寄は、元和期の井上正就ら秀忠近習兼小姓組番頭の延長上に位置付けられる。もちろん、旗本支配に「年寄」が関与しなかったと言うのではない。その意味で寛永前期は、幕府政治における大名支配を中核とした「公儀」運営の機能と、旗本支配の機能とが、「年寄」

と年寄を媒介として重複しつつも分離する傾向にあったのである。

寛永九年一月、大御所として幕政を主導した秀忠が死去すると、家光の本格的な政治が開始された。これを機にそれまでの年寄は「公儀」運営を行なう「年寄」に上昇し、前述の分離しつつあった二つの機能は、一旦は同一の機構によって運営されることとなった。そして同十年三月、松平信綱ら家光子飼の近習兼小姓組番頭を中心とし、「少々御用之儀」を合議・執行する六人衆が成立した。通説ではこれが若年寄の起源とされている。寛永十年四月には、六人衆は家光に仕える猿楽衆や諸職人の支配を命じられ、かつ太田資宗と阿部重次が持筒・持弓組支配となった。翌五月には六人衆のうち阿部忠秋・堀田正盛が「年寄」並となり、松平信綱も前年の十一月には「年寄」並となっていた。

寛永十一年三月になると、「年寄衆宛法度」「六人衆宛法度」が定められ、「年寄」と六人衆の職務が成文化され、六人衆の職務として旗本支配が明瞭に規定された。この「法度」制定の前後は、江戸城内での旗本への申渡しを見るかぎり、「年寄」衆が依然としてそれに関与しており、また、それ以前では「年寄」並が「年寄」を補佐する形で申渡しを行なっているに過ぎなかった。しかし「法度」制定以後になると、これまで申渡しに関与し得なかった三浦正次・太田資宗・阿部重次らも申渡しに列座し、かつ「年寄」との合同ではなく六人衆単独での申渡しを行なっており、この段階で六人衆の旗本支配機構としての位置が一応確定した。一応というのは、六人衆内部に寛永十年四月以後ある程度安定的に奉書に加判した松平信綱、同十一年八月以後、やはり奉書加判が安定した阿部忠秋・堀田正盛ら、他の六人衆とは権力的に明らかに異なる「年寄」並がふくまれていたからである。また、この「法度」制定の背景には、幕府政務の肥大化と稲葉正勝の死による「年寄」衆の減員とによって、「御用・訴訟」の処理が円滑になされないという状況があった。そのために家光は、「年寄」衆の幕政運営における負担軽減と、この年六月に予定された家光の上洛とも相俟って、それまで「年寄」が保持した旗本支配の機能を、六人衆に割譲したのである。

六人衆に奉書加判の「年寄」並がふくまれるという六人衆内部の矛盾は、寛永十二年十月に、松平信綱らの「年寄」昇格によって解消され、その後任には、土井利隆、酒井忠朝、朽木稙綱が任命された。そして寛永十二年十一月に「寛永十二年条々」が出され、「御旗本・諸奉公人御用並訴訟之事」が新たな六人衆の業務となり、ここに旗本支配が再び規定された。実際これ以後、江戸城内での旗本への申渡しでは、大番士が対象となるばあい以外は、「年寄」衆と六人衆が合同で列座することは寛永十五年十月以前にはなく、新たな六人衆は明瞭に旗本支配の役職となっていた。この段階をもって、寛永前半に分離の傾向を見せた「公儀」運営の機能と旗本支配の機能は、明確な執行機関の形をとって分離し、旗本支配機構としての江戸幕府若年寄が成立したと見ることができる。なお、同じ寛永十二年十一月、家光は番組に編成された旗本の日常的な「御用」の取次ぎは、これまで通り各組の頭が行なうことと、頭自身の「訴訟」の直接言上を否定し六人衆を介すことを規定した。組に編成された旗本の支配が、各組の頭によってなされることは当然であり、そこに組編成の意味もある。要は頭を誰が支配するかにあるが、頭の「訴訟」が六人衆を介さねばならず、かつ、この申渡しが「年寄」衆と六人衆によってなされていた点で、ここでも六人衆の旗本支配を確認することができる。

寛永十五年十一月、家光は幕政機構改革を行なっていた。この結果、若年寄の支配は江戸城勤番の旗本が対象となり、大番や寄合の旗本は老中支配となった。そして、若年寄も三浦正次と朽木稙綱の二名となり、慶安二年に朽木稙綱の赦免により、若年寄の職掌は一時老中に吸収された。しかし寛文二年二月、老中と若年寄の支配役職が明瞭に規定され、この時点で江戸幕府若年寄は確立したが、このときの支配分掌でも大番衆や交替寄合は老中支配であり、その意味でも若年寄の成立は、寛永十二年十一月の新たな六人衆の時点に求めることができる。

第三は、家光政権の政治過程や政治構造の再検討の問題である。まず徳川忠長の改易については、これまで将軍職継承をめぐって忠長は兄家光の政敵であり、家光が作為的・計画的に、忠長を改易から自害に追い込んだと見られてきた。そして、事実、改易に処せられても仕方のない、忠長の常軌を逸した問題行動があり、甲府蟄居から改易・高崎逼塞、自害へと追い込まれていた。しかし、忠長の問題行動を知った段階で、大御所秀忠が即座に忠長を勘当に処していたのに対して、家光は使者を派遣し、自身も二度にわたって、さらには土井利勝・酒井忠世らの年寄衆を派遣して、忠長に更生を促す説得を試みていた。甲斐蟄居の時点では、自身の「仕置」如何では旧に復すことを宣言するなど、再三にわたって立ち直りの機会も与えていた。また、家光の直接的な心情吐露ではなく、いち大名家老の情報という限界はあるが、そこでは家光の忠長処分が、家光にとってきわめて痛恨事であったことが語られていた。家光としては父秀忠の「御三家」構想を継承する形で、何とか忠長を将軍権力を支える一門大名として、存続させる意図で対処していたのである。こうした点に鑑みると、通説に言うような家光の作為的・計画的な事態処理の様相は見えてこない。たしかに徳川忠長の改易問題を幕藩政治史のなかで捉えたばあい、秀忠から家光への「代替り」に当って、肥後加藤氏の改易などとも相俟って、「御代始めの御法度」として家光の強権が諸大名に強く認識されていく契機となった事件と見做すことができる。しかし、その具体像は右のような内実があったのである。

つぎに、寛永十五年十一月に土井利勝・酒井忠勝が、「細成御役御赦免」されたことによる江戸幕府「大老」成立の歴史的評価に関わる問題がある。これについては、これまでの研究史では、家光が自己の近習を政権の中枢に据えたことにともなう「大老タナ上げ」と評価されてきた。この問題に対して、「大老」就任後病弱となった土井利勝はのぞき、奉書加判と寛永十六年の諸大名以下への申渡しにかぎってではあるが、酒井忠勝の活動を中心に検討を加えてみた。その結果、たしかに、奉書加判・申渡しともに「細成御役御赦免」以前に比較して、それらへの関与の件数は激減していた。しかし、酒井忠勝は、幕政上重要な内容をもつ奉書や、かつ老中だけの列座では内容・門地・領知高などの側面で不足すると考えられる申渡しには、加判・列座することによってその行為に威厳を付け、より効果を上げるといった役割を果たしていた。これはまさに「細成御役」の赦免であって、この二つの結果を見ても、「大老」にタナ上げされたという評価は、否定されるべきものと考えられる。

その点は、大坂城代阿部正次の死後、後任「城代」が決定するまでの政治過程においても指摘することができる。すなわち、正保四年十一月十四日の阿部正次の死後、同五年二月十日までは阿部重次や山城勝龍寺藩主永井直清の指揮のもと、正次の家臣団による従前通りの勤番体制が敷かれていたが、この日、永井直清に対して老中から正式の大坂在番司令が出され、家光の日光社参中という条件のもと、正次が守衛していた番所すべてを引き受けることとなり、三月下旬に直清が自身の家臣団をともなって大坂城に入城した。後任の人事は難航し、それが決定したのは六月二十六日のことであり、保科正貞と内藤信広の二名が定番に指名された。ついで彼らは八月下旬に江戸を出発すると、九月十日に大坂城に到着し番所の交替が行なわれ、同時に直清の在番も完了した。事実経過としては右の通りである。こうした過程で、酒井忠勝は永井直清と頻繁に書状を取り交わし、少なくとも直清からの情報は忠勝を通じて将軍家光に披露され、その後家光の専断かまたは家光と老中を中心とした幕閣で協議し、政策が決定されたものと思われる。そして、そうした協議の場に忠勝は同席し、かつ大きな発言権を持っていた。そこでの決定事項は、二つのルートを通じて直清のもとに伝達されていた。一つは公式のルートである老中奉書であり、重要な内容を持つばあいは酒井忠勝が加判に加わっていた。もう一つは、老中奉書と並行して出される忠勝の書状であり、その機能は家光の命令伝達とともに、それが家光の意志であることを確認するものでもあった。

こうした二つの命令伝達系統の存在が持つ意味は、つぎのように捉えられる。すなわち、当時の老中である松平信綱らが老中となるまでは家光の側近中の側近であり、日常的に家光に近侍して家光と他の家臣との間を取次いでおり、彼らの言葉はそのまま家光の言葉と解されていた。しかし、彼らが老中に就任すると、その形成過程の特質とも相俟って、彼らは日常的な近侍を行なわなくなり、家光の意志は表面上形骸化していたものと考えられる。そこで家光は、自身と老中と間に酒井忠勝や中根正盛らを配置し、かつ二重の命令伝達ルートを設定して、政策の実質化をはかっていたのである。この点に家光政権後期の政治構造の特質が見出され、かつ将軍主導型から機構中心型政治システムへという、政治構造の転換の契機をも読み取ることができるのである。

あとがき

筆者が歴史に興味を持ち始めたきっかけは、小学校五年のころ学級文庫に置かれていた、白土三平『カムイ伝』を読んだことだったと思う。マンガ本とはいささか不謹慎かも知れないが、これは紛れもない事実だから仕方がない。当時はたんなる忍者マンガ程度の興味だったが、年長ずるにしたがって、フィクションであっても巨大な権力に対峙する民衆という構図、あるいは民衆のエネルギーといったものにひかれるようになった。

だから、学部入学後はすぐに「近世地方史研究会」に所属し、農村文書解読の手ほどきを受け、毎年夏休みには静岡県修善寺の史料調査にも参加していた。当然、卒業論文も農村史でと考えていたが、心の何処かに「天下・国家を論じたい」という気持ちがあったのだろう。いつのまにか筆者の関心は政治史に移り（もちろん、政治史でなければ「天下・国家」が論じられないなどとは毛頭考えていないが）、現在も幕府統治機構や直轄軍団などという、権力の象徴とも言うべきテーマを研究対象としている。何とも皮肉なものである。口の悪い先輩からは、「お前のは人民の（いない）歴史学だ」などと揶揄されている。いま筆者が、いくらかでも「くずし字」が読めるとすれば、それは同会の顧問をされていた千葉栄・沼田次郎両先生や佐藤俊雄助手のご指導や、諸先輩方の「しごき」の賜である。三先生ともすでに鬼籍に入られてしまったが、できの悪い学生だった筆者の、この拙い書をお見せできないのがまことに残念である。

本書は、筆者がここ十五年のあいだ書きためてきた諸論稿をもとに、一九九九年に学位請求論文として東洋大学に提出した『江戸幕府直轄軍団と支配機構の形成』に、若干増補・改訂を加えたものである。「木を見て森を見ず」のたとえがあるが、少しでもそうなっていないことを祈るのみである。それでも、残された問題はあまりにも多いと言わざるを得ない。とくに大番の形成については、『柳営補任』などの編纂史料を使用すれば、もう少し豊富な像を描けたかも知れない。しかし、なるべく同時代の、良質の史料をと意気込んだ結果、本文のような推論を重ねる叙述となってしまった。拙速の誹りは免れようもなく、内心忸怩たる思いでいっぱいである。自らの力量不足を恨むしかない。この点に関しては、別の機会に是非とも再論してみたい。

さて、本書をなすに当たっては、多くの方々にお世話になり、ご指導を受けている。本郷高校の社会科研究会では何度か報告させていただき、そのたびに参加の先生方から貴重なご意見を頂戴した。近世史サマーセミナーや歴史学研究会大会での報告を命じられたことは、とかく自分の殻に閉じこもりがちな筆者にとって、学会に「相手にされている」という自信になるとともに、学問に対する視野を大きく広げる機会ともなった。関係の方々にこの場をかりて御礼申し上げたい。

またご迷惑かも知れないが、失礼を顧みず、あえて以下の方々のお名前をあげさせていただき、その学恩に深謝するとともに衷心から御礼を申上げたいと思う。藤井譲治氏の「江戸幕府老中制の形成」は、「ここまで実証するか」という意味で、筆者にとってはひとつの衝撃であった。そのなかで頂戴した、拙論への誤謬の指摘や論点のご批判は、筆者に学問の厳しさを再認識させてくれるとともに、どれだけ勇気づけられたか知れない。藤井氏にはその後も論戦を挑むたびに跳ね返されている。なんとか氏の学恩に報いたいのだが、なかなか厳しそうである。山本博文氏には、日光のサマーセミナーでお近付きなって以来、東大史料編纂所での史料閲覧をはじめ、数々の便宜をはかっていただき、また筆者のつまらない考えや構想をお聞きいただいている。『新しい近世史』の企画に誘っていただいたことは無上の喜びであった。それだけでなく、学位請求論文の審査に当たっては、お忙しいなか副査をお引き受け下さり、口述試験では厳しいご指摘とともに多くの的確な論点を示していただいた。大学の先輩である曾根勇二さんには、出不精な筆者を学外の土俵へと導いていただくなど、学部入学からずっとお世話になっている。筆者の助手時代には譜代藩研究会なるものを結成し、史料読みや研修の旅に出たことも忘れられない。本書第三部第三章はまさにそのときの産物である。研究室の神田千里・大豆生田稔両先生には、やはり学位請求論文の副査をお願いし、中世史や近代史のお立場から、鋭い質問やご意見を頂戴した。

筆者が学部生当時から、非常勤講師として東洋大学に出講されていたのが、高木昭作先生である。筆者は研究に行き詰まると、講師控え室にお邪魔しお教えを乞うた。アポも取らずに史料編纂所の先生のお部屋にいきなりお邪魔し、話を聞いていただいたこともあった。いま思えば失礼きわまりなく、顔から火の出る思いである。あるとき先生が「小池君、小姓組なんか面白いよ」と、ぽつりと洩らされた。先生のお考えになっていた小姓組とは、ほど遠いものとは思うが、この一言が筆者の幕府直轄軍団研究の始まりであった。

大野瑞男先生には、大学院進学以来、指導教授として修士論文・博士論文の主査をお願いしただけでなく、今回、本書出版の労をとって下さるなど、今日まで公私両面にわたって何かとご面倒を見ていただいている。筆者は、論文の構想がまとまるたびに、先生のゼミで報告させていただいたが、先生の鋭いご指摘に四苦八苦するとともに、いつも適切なご意見を頂戴した。先生には専門的なことはもとより、史料調査の方法など、歴史研究のイロハから叩きこまれた気がする。筆者が少しでも研究者として自立できたとすれば、それは大野先生のご教導の賜であり、先生の学恩には、感謝の言葉もない。

最後に、厳しい出版事情のなか、本書の出版をお引き受けいただいた吉川弘文館ならびに編集部の方々に御礼を申し上げたい。またフロッピーの入稿に当たっては黒瀬之恵君に、索引の作成では久野雅司君の協力を得た。二人の友情に記して謝意を表したい。

なお、私事にわたって恐縮であるが、中学二年のときに父一郎を亡くして以来、ほとんど女手ひとつで筆者を育て、大学院進学という我儘を黙って許してくれた、母敏江に感謝したい。何の孝行もせぬまま、その母も四年前に急逝してしまった。せめて拙い本書を母の霊前に捧げたいと思う。

本書出版に当たり、直接出版費の一部として東洋大学井上円了記念研究助成金による刊行助成を受けたことを銘記しておく。

二〇〇一年六月二十五日

著　者

江戸幕府直轄軍団の形成（オンデマンド版）

2017年10月1日　発行

著　者　小池《こいけ》　進《すすむ》

発行者　吉川道郎

発行所　株式会社 吉川弘文館
〒113-0033　東京都文京区本郷7丁目2番8号
TEL　03(3813)9151(代表)
URL　http://www.yoshikawa-k.co.jp/

印刷・製本　株式会社　デジタルパブリッシングサービス
URL　http://www.d-pub.co.jp/

小池　進（1960～）
ISBN978-4-642-73370-0

著者略歴

一九六〇年　千葉県我孫子町（現我孫子市）に生まれる
一九八五年　東洋大学大学院文学研究科修士課程修了
　　　　　　東洋大学文学部助手
二〇〇〇年　東洋大学大学院文学研究科博士後期課程修了、博士（文学）の学位取得
現　在　（株）市進専任講師、東洋大学非常勤講師

〔主要論著〕
『静岡県史』通史編近世1（共著、静岡県、一九九六年）
「旗本『編成』の特質と変容」（『歴史学研究』七一六号、一九九八年）ほか

江戸幕府直轄軍団の形成

二〇〇一年（平成十三）九月一日　第一刷発行

著　者　小《こ》池《いけ》進《すすむ》

発行者　林　英　男

発行所　株式会社　吉川弘文館
郵便番号一一三―〇〇三三
東京都文京区本郷七丁目二番八号
電話〇三―三八一三―九一五一〈代〉
振替口座〇〇一〇〇―五―二四四

印刷＝理想社　製本＝石毛製本

（装幀＝山崎　登）

索　引

本索引は人名・史料からなる．配列は原則として50音順とし，表・図中にあるものは省略した．

人　名

あ 行

か　行

さ　行

た　行

な　行

は　行

ま　行

や　行

わ　行

史　　料

あ　行

か　行

さ　行

た　行

な　行

は　行

ま　行

や　行

ら　行